本书为全国文化名家暨"四个一批"人才自主选题

"互联网背景下的贵州区域传播力提升"项目成果

互联网背景下的区域传播力提升研究

——以贵州实践为个案

谢 念 林茂申 著

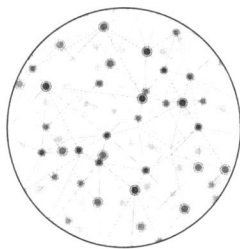

RESEARCH ON THE PROMOTION OF
REGIONAL SPREAD POWER
UNDER THE BACKGROUND OF
INTERNET

人民出版社

目　录
CONTENTS

中编 实践与经验

下编　规划与策略

序 贵州形象"逆袭"背后的传播逻辑

强月新

2019 年 10 月

外界近些年对贵州经济社会发展的描述，有一组重要的关乎转变的词语，即从"贵州现象"到"新贵州现象"，主要阐述过去极端贫困和欠发达的"贵州现象"，已转变为以高速增长、绿色发展为特征的"新贵州现象"，展现出令人振奋的无限魅力。事实上，"新贵州现象"不仅表现在经济社会发展领域，贵州区域传播及形象塑造的极大进步同样给予外界欣喜和感慨。特别是近十年来，贵州区域传播实现全方位"逆袭"，背后的轨迹和规律值得深入探讨。

这种"逆袭"，首先体现在伴随着经济社会发展翻天覆地的变化，区域传播及形象塑造颠覆了贵州数百年来落后的形象符号。由于千百年来的绝对贫困，加之信息不便捷，外界对贵州往往存在所谓"三言两语"的偏见和认识误区。如今，贵州已经逐步撕下贫困的标签，贴上了亮丽的名片，充满了生机和活力。以近段时间国内外一些主流媒体对贵州的观察为切面即可发现，外界对贵州的感观，更多的是赞叹、惊喜乃至钦佩。2019 年 8 月孔学堂·国学图书博览会期间，香港联合出版集团董事长傅伟中就感慨：在贵州，所到之处、所遇之人、所谈之事，时时处处都洋溢着发展的自豪感。与早些年相比，贵州的经济建设、社会发展以及人的精神面貌，都有很大变化。从脱贫攻坚角度看，有外媒认为，贵州即将历史性地解决千百年来的绝对贫困问题。从自然生态等先天资源上看，美国《国家地理》杂志评选 2019 年全球最值得到访的 28 个旅游目的地，贵州梵净山位列第三，成为中国唯一入选地。在总体推介中，贵州梵净山排列第三位，但以"自然"这个类别来看，它则排在了第一位。贵州已经成为世人旅游的向往之地。从发展前景上看，2019 年 7 月，日本媒体报道，贵州从最贫困到最顶端，创造了"贵州奇迹"，这个中国曾经最贫困的省份今后将如何发展？旨在兼顾以最高端技术促发展和环境保护的"知行合一"模式，或许也是关系中国未来的试金石。同一时间，不少外媒指出，基于大数据等产业发展变化，贵州一跃成为新时代增长典范。与此同时，业界认为贵州新闻宣传巧借互联网弯道取直，工作越来越专业、越来越精准、越来越有水平、越来越有成效。

这种"逆袭"，不仅仅呈现在网下，更是延伸在网上。据相关数据显示，2017 年，全网涉及贵州的信息总量达 9800 余万条，其中，中性和正面信息占比超过九成。2018 年，全网涉及贵州的信息总量激增至 1.42 亿余条，同比增长 47.8%，其中，中性和正面信息占比进一步上升至 91.4%，正面信息传播呈压倒性态势，奋发赶超的贵州形象更加深入人心。在全国的网络传播格局中，贵州亮点频现，值得深入研究借鉴。

这种"逆袭"，还表现在贵州人的自信和志气的极大彰显。我多次与贵州干部群众交流，发现一个明显变化，就是贵州干部的精神状态好，老百姓干劲足，特别是自信心极大提升。由于长期封闭及贫困状况，通常有不少贵州人表现出一种"相形见绌"的自卑感，容易产生消极的自我评价和自我意识。但近些年，绝大多数贵州人不再忌讳

"三言两语",而是自豪地向全国和世界人民介绍"大扶贫、大数据、大生态""山地公园省、多彩贵州风"。这种变化让人眼前一亮,而这个巨大转变与贵州区域传播力提升和区域形象的有力塑造密不可分。

作为一个西部省份,贵州为何会发生这样一个根本性变化,在十年左右时间实现区域形象的蝶变,对外影响力、传播力显著提升?可以肯定的是,贵州区域影响力的增强、区域传播力的提升,不仅仅在于外在的推动,更在于自发的、内生的变化,在于贵州区域传播的一系列战略思路和精准打法。研究近十年来贵州区域传播的变迁轨迹和规律,不仅具有现实意义,甚至还具有区域传播史价值,这也为世界做好互联网背景下的区域传播提供了有益的启示。主要在以下五个方面:

第一,要有强烈的时代意识。当前,我们站在了第四次传播革命的风口浪尖。即便把前三次传播革命的所有成果加在一起,把文字的发明、印刷术的发明、电讯技术的发明都算上,也不会比互联网给人类社会带来的变革更大。有学者曾统计,一个新的传播介质普及到 5000 万人,收音机用了 38 年,电视用了 13 年,互联网用了 4 年,微博用了 14 个月,微信只用了 10 个月。"联,连也;通,达也",即使是世界上最偏僻的一角,只要接入互联网,就接入了人类这个大家庭。从区域传播角度上讲,网络互联互通的特性,为改变长期以来区域传播力从东部向西部递减的格局提供了有利条件。西部地区,只要深刻把握好互联网时代的发展机遇,勇于守正创新、爬坡过坎,就有可能赢得先机,实现区域传播的逆袭。对这一点,贵州的实践就是有力诠释。

第二,要有清晰的战略定位。新中国成立以来的 70 年,是贵州与贫穷落后作斗争的 70 年,也是城乡面貌发生翻天覆地变化的 70 年。特别是党的十八大以来,贵州坚持以脱贫攻坚统揽经济社会发展全局,牢牢守好发展和生态两条底线,深入实施"大扶贫、大数据、大生态"三大战略行动,取得了令人瞩目的成就,创造了很多宝贵经验。这些年的贵州区域传播之所以取得一定成效，在于认真把握好贵州的发展变化，精准把握好这两个定位：一是"贵州取得的成绩，是党的十八大以来党和国家事业大踏步前进的一个缩影"。引导各媒体站在全国视角看贵州经验、贵州做法，突出贵州跨越是整个国家发展的生动诠释，格局更为宏大、视野更加宽阔。二是贵州历史悠久、文化多彩、资源丰富、生态良好、区位便利。引导各媒体把握贵州上述省情，并以此深度挖掘报道贵州发展，为"多彩贵州"点赞。研究贵州区域传播的战略定位，我们也可以发现，审视区域传播的变化、变迁，不仅是一个事实判断问题，对区域传播的研究，也不仅仅局限在研究传播理念、传播技艺、传播载体建设等关涉传播本身的课题，更在于深刻揭示传播变化所彰显的经济社会发展规律。

第三，要有全面的系统思维。系统思维，就是注重事物构成的基本要素、结构和整体功能，注重各基本要素之间的协同、配合和最优，注重对事物的整体协同思考。区域传播力提升是一项复杂的系统工程，需要加强顶层设计、全面考量、重点推进。这些年，贵州坚持"理论舆论统筹、内宣外宣结合、网上网下互动、报道发布一体、新闻形象共振、引导处置同步、会内会外呼应、前后后方配合"，区域传播既注重全面协调，又抓住战略重点；不仅有精准的基本方略，还有务实的工作方法。比如，在总体区域传播品牌上，提炼推介"多彩贵州"品牌并深入人心，在全国产生很大反响。比如，在新闻传播统筹上，打通"两论""三宣"，聚合优势资源打好总体战，奏响了"交响乐"。比如，在网络传播上，突出全国视野创新做好重大主题传播，用微传播讲述好"多彩贵州"故事，不断擦亮"多彩贵州"品牌。再比如，在区域传播载体建设上，媒体融合发展全面"起势"并迈入"快车道"，各项重点工作特别是县级融媒体中心建设强势突破并进入全国第一方阵，这为全省扩大主流价值影响力、打通"最后一公里"奠定了深厚基础。

贵州的这一系列打法，具有合实际、合规律、合目的的传播逻辑。

第四，要有精准的专业打法。无论抓什么工作，最紧要的就是掌握正确的世界观和方法论。互联网时代的区域传播，更要有一系列精准有力的打法。这些年，贵州探索从内容提供、渠道推送、传播方式等方面探索出了一套行之有效的方法。在内容提供方面，面临重大宣传时，往往提前组织策划，制作重点选题手册等详尽的背景资料，为媒体提供"弹药"和认知图示，打好有准备之仗。在渠道推送方面，能够充分把握网络传播"以点带面""以高端平台带全局"的规律，着力向重点领域、平台、议题聚焦用力，通过全方位推送实现"一点引爆、多点推送、全面带动"，在短期内爆发集束效应。在传播方式方面，创新开展"主题传播+大型活动"等，取得了良好的成效。这些好的经验做法，值得总结推广。

第五，要有鲜明的效果导向。区域传播工作做得好不好，关键还是要看效果。2016年南海仲裁案结果公布后，人民日报官微发了一张中国地图，配了一句话"中国，一点都不能少"，相关话题阅读量达60多亿次，既有传播力，又有鲜明的导向。这些年，贵州在这方面下足了功夫，也取得了很好的效果。"多娃彩妞"连续多年成为爆款作品，专访贵州知名民营企业"老干妈"的短视频#中国就是这么霸气的老干妈#，推出仅仅30个小时，5条短视频累计播放量突破1亿次！点赞量超过300万！评论数超过9万条！其中一条视频的单条播放量超过5200万次！#多彩贵州dou起来#累计视频播放量超过500万次，点赞量达1.4万。入耳入脑入心的有效传播，才能增强舆论引导能力、壮大主流思想舆论，达到媒体融合发展应该达到的目标。这些作品，从某种程度上体现出贵州区域传播的实践标准、效果导向。这个效果，不仅仅体现在传播量上，更是体现在传播力、引导力、影响力、公信力的有机统一。

区域传播力，事关区域话语权和影响力，在区域经济社会发展、对外形象塑造中发挥着重要作用。通过对区域传播力提升的长期关注和深入研究，我深深感受到，区域传播要拓展新领域、闯出新天地，还有赖于一批情怀深厚、深谙传播规律、新闻技艺精湛的新闻宣传队伍。谢念先生是贵州区域传播及形象塑造的重要参与者、实践者、推动者、见证者，长期以来以深厚的家国情怀、专业传播素养着力于"多彩贵州"区域传播力建设，其著作《互联网背景下的区域传播力提升研究》正是一本探索贵州区域传播建设、熔铸学术性和实践性的力作。

立足于实践的传播理论，不仅是对既有实践规律性的把握，同时也包含了面向未来发展可能性的科学判断。《互联网背景下的区域传播力提升研究》一书的出版，正是适应了及时总结实践和推动理论发展的双重需要。该书既深入总结贵州区域传播力提升的宏观体系、基本方略和具体实践等内容，又对若干探索性议题进行了前瞻思考。长期的一线实践，让作者对互联网背景下的区域传播力建设有着极强的敏锐观察，该书在体例结构、内容观点、资料运用等方面均有许多创新，将区域传播力建设的精妙摄理和区域形象塑造谨严法则平实道出，直观且高质，是一本非常好的参考书，相信读者会从中受益。

（作者为武汉大学新闻与传播学院院长、教授、博士生导师，教育部新闻传播学类专业教学指导委员会副主任委员）

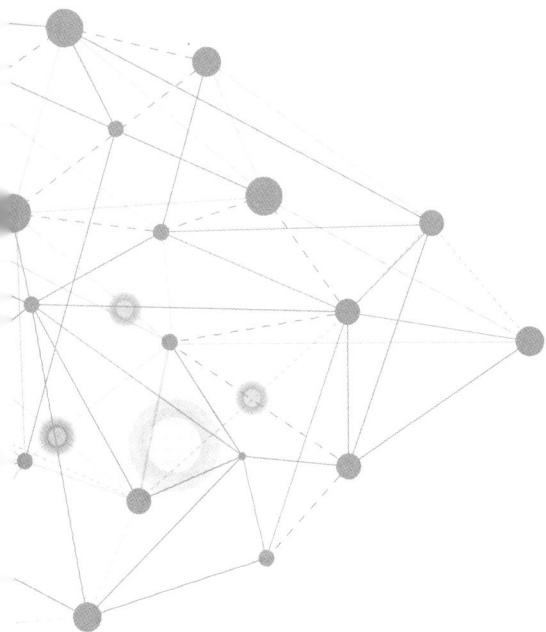

理论与现状

上　编

第 一 章

区域传播力：一个重要的时代课题

    1776 年 3 月，英国发明家詹姆斯·瓦特制作改良的第一台具有实用价值的蒸汽机（大工业时代普遍应用的发动机），在英国波罗姆菲尔德煤矿点火，人类从此进入"蒸汽时代"，自此，英国的工业效率大大提升，迅速成为世界上最强大的日不落帝国。而与此形成鲜明对比的是，尽管与英伦三岛近在咫尺，但西班牙却在拥有人类一半以上黄金和白银的富足中迷醉了。这个曾经在全球贸易中独占鳌头的国家，面对工业革命的浪潮，只是在大西洋彼岸的美国铺筑商业铁路 20 年之后，才在巴塞罗那铺下第一条铁轨。瓦特的蒸汽机，作为一项划时代的新技术，是试金石，是镜子，映照出态度不同的国家此后数百年的兴衰沉浮。

    作为人类另一项可以与蒸汽机相提并论的伟大发明，事实证明，互联网同样拥有改变世界的力量，而对互联网的态度，决定了人类的发展是否能更上一层楼。就新闻传播而言，人类传播技术的每一次革新，都会引发传播力的飞跃和传播史的改写。当前的区域传播，面对的是继"铅与火""光与电"之后，基于"数与网"的第三次媒体技术革命，这既给加强区域传播力带来了挑战，也带来了弯道取直的机遇。

第一节　互联网加速发展与区域传播力

自 1969 年阿帕网（ARPANET）开始建立以来，伴随信息社会的奔跑步履，互联网在直接裨益于人们的生产和生活的同时，也对人们的思想和行为产生了深远影响。当前，全球正处于新一轮科技革命和产业革命突破爆发的交汇期，以大数据、云计算、移动互联网为代表的信息技术更是以前所未有的发展速度，成为引领创新和驱动转型的先导力量。可以说，互联网是人类文明迄今为止所见证的发展最快、竞争最激烈、创新最活跃、参与最普遍、渗透最广泛、影响最深远的技术产业领域。

据统计，全球网民已高达 40 多亿。数字化、网络化、智能化深入发展，引领人类进入全新的数字世界，媒体格局和传播方式也相应发生了深刻变革。人工智能、大数据、云计算、区块链、物联网等新技术飞速发展，移动应用、社交媒体、问答社区、网络直播、聚合类平台、自媒体公众号等新应用新业态不断涌现。脸书、谷歌等互联网巨头们利用自身巨大的用户资源和平台资源产生了不可估量的影响力。从世界格局变化来看，只有顺应互联网新兴技术的变革大势，强化互联网思维，顺应形势、捕捉趋势、发挥优势，不懈推动传播创新，才能真正赢得主动。

世界互联网已经进入"中国时间"。我国自 1994 年被正式承认拥有全功能互联网国际地位至今，互联网事业取得较大进步，成为国际互联网社会的重要一极。根据 2019 年 8 月中国互联网络信息中心（CNNIC）公布的信息，截至 2019 年 6 月，我国网民规模达 8.54 亿人，较 2018 年底增长 2598 万居世界第一，互联网普及率为 61.2%。① 这表明，我国已经拥有巨大的互联网市场，互联网对人们的直接和间接的影响力日增。在互联网发展过程中，国内市场崛起了腾讯、新浪、凤凰、今日头条、搜狐和网易等完全不附着于传统媒体、在西方国家鲜见的商业性新闻网站及其"两微一端"，成为信息聚合和传播、生成舆论并影响舆论的重要平台。在某种意义上，互联网在我国拥有更为强大的媒体属性和信息传播渠道功能。

单位：万人

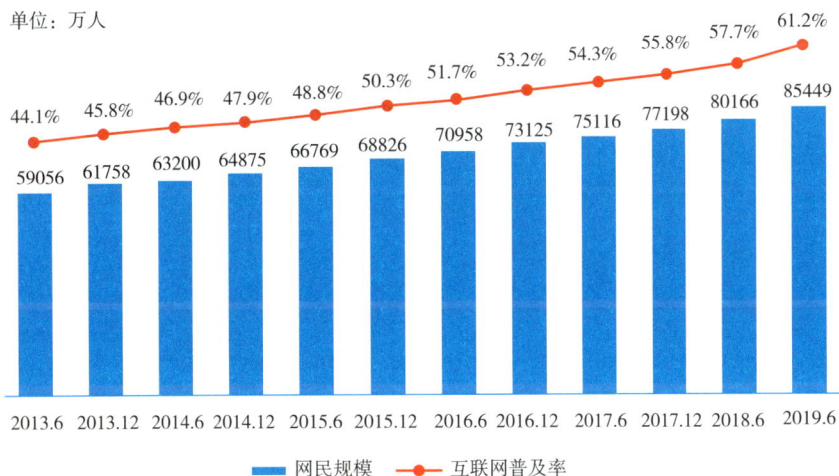

2013—2019 年中国网民规模和互联网普及率

资料来源：CNNIC 中国互联网络发展状况统计调查。

特别是，随着智能手机等移动终端的不断普及和升级，以及计算机网络技术和数字技术的进一步发展，基于 PC 端的传统互联网正逐步让位于基于移动端的移动互联网。从 2000 年我国移动互联网（CMNET）投入运营，到 2019 年 6 月，据中国互联网络信息中心公布的信息，我国移动互联网用户，也就是手机网民已经达到 8.47 亿，较 2018 年底增

---

① 参见中国互联网络信息中心：第 44 次《中国互联网发展状况统计报告》，2019 年 8 月。

长 2984 万，网民手机上网比例继续攀升，由 2018 年底的 98.6% 提升至 99.1%。① 以"随时随地随事随人"等为传播特征，微博、微信、微视、移动新闻客户端等新兴的移动信息传播平台和自媒体，已经是年轻网民获取信息和表达态度的主要渠道，几乎颠覆性地改变了传统舆论格局。"人人都是全媒体，人人面前都有全媒体"已变为活生生的时代写真。

单位：万人

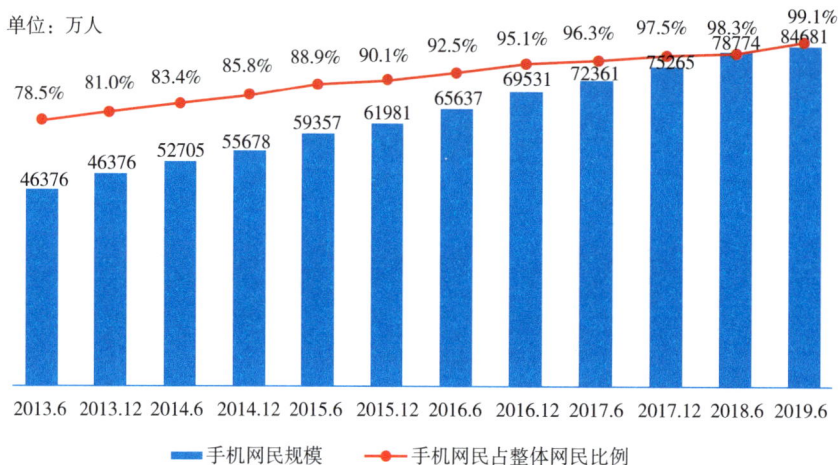

2013—2019 年中国手机网民规模及其占网民比例

资料来源：CNNIC 中国互联网络发展状况统计调查。

尽管如此，我国的互联网发展与互联网的发源地美国相比，尚有许多不足和差异。从信息传播及传播力的角度讲，美国以脸书、推特为代表的互联网社交媒体，在国际舆论场影响巨大，基本控制着话语权；而我国尚没有具有太大国际影响力的互联网媒体，许多人还对互联网带给人类社会和信息传播的深刻影响认识不足，缺乏利用互联网提升自身传

---

① 参见中国互联网络信息中心：第 42 次《中国互联网络发展状况统计报告》，2018 年 7 月。

播力的意识和能力。传统传播"西强我弱"的现象正在互联网领域延续。

与此同时，国内互联网发展的区域不平衡同样存在。改革开放以来，虽然不同区域的报纸、电视、广播、杂志等传统媒体都取得长足发展，但由于历史和现实种种原因，总体上，区域传播力呈现出由东部向中部再向西部逐级趋弱的状况。而奔流的互联网资讯之河汹涌而来，又加剧了这一状况。今天，人民网、新华网等中央重点新闻网站，以及腾讯、新浪、搜狐、今日头条等全国知名商业网站，以及影响力较大的澎湃等地方新闻网站，几乎都集中在北京、广东、上海等发达地区。与东部发达地区相比，贵州等西部欠发达地区无论是互联网基础设施建设、网络普及率，还是互联网新媒体的发展、使用情况等，都差距明显。西部地区互联网的信息传播并不能有效满足民众需求，民众对网络的应用还不够成熟，且网络信息安全等方面存在一些漏洞。从区域传播的角度来讲，在一定区域内对自身文化的对外传播，不仅仅关乎传播格局，更重要的意义在于，它能够促进文化传承、营造浓厚区域文化氛围，进而促进社会整体协调发展。然而，鉴于在区域传播格局中，西部地区的对外传播往往处于与其文化资源禀赋不相匹配的弱势地位，容易产生两方面的负面影响：一是使西部地区珍贵的文化等资源因被外部信息冲刷而逐渐弱化或消失，引发或加深区域文化自卑感，对民众文化认同和群体认同造成负面影响；二是在"马太效应"的驱使下，西部在区域间信息交流、话语权争夺上处于相对不平等的地位，导致错失本应有的发展机遇，给社会稳定埋下隐患。

民族的就是世界的。从理论上讲，西部地区在全球信息传播或国内区域传播中并非全无优势。在全球化背景下，各个国家或地区文化的同质性愈加明显，而西部地区更加丰富、更加富于特质的原生态文化资源蕴藏就显得弥足珍贵，有着在国内外被珍视进而被传播的可能性。尤其是国际传播，西部地区在一定程度上与东部地区站在同一起跑线，甚至更具优势。

相比于传统传播，互联网的传播手段更为多样，传播力量更为强劲，传播覆盖更为广泛，传播影响更为深远，二者甚至不可同日而语。互联网的迅猛发展，对西部地区的区域传播力建设是更大的挑战和考验。但互联网带来的"去中心化""去权威化"却又使得"世界是平的"，由于"全球一张网"，不同区域几乎同时拥抱互联网，加之互联网新技术新应用不断推陈出新，挑战之中，实际上蕴含着同步甚至跨越、超越的极大机遇。当前，国家正在大力推进实施"互联网+"战略、传统媒体与新兴媒体深度融合发展，西部地区唯有努力把握时代脉搏和政策机遇，刻不容缓地将区域传播力提升问题置于互联网背景下进行思考，并落于实践，才能搭上互联网快车，重构区域传播格局。本书正是以贵州为例，通过对其有关情况的剖析和研究，对此问题展开探索。

地处西南腹地的贵州，民族文化多样性居于全国前列。与西部其他一些省份类似，17 个世居少数民族、49 个民族成分的人们千百年来在这片土地上共同孕育、积淀的文化资源极其丰富且极富特色，这奠定了对外传播的资源优势。过去十多年来，伴随着经济社会的持续加快发展，贵州充分利用文化资源优势，集中力量、全方位持续打造"多彩贵州"和"爽爽贵阳"等区域文化品牌，通过"请进来""走出去"开展多种形式的对外传播，很大程度上矫正了外界对贵州原有的一些认识误区与偏见，有效改善了贵州形象，已经成为国内区域传播的成功案例，为进一步提升区域传播力打下了良好基础。

近年来，贵州按下"快进键"，跑出"加速度"，综合经济实力、决战脱贫攻坚、基础设施建设、改革开放、增进民生福祉实现了大踏步前进，其中，经济增速连续八年半位列全国前三，与全国差距进一步缩小，实现了赶超进位的历史性跨越。西南交通枢纽地位全面巩固提升，率先在西部地区实现县县通高速公路、村村通柏油路或水泥路、组组通硬化路，建成世界最大单口径射电望远镜"中国天眼"、世界第一公路高桥杭瑞高速北盘江大桥、贵州首个大型水利枢纽工程黔中水利枢纽等标志性工程，天堑变通途、高峡出平湖，多彩贵州精彩不断。特别是，贵州把发展大数据作为弯道取直、后发赶超的战略引擎，大数据发展风生水起。从国家级平台来看，全国首个大数据综合试验区落户贵州，中国国际大数据产业博览会升格为国家级博览会，建成"云上贵州"，被列为国家电子政务云数据中心体系南方节点。从信息基础设施建设来看，通信光缆达到 90 万公里，贵阳·贵安国家级互联网骨干直联点建成，出省带宽达到 6730Gbps，行政村 100% 通 4G 网络、98% 通光纤。从数据中心建设和大数据企业发展来看，三大电信运营商等国家级、行业级数据中心建成，华为、苹果等国内外知名互联网企业成功落地，数据中心服务器承载能力已超过 100 万台。货车帮、白山云等本土大数据企业苗壮成长。据贵州省大数据发展管理局统计，2018 年底，贵州数字经济增长值占全省 GDP 的 26.9%，2018 年增速达到 24.6%。全省互联网和相关服务收入规模以上软件和信息技术服务业收入、规模以上电子信息制造业增加值分别同比增长 75.8%、21.5%、15%。电信业总量同比增长 165.5%，收入同比增长 10.1%、增速连续 23 个月排名全国第一。中国信息通信研究院公布的《中国数字经济发展与就业白皮书》显示，贵州数字经济增速连续四年排名全国第一、数字经济吸纳就业增速连续两年排名全国第一。与此同时，互联网、大数据赋能的实体经济升级取得显著成效，仅 2018 年就带动 1625 户实体经济企业与大数据升级融合。

贵州经济社会的大幅发展，尤其是大数据成为世界认识贵州的新名片，为在互联网背景下进一步提升区域传播力创造了条件，也为研究贵州区域传播力建设提供了便利。以贵州为例开展互联网背景下的区域传播力提升研究，能够既服务于贵州自身传播力等方面的建设，又能为整个西部地区乃至我国的对外传播提供有益参考。

第二节　理论与实践的互鉴互进

对互联网背景下贵州区域传播力提升相关问题的研究，涉及多个研究领域。宏观上，涉及区域传播学和互联网新媒体等方面；微观上，涉及贵州传播事业、传媒产业发展状况和贵州文化等传播资源层面。

一、关于区域传播学的相关研究

（一）国外研究状况

由于历史等原因，传播学在国外发展较早，国外学者的相关论述也较为完善而深入。随着区域分析法影响力的增大并被部分传播学学者吸纳，直接促使了区域传播学的兴起和发展，产生了一系列相关论著。如韦尔伯·施拉姆的《大众传播媒介与社会发展》（1990 年）便从资讯的流通、全球分布及利用状况，对发展中国家传媒与社会发展的若干关系进行了讨论；理查德·D. 刘易斯的《文化的冲突与共融》（2002年）对世界 41 个国家和地区的跨文化交流情况进行了阐释，并指出了克服文化差异可能导致的"文化短视"、实现"心意相通"的途径；贾雷德·戴蒙德《枪炮、病菌与钢铁：人类社会的命运》（2016 年修订）从地理角度解释人类历史的发展进程，独特审视东西方文明差异，探讨了不同国家的文化演进差异的根源。特希·兰塔能的《媒介与全球化》（2013 年）则从比较宏观的视角探讨了全球化、媒介和个人三者之间的复杂关系；哈罗德·伊尼斯的《传播的偏向》（2003 年）则较为详细地阐释了传播的"偏向论"和"帝国论"，在此基础上建构、拓展并阐释上述两个论点对"传播的偏向""时间的诉求""空间的问题"等的相关影响。

此外，达雅·屠苏的《国际传播——延续与变革》（2004 年）、戴维·莫利和凯文·罗宾斯的《认同的空间——全球媒介、电子世界景观和文化边界》（2001 年）、欧文·拉兹洛的《多种文化的星球》（2004 年）、塞缪尔·亨廷顿的《文明的冲突与世界秩序的重建》（2010 年）、大卫·克罗图和威廉·霍伊尼斯的《媒介·社会：产业、形象与受众》（2009 年）、罗伯特·福特纳的《国际传播——全球都市的历史、冲突及控制》（2000 年）、吉姆·莱西的《文明的冲突：东西方文明的第一次交锋》（2016 年）、艾瑞克·克莱默的《全球化语境下的跨文化传播》（2015 年）、威尔伯·施拉姆和威廉·波特的《传播学概论》（1984 年）等著作均对区域传播相关问题有所探讨，丰富了学界和业界对区域传播的思考。

（二）国内研究状况

较之国外，区域传播学研究在国内起步较晚，研究成果也较少。其中，较为知名的著作是周鸿铎主编的《区域传播学导论》（2005 年），它对区域传播起源进行了分析，并较为全面地论述了区域传播类型、环境和国际区域传播状况，提出了区域传播的策略；黄升民和宋红梅等著的《广电媒介区域化进程研究——中国城市广播电视媒介区域化生存与发展》（2009 年），主要以地市级广电媒体为切入，观察中国地方媒体向区域媒体转变的现象并剖析其趋势；欧阳宏生和朱天主编的《区域传播论：西部电视专题研究》，也设立有"区域传播与西部电视"专题，对区域传播进行了论述。

其他著作还有《中国区域广电融合发展与创新传播》（2017 年）、《国家、区域与企业传播研究：话语分析视角》（2016 年）、《全球转向还是本土坚守：区域文化语境中的电视传播研究》（2015 年）、《区域性媒体发展路径研究》（2013 年）、《区域性媒体运营策略研究》（2011 年）、《区域媒体竞争力：实证、范式、差异化》（2010 年）、《区域性主流媒体策略研究》（2009 年）、《传媒区域化发展方略》（2007 年）等，但多数为碎片化学术论文的合辑，或主要针对部分案例进行分析，或主要针对广电等传统媒体进行研究，或研究缺乏应有的学术深度。

《国际传播学视角下的广西"一带一路"传播策略》（2016 年）、《中国对外传播的历史回顾与展望（2009—2017 年)》（2017 年）、《日本对"一带一路"倡议的认知及其对中国的启示》（2017 年）、《"一带一路"背景下西藏文化对外传播策略研究》（2016 年）、《国家议题的对外传播效果分析——以"一带一路"在海外社交媒体上的框架分析为例》（2018 年）、《东盟国家周边传播的文化捷径》（2018 年）等文献针对"一带一路"背景下的区域传播展开，但"一带一路"传播研究存在效果和受众研究不足、国别研究薄弱、基础理论研究少、视角单一、思维定势明显等不足，需从学科积淀、研究视角和研究方法上进行突破，应重点研究传播的双向性、文化的根本、对外传播的主体意识和传播主体的多层次等问题。

此外，单波、石义彬主编的《跨文化传播新论》（2005 年），单波、肖珺主编的《文化冲突与跨文化传播》（2015 年），单波、肖珺、刘学主编的《全球媒介的跨文化传播幻象》（2015 年），张昆主编的《跨文化传播与国家形象建构》（2015 年）等著作从文化冲突与跨文化传播的理论视角揭示了多元文化环境下的文化冲突，拓展了对区域传播的思考。

就博士学位论文而言，根据来自中国知网数字出版平台博士论文库的检测结果，发现关于区域传播的相关研究不多，搜索出 16 篇，而关系到贵州的相关研究仅有 2 篇。详细情况见下表。

国内关于区域传播的博士学位论文统计表

序号	标题	作者	毕业学校	完成时间
1	成都、重庆的城市文化与报业	蔡尚伟	四川大学	2003 年
2	电视下乡：社会转型期大众传媒与少数民族社区——独龙江个案的民族志阐释	郭建斌	复旦大学	2003 年
3	儒学传播与汉魏六朝文化变迁	夏增民	复旦大学	2007 年
4	西北少数民族地区新闻传播与国家认同研究	南长森	武汉大学	2012 年
5	唐宋四川佛教地理研究	郑涛	西南大学	2013 年
6	西方传教士与近代贵州（1861—1949）	洪云	浙江大学	2014 年
7	文化政策传播对台湾台北县城市文化建设之影响（1989—2010）	苏诗岚	复旦大学	2013 年
8	媒介、地理与认同：中国西南地区少数民族国家认同的形成与变迁	张媛	浙江大学	2014 年
9	文化传播视野下广东文化的传承与嬗变研究	杨喆	武汉大学	2014 年
10	互联网背景下的区域传播力提升研究——以贵州省为例	谢念	武汉大学	2015 年
11	面向海外的中国电视剧生产与传播——"全球本土化"研究的视角	高一萍	武汉大学	2015 年
12	韩剧：文化消费主义的范本	张青	武汉大学	2015 年
13	文化认同：台湾妈祖文化传播与"两岸"关系互动研究	庞志龙	苏州大学	2016 年
14	马克思主义著作在中国的出版与传播（1899—1945）	张国伟	华东师范大学	2017 年
15	互联网背景下内蒙古区域传播力分析	刘小倩	内蒙古大学	2018 年

续表

序号	标题	作者	毕业学校	完成时间
16	全媒体视域下的区域出版产业竞争力评价与提升研究——以江西省为例	陈美华	南昌大学	2018 年

资料来源：作者统计，2018 年 12 月。

　　由该统计表可知，上述 16 篇博士论文分别从传播学、文艺学、历史学、历史地理学等角度对相关问题进行了剖析，可见国内对区域传播研究的相对匮乏与研究视角的局限性。但是，16 篇论文的研究也不乏可贵之处，至少为本书提供了有别于新闻传播学等学科的观察视角，有一定启迪意义。

　　就期刊论文而言，以"区域传播"为主题词，并在中国知网 CNKI 期刊数据库勾选"CSSCI"选项进行检索，得到条目 60 条。经过逐个条目翻阅，剔除无效文献，共得到有效文献 25 条。详细情况见下表。

国内关于区域传播研究的相关 CSSCI 期刊论文统计表

序号	标题	作者	刊发时间
1	西部电视研究应上升到"区域传播学"的高度	蔡尚伟、何晶	2002 年
2	从新疆区内传播到中亚区域传播	才让卓玛	2013 年
3	电视区域性传播问题的思考	李幸	2004 年
4	区域传播资源位的分析及启示	彭宁	2004 年
5	跨区域传播之路怎么走——《江南论坛》个案剖析	黄胜平	2004 年
6	充分发挥东西部电视区域传播优势——中国·第二届东西部电视传媒发展战略高级论坛综述	蒋宁平、申生	2006 年
7	核心竞争力：区域文化传播的新角度诠释	郑微波、郑敬东	2007 年
8	弘扬地域文化特色 提升省级卫视频道品牌价值	于珧	2007 年
9	区域传播与户外广告视觉形象的关联性	马丽霞	2007 年

续表

序号	标题	作者	刊发时间
10	户外广告视觉形象的区域性特征	马丽霞、赵亚伟	2008 年
11	西部报业研究的最新成果 区域传播学的又一力作——读邱沛篁等主编的《西部大开发与西部报业经济发展研究》	蔡尚伟、陈焱玲	2008 年
12	论公共危机传播研究的区域传播视角	马庆	2009 年
13	中国省级区域传播形象的统计测度及分析	孙江华、严威	2009 年
14	豫剧区域性接受向多级接受的传播路径分析	雷红薇	2010 年
15	河西走廊民族聚集区域广电业适应性对策探究	李欣	2010 年
16	广西媒体对东盟的信息传播能力——以《广西日报》和《荷花》杂志为例	谢卓华	2011 年
17	区域创新集群知识转移模式研究	杨刚、王磊、宫丽莹、张佳硕	2012 年
18	西部地区对外传播优势及影响力提升路径初探	杨丽雅	2012 年
19	从新疆区内传播到中亚区域传播——基于对新疆经济报系发展路径的分析	才让卓玛	2013 年
20	区域传播与城市形象塑造	王婷婷	2013 年
21	新媒体、区域传播与文化软实力提升	王玉珠	2014 年
22	互联网背景下的区域传播能力建设	谢念	2014 年
23	周边传播的概念和特性——周边传播理论研究系列之一	陆地、许可璞、陈思	2015 年
24	文化归属与"逐利"动机——论电视媒体跨区域传播的文化担当	宝岛	2018 年
25	东盟国家周边传播的文化捷径	刘峰、严三九	2018 年

资料来源：作者统计，2018 年 12 月。

由该统计表可以看出，目前国内学界对区域传播领域的研究，2013年前多集中于广播电视等传统媒体，2014 年起越发注重对互联网等新媒体的思考，此后这一趋势更加明显。部分文章尽管标明是对"西部"的研究，但实际研究对象主要集中于四川，而缺乏对其他西部地区的思考。这估计与四川重点高校相对较多有关。

由上述对国内外相关论著和学术论文的分析可知，在区域传播学研究方面，国外学者的论著多是对区域传播作总体性论述，较少涉及我国，特别是西部地区。而我国学者对区域传播的相关论述，同样较少涉及西部地区；即使涉及西部，也较少论及贵州。尽管如此，上述文献针对区域传播学提出的相关理论设想，依然可以激发我们的灵感；其对传统媒体的相关论述，也可以从一定程度上为探索传统媒体与新兴媒体的融合发展等问题提供借鉴。

二、关于互联网等新媒体的相关研究

（一）国外研究状况

同关于区域传播学的相关研究一样，由于互联网等新媒体发端于西方国家，故国外学者的相关研究较早也较为深刻。肖恩·埃利斯的《增长黑客：如何低成本实现爆发式成长》（2017 年）、朱利安·阿桑奇的《密码朋克：自由与互联网的未来》（2017 年）、伊藤穰一和杰夫·豪的《爆裂：未来社会的 9 大生存原则》（2017 年）、凯文·凯利的《必然》（2016 年）、里德·霍夫曼等的《联盟：互联网时代的人才变革》（2015 年）、彼得·蒂尔和布莱克·马斯特斯的《从 0 到 1：开启商业与未来的秘密》（2015 年）、乌尔里希·森德勒的《工业 4.0：即将来袭的第四次工业革命》（2014 年）、西奥·西奥博尔德的《信息的骨头：数字时代的精准传播》（2014 年）、詹姆斯·格雷克的《信息简史：一部历史　一个理论　一股洪流》（2013 年）、维克托·迈尔–舍恩伯格和肯尼思·库克耶的《大数据时代：生活、工作与思维的大变革》（2013 年）、艾伯特–拉斯洛·巴拉巴西的《爆发：大数据时代预见未来的新思维》（2012 年）、大卫·伊斯利和乔恩·克莱因伯格的《网络、群体与市场：揭示高度互联世界的行为原理与效应机制》

（2011 年）。《大数据时代：生活、工作与思维的大变革》认为，在大数据时代，一个最明显的变化是，人们不再需要了解"为什么"，而只需要关注"是什么"，对相关关系的探寻将取代对因果关系的执着①这一观点，是对人们传统思维某种程度的颠覆，并对人们认知和探索世界的方式提出了新的建议。此书对于大数据时代的论证和预言，直接掀起了国内外学界和业界的大数据运用热潮。

理查德·沃特森的《智能化社会：未来人们如何生活、相爱和思考》（2017 年）、迈克尔·哈里斯的《缺失的终结：在链接一切的迷失中找到归途》（2017 年）、艾米莉·内格尔·格林的《无界：企业如何在全球互联时代生存》（2011 年）；另外，唐·泰普斯科特和安东尼·D. 威廉姆斯的《维基经济学：大规模协作如何改变一切》（2012 年）、凯文·凯利的《新经济　新规则》（2014 年）、琳达·S. 桑福德和戴夫·泰勒的《开放性成长——商业大趋势：从价值链到价值网络》（2008 年）、克里斯·安德森的《长尾理论》（2006 年）和《免费》（2012 年）、马克·郭士顿的《微影响：不着痕迹，获取深入人心的认同》（2014 年）、拉里·唐斯的《颠覆定律：指数级增长时代的新规则》（2014 年）、埃里克·布莱恩约弗森和安德鲁·麦卡菲的《第二次机器革命：数字化技术将如何改变我们的经济与社会》（2014 年）、杰里米·里夫金的《第三次工业革命：新经济模式如何改变世界》（2012 年）和《零边际成本社会》（2014 年）、盖布·兹彻曼的《游戏化革命：未来商业模式的驱动力》（2014 年）、托马斯·皮凯蒂的《21 世纪资本论》（2013 年）、杰克·特劳特和史蒂夫·里夫金的《与众不同：极度竞争时代的生存之道》（2011 年）、斯坦·拉普的《社会化媒体时代的直效营销：互联网时代如何运用 iDrect 和

---

① 参见［英］维克托·迈尔-舍恩伯格、肯尼思·库克耶：《大数据时代：生活、工作与思维的大变革》，盛杨燕、周涛译，浙江人民出版社 2013 年版。

iBranding 互动营销方式实现低成本、高回报》（2014 年）等书，也分别从新媒体思维、新媒体运营和新媒体经济等方面对互联网等新媒体进行了阐释。其中，克里斯·安德森的《长尾理论》论述了互联网时代相关商品的生产和销售问题，并提出了一度盛行的"利基市场"观念。此外，其他论著提出的大规模协作概念和互联网时代商业模式的建构等论点，也值得本书借鉴。

（二）国内研究状况

国内互联网发展相对较晚，知名互联网企业的创设多由借鉴国外成功案例而起，新媒体相关理论最初也多引用自国外。但是，经过我国学界和业界的共同努力，已经产生了一批富有影响力的学术成果。

仅论著，便有闵大洪的《数字传媒概要》（2003 年）、彭兰的《网络传播概论》（2012 年）和《社会化媒体——理论与实践解析》（2015 年）、彭兰和高钢合著的《中国互联网新闻传播结构、功能、效果研究》（2011 年）、杜骏飞的《网络传播概论》（2010 年）、熊澄宇的《信息社会 4.0：中国社会建构新对策》（2002 年）、郑傲的《网络互动中的网民自我意识研究》（2013 年），以及腾讯科技频道的《跨界：开启互联网与传统行业融合新趋势》（2014 年）等论著。其中，作为国内较早有关互联网论述的书籍，《数字传媒概要》主要总结和阐发了当时社会条件下的数字传媒形态、发展、作用，及数字传媒的社会影响、产生的问题等；彭兰的《网络传播概论》贯穿了理论与实务既相区分又相联系的思路，汇集了网络传播技术、网络新闻传播实务、网络经营等相关领域知识，并引入了"社会化媒体"的研究视角，分析了网络传播的内在规律、各种潜在影响，因而成为国内出版较早且影响力较大的网络传播著述之一；《中国互联网新闻传播结构、功能、效果研究》则探析了中国互联网新闻传播的独特运行轨迹，及其与中国社会全方位的互动关系。此外，杜骏飞的《网络传播概论》从互联网的发展历程、网络传播的技术原理、网络传播的方式与功能、网络传播的总体特征、网络传播的受众分析、网络传播与传播理论革新、网络传播的政治形态、网络新闻业的发展、网络艺术与在线娱乐等角度对互联网进行了详细分析；熊澄宇的《信息社会 4.0：中国社会建构新对策》则较为系统地对信息社会进行了阐述。以上论著虽不乏新颖之处，但内容更多偏向为教材，且多关注传媒产业发达的东部地区或大都市地区，部分研究成果的同质性较高；总体而言，缺乏具有世界影响力的研究成果。

就期刊论文而言，以"互联网思维"为主题词，并在中国知网CNKI 期刊数据库勾选"CSSCI"选项进行检索，得到条目 197 条，从中精选 21 条。详细情况见下表。

国内关于互联网思维研究的相关 CSSCI 期刊论文统计表（部分）

序号	标题	作者	刊发时间
1	用互联网思维推进媒介融合	陈力丹	2014 年
2	融合语境下的民生新闻转型与提升	石长顺、曹霞	2014 年
3	媒体思维变革与媒体融合——侧重于广电媒体的分析	蒋宏宾	2014 年
4	媒体融合下数字图书馆的发展策略	曾建勋	2014 年
5	"互联网+"的世界有多大——大传媒时代的生态化治理前瞻	谭天、石经纬	2015 年
6	以互联网思维看互联网和关于互联网的研究	陈力丹	2015 年
7	用互联网思维构建传媒"新常态"	喻国明	2015 年
8	用互联网思维改造传统媒体	秦丽文	2015 年
9	媒体融合认识误区与路径选择	齐峰	2015 年
10	互联网思维下的新型主流媒体建构	石长顺、梁媛媛	2015 年
11	论基于互联网思维的媒体融合发展	程小萍、池薇	2015 年
12	论媒介融合环境下新闻舆论工作者的造就	沈晓静、王妍	2016 年

续表

序号	标题	作者	刊发时间
13	颠覆与重构：新闻融合传播的策略与路径	金莉萍	2016 年
14	互联网思维下"渠道权力"问题研究——论突发事件报道动员中传统媒体的角色	杨雅	2016 年
15	从"综艺＋互联网"到"互联网＋综艺"——电视综艺节目的互联网思维	李冰、武闽	2016 年
16	文化符号与空间价值：互联网思维下的城市形象传播与塑造	刘丹、李杰	2016 年
17	主流媒体加强创新 构建网络舆论阵地	金凤	2016 年
18	互联网思维与"中国故事"创新——网络视频的语法逻辑考察	付晓光、李钰	2016 年
19	"互联网＋"语境下纪录片创新发展的再思考	赵鑫、陈旗	2017 年
20	不同时代下的媒体"内容"差异及变现途径	范以锦	2017 年
21	新时代传媒经济发展进路与前瞻	周鸿铎	2018 年

资料来源：作者统计，2018 年 12 月。

由该统计表可以看出，目前国内学界对互联网思维的研究，侧重于在媒体融合的背景下，改造传统媒体、构建舆论阵地、塑造新型主流媒体等方面。

由上述国内外学者的有关研究文献分析可知，对于本书研究课题，国外相关论著所提出的理论范式多缺乏中国社会的实际应用检验，而国内的研究又多聚焦于我国东部地区且多借鉴所谓国外模式，因而有些理论不免流于空泛或缺乏实际操作性。

但是，关于新媒体运作机制等方面的一些论述，加深了大家对互联网的认知；对于新媒体经济等方面的一些分析，则为解决媒体融合的动力问题进行了有益探索，因而具有重要参考价值。

三、关于贵州区域传播系统要素的相关研究

经济资源、传媒资源、文化资源和地理资源等相关资源，均是区域传播系统的构成要素。过去，国外学者对区域传播系统资源位的实务研究涉及贵州的较少，但可以借鉴的相关理论著述较多；国内对贵州文化资源等的相关著述则颇丰。

历史上，贵州独特的发展脉络，包括中国古代朝廷对贵州偏远地区统治力的薄弱，使其成为我国被西方社会、包括国外相关学者较早关注的地区之一。例如，在外国人获准进入国内之后，部分基督教传教士早期的传教活动在内地受阻，便设法进入贵州等西部民族地区，并获得较大成功。因而，他们的有关记录，反映了西方对贵州，尤其是贵州宗教文化的较早思考和研究。其中，Ralph R. Covell 的《福音解放在中国：中国少数民族中的基督信仰》（1995 年）对贵州少数民族的基督教信仰及其文化传播作了较为详细的记录。同他一样聚焦贵州宗教文化的，还有 Samuel R. Clarke、Frank J. Dymond、William H. Hudspeth 等人。鸟丸知子的《一针一线：贵州苗族服饰手工艺》（2018 年）、鸟居龙藏的《苗族调查报告：国际视野中的贵州人类学》（2009 年）聚焦贵州苗族文化。他们的论述年代过于久远且资料获取不便，本书未能对其加以彻底的文献挖掘，但并不会因之给研究造成困惑，故负面影响可以排除。

除了进行具体区域传播系统资源位的阐述外，国外许多学者也从理论等范畴涉及区域传播资源位的研究。时间较近的有康拉德·菲利普·科塔克的《文化人类学：欣赏文化差异》（2012 年）和《人类学：人类多样性的探索》（2012 年）、罗伯特·F. 墨菲等人的《文化与社会人类学引论》（2009 年）、托马斯·许兰德·埃里克森的《小地方，大论

题——社会文化人类学导论》（2008 年）和罗伯特·B. 西奥迪尼的《影响力》（2010 年）等著述。其中，康拉德·菲利普·科塔克的《文化人类学：欣赏文化差异》分别从人类学入门、欣赏文化多样性和变迁的世界等三个方面，对人类在历史时空中的文化多样性表现等问题作了系统而深入的论述，因而成为较具代表性的相关著述。其他著述也分别从文化、地理学等方面，对相关问题有所阐释。

此外，安虎森的《新经济地理学原理》（2009 年）、皮埃尔-菲利普·库姆斯等人合著的《经济地理学：区域和国家一体化》（2011 年）、藤田昌久等人合著的《空间经济学：城市、区域与国际贸易》（2011 年）和德怀特·H. 波金斯的《发展经济学》（2013 年）等论著，则分别从经济地理学、传播政治经济学等方面进行了讨论。

国内学者由于各种便利，对贵州区域传播资源位的直接论述相对丰富得多。例如，由贵州人民出版社出版的系列图书《贵州文化六百年》（2014 年）、《贵州文学六百年》（2014 年）、《贵州社会六百年》（2014 年）、《贵州经济六百年》（2014 年）等，从历史的纵向视野，分别对贵州地域文化源流、古近代文学的发展轨迹、变迁的社会结构和不断发展的经济形势等予以了宏观考察。袁行霈和陈进玉编写的《中国地域文化通览·贵州卷》（2014 年）则以不一样的视角，对贵州文化的传承与变迁作了阐释。特别要指出的是，2016 年 3 月，贵州正式启动省重大出版工程《贵州文库》编辑出版工作，在系统发掘、整理贵州历史文化资源的基础上，对贵州古籍文献的整理出版进行顶层设计和规划，形成贵州历史文献的经典集成。2017 年 12 月，《贵州文库》推出首批图书共 10 种 53 册，填补了贵州文化发展史上古籍文献经典集成出版的空白。其中，点校本包括《碧山堂诗钞》《贵州苗夷社会研究》《花溪闲笔·贵州民政十讲》《［嘉靖］思南府志 ［嘉靖］普安州志 ［万历］铜仁府志》等 7 种 4 册。影印本包括《大定府志》《莫批施注苏诗》等 3 种 49 册。2018 年 12 月，《贵州文库》推出第二批图书，精装点校本、线装影印本、精装影印本三种形式的贵州古籍文献共 28 种 91 册。其中，点校本 2 种 3 册，包括（嘉靖）《贵州通志》和《苗族调查报告》，这两部书分别为现存贵州最早的通志以及首部苗学专著，极具史料价值；线装影印本有 10 种 55 册，主要有（明）马士英撰《永城纪略》、（清）田雯撰《黔书》、（清）郑珍撰《巢经巢诗钞》、（乾隆）《贵州通志》等，均为有代表性的善本、孤本、稿本等珍本；精装影印本则包括（道光）《安平县志》、（嘉庆）《黄平州志》等 16 种 33 册贵州历朝地方志。

也有许多其他学者从更为细致之处，对贵州区域传播系统资源位做了认真整理和探讨。例如，梁文清主编的《贵州少数民族民俗文化研究》（2018 年）、吴泽霖和吴大华主编的《跨越不走寻常路》（2017 年）、宋戈的《媒介与乡村社会的文化变迁：以贵州黔东南施洞镇苗族社区为个案》（2017 年）、贵州省民族研究院和贵州省民族研究学会编的《贵州"六山六水"民族调查——2016 年调查专辑》（2016 年）、王洪叶编著的《贵州红色文化资源与地域发展研究》（2015 年）、罗连祥的《贵州苗族礼仪文化研究》（2014 年）、高勇的《贵州世居少数民族族源及民俗文化符号》（2014 年）、张合荣的《夜郎文明的考古学观察：滇东黔西先秦至两汉时期遗存研究》（2014 年）、吴建民主编的《贵州世居少数民族文化名片》（2013 年）、谢廷秋的《文化孤岛与文化千岛：贵州民族民间文化与社会发展研究》（2011 年）、王芳恒的《共性传承与个性张扬：中华民族精神与贵州民族文化传统关系研究》（2009 年）和熊宗仁等人合著的《贵州：区域地位的博弈》（2008 年）等著述，分别从地理区位、单个的民族文化、区域经济等方面，对贵州区域传播系统资源位进行了一定程度的梳理和归纳。

这些研究涉及文化资源等其他区域传播系统资源位的较多，直接对贵州本土传媒资源，尤其是互联网等新媒体资源的整理、分析及发展论述依然不足，研究成果仍然较少。

以"贵州互联网"为主题，在中国学术期刊网络出版总库进行搜索，发现国内关于贵州互联网研究的期刊文献 399 篇，2015 年以后大幅度上涨（与贵州大数据产业、网信事业发展呈同一曲线），再勾选"CSSCI"选项进行检索，得到条目 16 条。剔除无效文献后，得到有效文献 7 篇。详细情况见下表。

国内关于贵州互联网研究的相关 CSSCI 期刊论文统计表

序号	标题	作者	刊发时间
1	以互联网教育转型促进贵州连片贫困地区教育脱贫路径研究	石玉昌	2018 年
2	强化互联网思维 在创新中融合发展——融合广电的贵州探索	肖凯林	2017 年
3	"互联网＋智慧交通云平台"应用浅析——以贵州交广为例	刘述平、赵瑜	2016 年
4	"互联网＋"视域下贵州旅游产业智慧化发展研究	肖远平、龚翔	2016 年
5	"互联网＋"时代背景下贵州媒体融合发展路径分析	谢念、颜春龙	2015 年
6	互联网背景下的区域传播能力建设	谢念	2014 年
7	基于 NVivo 软件的互联网旅游文本的质性研究——以贵州黔东南肇兴的旅游者文本为例	王佳果、王尧	2009 年

资料来源：作者统计，2018 年 12 月。

该统计表再次印证了国内和业界对于互联网的研究呈现出稀缺和低水平状态，高质量研究文献稀少，在学界影响也相对弱小。在当今传播环境下，缺乏对互联网等新媒体的关注，研究的视野和得出的结论难免会受到很大局限。

由国内外上述与贵州区域传播系统资源位相关文献的梳理可以看

出，国外学者的相关研究较早，但多限于宗教文化领域，即使部分著述有其他记载和剖析，也多呈现为批判性。国内部分学者的相关研究，则具有一定基础，且已初步系统化和深入化。而在对贵州区域传媒资源本身的论述方面，国内学者的研究往往会简单因应一段时期的政策，显得不那么深入和连续，缺乏持久性；同时，体系较小的应用研究相对较多，基础理论研究相对薄弱，学术系统呈现碎片化现象，有些失衡。但是，它们对于某些问题的思索及采取的观察方法，还是值得称道的。上述诸多学者通过共同努力，较为具体而鲜活地描绘了贵州部分区域传播系统资源位的特质，为本书进一步拓宽和加深相关研究提供了一定的基础材料，提供了可以借鉴的视角和方法。

第三节　三种方法及三种理论

为保证研究目的的顺利达成，本书对具体研究方法的运用并不拘泥于一格，也并不为了方法而方法。当然，这并非代表对研究方法的使用相对轻率。事实上，本书对研究方法的使用，是有着相关原则设定的。

一、研究的方法论原则

本书内容跨越了新闻传播学、社会学和经济学等多个学科领域，但却均属于人文社会科学范畴。所以，相关原则的运用具有某种普适性。例如，开放性研究和封闭性研究相互结合的原则，以及比较研究的原则。

首先，开放性研究和封闭性研究有机结合的原则，较为契合本书研究内容。对互联网背景下贵州区域传播力提升的相关研究，牵涉到区域传播学的研究范畴。贵州作为一个被拟定的相对独立的研究单元，势必会与其他区域分割开来，体现出一定程度上的封闭性。但是，本书对区域传播力的考察，又要求贵州与其他被区分开的区域发生联系，于是又体现出某种开放性。因而，为了更好地服务于研究目的，研究方法的选取不可因噎废食，一方面要坚持封闭性，以强化和加深对贵州相关实际情况的认知，另一方面也要保持适当的开放性，以便以更宽广的视角，确保研究的多维度、全面性和系统性。

其次，比较研究的原则，也同样较为契合本书研究内容。这是因为，互联网背景下贵州区域传播力提升的相关研究，将涉及对文化、经济和人力资源等区域传播系统各种资源位的分析，包括对其在不同环境下产生后果的差异进行分析或比较。比较分析作为有助于人们更好地透彻认识事物的一种方法，理应被纳入思考的范畴。

当然，除上述原则之外，归纳和演绎相互结合等原则同样在遵守的范畴之中。

二、研究方法

在上述方法论原则的综合指导下，结合本书的具体特点，拟主要采用文献分析法、案例分析法等质性分析的研究方法。

（一）文献分析法

本书采用文献分析法，以相对中立的态度，分析或诠释主要内容及相关领域的有关文献资料，达到科学和客观地评价研究内容及其价值的可能。本书紧密围绕互联网背景下贵州区域传播力的提升这根研究主线，主要对区域传播学、互联网等新媒体、贵州传媒状况和贵州区域传播系统资源位等方面相关研究的国内外文献进行梳理和剖析，并探讨了其对于本书研究的开展所具有的借鉴价值。

除通过各种方法得到的大量第一手原始文献资料外，这些文献还包括国内外相关学术论著、文集、博士论文、期刊论文、报刊文章、会议资料，以及各种电子文献等。

（二）田野调查法

为获得大量第一手鲜活的研究资料，本书采用田野调查法，通过充分的田野调查，为相关问题的研究奠定基础或为相关研究假设提供佐证。

例如，为更好地认识贵州区域传媒资源，并深入了解贵州区域传播力现状及其问题所在，在实际调研过程中，本书广泛运用观察法。通过有目的、有计划地实地参观并批判性地考察贵州传媒资源，列席贵州相关政府部门或传媒机构的会议，或参与到传媒机构的具体运作之中，来策略性地获取有助于本书研究开展的原始资料。通过此种参与式观察和第三方旁观观察等切身考察方式，获取了大量第一手文献，为本书内容的科学和客观奠定了基础。

（三）案例分析法

本书采用案例分析法，通过对相关典型性事例的挖掘和剖析，并佐以各种理论工具，挖掘出其内部所深藏的有价值的信息，并在此基础上进行信息的重新审视和再加工，以达到对该类事物发展规律的明晰或对其本质特征的深刻认识。

由于对互联网背景下贵州区域传播力提升相关问题的考察涉及多个方面，研究领域较为广泛，如果仅从整体层面或理论层面对其考察，容易落入宽泛、枯燥和针对性、说服力不强的陷阱。因此，本书在从贵州整体层面和理论层面对相关问题进行论述的同时，专门辅之以贵州日报报刊社（贵州日报当代融媒体集团）、贵州广播电视台和多彩贵州网等贵州主要新闻媒体的相关案例，对研究过程中涉及的重要问题进行审视和探索，以增加研究的科学性和严谨性，为研究成果的客观性奠定有效基础。

当然，由于本书涉及多个学科的多个领域，因此对相关问题的考察未必拘泥于上述几种研究方法。换言之，针对实际情况，本书还借鉴了历史学、新闻传播学、经济地理学、社会学和人类学的研究方法及思维模式，对研究的相关领域形成深刻的系统认识，从而更好地夯实研究基础。

三、三种理论背景

由于本书内容的特点，使得对新闻传播学、社会学、文化学和政治经济学的考察成为必须，也因之可能使得相关理论探讨显得较为复杂。但是，尽管上述各个学科之间的理论分野有所不同，彼此之间又有一些紧密的交叉联系；它们的理论范式看似迥异，实际上，不仅同属于人文社会科学领域，而且均在基本相同的哲学思维统筹之下，更多以某些相似社会现象为基本研究对象，研究方法也存在普适性，只不过彼此关注的重点存在差异而已。因而，对各个学科相关理论精华的汲取，既有助于拓宽研究思维、推动研究深入，又能够使研究过程更为系统、全面，从而确保研究结果的客观和科学。

（一）整合营销传播理论

作为一种富有价值的营销传播模式，整合营销传播自20世纪90年代崛起至今，社会影响力日益扩大，并受到学界和业界青睐。由于互联网背景下贵州区域传播力提升涉及的因素较为庞杂而又联系紧密，因而有必要根据整合营销传播理论，更好地为解决相关认识困惑及实践障碍提供臂助。

1. 营销与传播

营销，指的是"企业或者其他组织用以在自身与客户之间创造价值转移（或交换）的一系列活动；传播或者沟通，就是指思想传递以及不同个体之间或组织与个体之间建立共识的过程"。[①]

营销与传播之间存在着较紧密的联系。例如，从基本属性看，市场营销活动反映出了生产者、销售者和购买者之间关于价值交换的信息流通、交换和互动过程，一定程度上也可以被视为某种信息量丰富的信息传播行为。更进一步讲，各个市场主体之间实现价值交换的重要前提，便首先是商品信息在不同主体之间的传播及交换。商品营销信息流通的顺畅程度，可能会直接影响到市场营销行为的质量。同时，商品本身作为承载信息的某种载体，也在流转中向各方主体传达了多种讯息。从此种意义上讲，颇有麦克卢汉所讲的"媒介即信息"的意味。因此，克兰指出，营销传播学是市场营销学与传播学两个学科碰撞的结果。[②] 换言之，市场营销行为在逐渐向传播学靠拢，并浸透着传播学的痕迹。

鉴于营销与传播之间的紧密联系，特伦斯·辛普指出，营销传播，指的是"在一个品牌的营销组合中，通过建立与特定品牌的客户或者用户之间的共识而达成价值交换的所有要素的总和"。[③] 运用好营销传播，有利于不同市场主体之间的彼此沟通，以及商品或品牌相关信息的交流，并有助于以此为途径来形成共识，或达成策略或行动上某种程度的互动平衡。当然，此种共识及平衡状态的达成，不可能摆脱对信息传播的依赖。

尽管信息在营销传播中占据重要地位，但传统营销传播中对信息的运用，多处于单向度传播且部分忽略受众感受的简单阶段。例如，营销传播工具的运用，多呈现出直线型传播特点，虽然目标简单明了，却往

---

① 卫军英：《整合营销传播观念及其理论架构》，浙江大学博士学位论文，2005 年。
② 参见星亮：《营销传播理论演进研究》，暨南大学博士学位论文，2013 年。
③ ［美］特伦斯·A. 辛普：《整合营销沟通》，熊英翔译，中信出版社 2003 年版。

往侧重于站在己方利益的立场上对商品诉求进行表达，所传递的信息相对较为单纯，诉求力度不足，忽视了受众或消费者的感受和反馈，难以满足其越来越复杂、全面的需要，从而将信息传播者与信息接受者置于对立的立场，不利于两者共识和互动平衡的建立，某种意义上变相割裂了营销与传播之间的关系。传统营销传播中的广告，往往依托于大众传媒实现单向度传播。此种方式在商品短缺年代效果显著，在商品富余化，以及互联网带来的信息海量化、信息干扰强化的时代背景下，尽管仍有一定作用，但如期望它仍能产生"魔弹"般的传播效果，已越来越不现实。

2. 整合营销传播理论

新的时代背景，使得对传统营销传播进行全面整合的必要性日益凸显。整合营销传播，既是变化了的市场和信息传播环境的重要产物，也契合了人们的实际需求。

从社会变迁来看，早期冷战思维下的社会结构渗透着强烈的军事色彩，信息的传播往往依靠强权组织的上传下达来完成，以此维护对某些信息、特别是对敏感信息的控制和封锁。随着冷战阴云的飘散和市场经济的发展，先前为少数精英阶层所控制的权力开始下移、逐渐被社会各阶层所分享。与此相对应，信息的传播渠道更加开放、多元，信源与受众之间的互动渠道和机制也更加活跃而完善。互联网等新媒体的崛起，进一步促使传统主流媒体对信息的绝对主导权被削弱，受众权力得到新的增长，以往对传媒的遵从弱化，甚至产生某种程度的怀疑。

信息环境的变化令信息传播渠道增多、速度变快、规模变大，但同质化现象也日益严重，对于具体信息而言，来自其他信息的干扰更大了。由于人们听到或看到的广告大增，往往会产生厌烦心理，那些吸引力差的广告会被忽略或剔除。即便原本有吸引力的广告，也很可能会因受到同类产品广告信息的干扰而失去本应达到的传播效果。广告之外其他信息的传播同样如此。面对信息的汪洋大海，营销传播必须整合一切可以利用的资源，尽力消泯不必要的噪音，实现最大程度的有效传播，才能获得受众或消费者的关注与认同。在此过程中，受众对于感知性强、清晰度高、获取信息难度低且观赏更愉悦的视觉传播符号的青睐，使具备可视性特点的媒体的重要性日益凸显，视觉文化被纳入营销传播的重要整合范畴。

国内一般认为，美国学者丹·E. 舒尔茨 1993 年与他人合著的《整合营销传播》，是世界上第一部详细而系统的论述整合营销传播理论的学术著作。作为人们以往相关理论认识的深化和完整呈现，该书出版之后受到营销传播学界和业界的广泛肯定和认同，标志着一个新学科的确立。

整合营销传播代表着营销传播进入了一个新的发展阶段，同时也是对传统市场营销观念的继承和发扬。沃纳·赛佛林和小詹姆斯·坦卡德认为，如果说传统营销传播是一种"泛传播"，那么，整合营销传播则是一种"窄传播"，前者泛泛面向大众，后者则更多针对个人或群体的不同需要。①

相较于传统营销传播，整合营销传播的信息传递，可以通过多种渠道、采用多种方式进行，但彼此要注意协调和融合，并保持特定信息内在而有机的关联，以引起受众或消费者的重视并引导其正确接收信息，产生对产品的认同及积极、正向的相关行为，激发更好的传播效果。换言之，整合营销传播更强调双向或多向互动，更侧重从各种媒体沟通形式与其他传播沟通形式的协调运用中，整合出最适合的传播形式，从而建立自身与受众或消费者稳定而健康的关系。

也有部分学者认为，除了技术更新带来的手段变化外，整合营销传播各种新的传播沟通形式实际上只是传统营销沟通的与时俱进，两者并

---

① 参见［美］沃纳·赛佛林、小詹姆斯·坦卡德：《传播理论：起源、方法与应用》，郭镇之等译，华夏出版社 2000 年版。

无根本区别。① 但是，不可否认的是，整合营销传播思想是基于新的时代背景的一个大转变，促使人们对一些传统的观念进行再思考，并给社会带来较大冲击。汤姆·邓肯和桑德拉·莫里亚蒂甚至认为，作为整合营销体系中的冰山一角，整合营销传播如果欲得到更为有效的普遍运用，就必须将自身置于更广阔的背景之下，对组织的体制和相关顺序进行根本的改变。② 换言之，邓肯等人认为，整合营销传播是一个系统性工程，其运作不仅牵涉到传播本身，更会涉及社会组织体制、制度等较为根本性的因素。

尽管有争论，但学界对整合营销传播的概念还是初步达成一致："整合营销传播是发展和实施针对现有和潜在客户的各种劝说性沟通计划的长期过程。整合营销传播的目的是对特定沟通受众的行为实际影响或直接作用。整合营销传播认为现有或潜在客户与产品或服务之间发生的一切有关品牌或公司的接触，都可能是将来信息的传递渠道。进一步说，整合营销传播运用与现有或潜在的客户有关并可能为其接受的一切沟通形式。"③

这一定义，将消费者视为营销传播中的主要环节，并对市场运作、品牌等相关因素与其的关系进行了阐述。毕竟针对消费者的产品包装设计、店面陈列，以及促销、公关、广告和售后服务等行为，究其本质，均是传播的实现形式。

随着营销环境的变化，人们对整合营销传播的要求也在不断变化，因此整合营销传播出现了战略和战术两个层面的重要目标。从战略这一宏观或中观层面来看，整合营销传播侧重于对整个组织结构相关资源的全面整合和优化配置；从战术这一微观层面来看，整合营销传播则侧重

---

① 参见卫军英：《整合营销传播观念及其理论架构》，浙江大学博士学位论文，2005 年。
② 参见［美］汤姆·邓肯、桑德拉·莫里亚蒂：《品牌至尊：利用整合营销创造终极价值》，廖宜怡译，华夏出版社 2000 年版。
③ 卫军英：《整合营销传播观念及其理论架构》，浙江大学博士学位论文，2005 年。

于协调或整合不同传播手段和媒体表现形式的相关资源。

战略规划与战术手段，均是整合营销传播价值追逐的一种表现。对此，汤姆·邓肯在舒尔茨相关论述的基础上进行了深化和提升，提出了自己关于整合营销传播终极价值的独特观点。他以"从交易营销到关系营销"为题，提出了"传播推动关系"的理论主张。① 根据此种主张，整合营销传播仅是一个出发点，其"最终目标就是品牌和利益相关者之间的关系"②。换言之，品牌与利益相关者之间良性关系的建构应该是整合营销传播的终极价值及目的所在，利用相关手段来优化各种相关资源的配置，进而构筑和发展相关利益攸关方与品牌之间稳定而健康的关系，则是整合营销传播的重中之重。

邓肯还郑重提出了关系利益人的概念。在他看来，一个企业的关系利益人，不仅包括股东与员工，也不仅包括商业伙伴和社区，还应包括政府及新闻机构等。③ 基于某种利益的驱使，政府及新闻传播机构等关系利益人会利用相关资讯来主动或被动整合出品牌的相关信息，并以此决定自己对该品牌的支持度或认同度。这种支持或认同整合起来就形成品牌资产。因此，尽管品牌名称和商标所有权属于企业，但本质上，真正的品牌拥有者是关系利益人，如果企业对整合品牌资讯缺乏主动性，无疑就是将相关决定权交给了关系利益人。④

显然，在新的社会背景下，营销与营销传播已经达到重合状态，且整合营销传播的所有环节均处于信息互动之中，整合营销传播中的每个组织均可能会自觉或不自觉地从事营销传播的相关事宜，而处于统筹或协同位置的管理部门自然成为其中的重要角色。如果整合营销传播过程

---

① 转引自星亮：《营销传播理论演进研究》，暨南大学博士学位论文，2013 年。
② ［美］汤姆·邓肯：《整合营销传播：利用广告和促销建树品牌》，周洁如译，中国财政经济出版社 2004 年版。
③ 转引自卫军英：《整合营销传播观念及其理论架构》，浙江大学博士学位论文，2005 年。
④ 参见卫军英：《整合营销传播观念及其理论架构》，浙江大学博士学位论文，2005 年。

的各个环节未达成某种良性互动,有关组织与品牌之间的关系稳定性便会受到影响,而品牌的价值也将会受到削弱。

邓肯对整合营销传播理论的贡献在于,在对整合营销传播各个环节的复杂性进行深入观察的过程中,强调了品牌和品牌资产的重要价值。在他看来,整合营销传播多扮演着某种工具性的角色,其实质和目的在于建构起品牌与利益攸关方的良性关系。此种以品牌为主要导向的理论,拓展了整合营销传播理论的传统范围,在市场竞争白热化、产品同质化现象严重的当今社会,具有现实的思考意义。

此外,邓肯关于关系利益人的阐述,突破了传统营销传播的相关界限,将政府、新闻传播组织等纳入重要思考范畴。由于政府、新闻传播机构的特殊性,使其在相关整合营销传播,特别是在本书的思考方向中,必然扮演着强有力的协同角色。

3. 互动式整合营销传播

随着互联网技术的飞速发展和大数据的应用,营销传播环境发生了变革性转变,整合营销传播受到巨大冲击,呈现出新的形态与趋势,面临新的挑战与机遇。

以美国政治学家拉斯韦尔提出的"5W"传播模式来分析,我们不难发现,新媒体大数据背景下,传播主体、传播内容、传播渠道和受众等更加复杂多变。传播主体与受众已经没有明确角色划分,可以随时互动切换。如政府机构、媒体机构和广大网民既可以是主动的信息传播者,也同时是被动的信息接收者,并且随时可以进行交流沟通。同时,大数据使得传播内容越来越海量,也越来越精准。传播的渠道不再受限于传统媒介,更多的是通过自媒体社交平台。

结合新媒体互动性强、大数据精准度高和受众碎片化等特征,事实上,整合营销传播已经发展为互动式整合营销传播。有观点认为,企业在法律允许的范围内运用各种手段最大限度地收集个体信息,建立数据库，实施"信息密集型"消费者传播策略，这种传播方式就是互动式整合营销传播。①

不管技术和渠道如何转变，互动式整合营销传播本质上还是进行信息传播的过程，它更强调消费者是企业发展的导向，通过接触新媒体渠道和运用大数据信息，实现针对个人的传播策略与广大消费者建立稳定的长期互利的关系。

在互动式整合营销传播模式中，大数据为对营销效果进行全程检测分析提供了重要技术支持，使得用户数据资源成为企业竞争的重要内容。具体来看，互动式整合营销传播是通过海量信息资源库，运用大数据了解用户需求、收集用户反馈、分析用户行为，让企业营销与真实的市场发展需求动向无限接近，从而为用户"量身定制"需要的信息，实现精准营销传播。

针对以上模式，有学者将互动式整合营销传播实施过程分为大数据营销信息平台建设、消费者洞察与细分、制定并实施互动式整合营销传播策略、互动式整合营销传播模式的效果监测评估和反馈机制四个步骤。②

大数据营销信息平台建设主要是获取营销数据。目前一般有自行收集和向第三方平台采购两种途径。自行收集的成本高、难度大，所以企业多采用第二种方式。消费者洞察与细分即进入了对营销数据展开分析挖掘的工作，通过数据可以全面、精确地分析出用户的喜好需求，预测其消费倾向。接下来便开始制定并实施互动式整合营销传播策略，充分利用各种传播渠道、各种媒体资源和优势，实现精准营销。最后企业再

---

① 参见豆琨：《大数据时代下互动式整合营销传播策略探析》，《中国市场》2017 年第10 期。

② 参见豆琨：《大数据时代下互动式整合营销传播策略探析》，《中国市场》2017 年第10 期。

通过营销的效果监测，得到评估和反馈，这些数据又会形成重要的信息数据库，为企业营销决策提供参考。

目前国内外的 B2C 电商平台、搜索引擎、视频网站等就是通过互动式整合营销传播，增强用户黏性。唐·舒尔茨认为，当前已经没有一个简单的方法可以来定义市场地位或竞争空间，新的竞争维度来源于大数据、移动化和 AI 能力。数字化正在导致传统产业的边界重新排序，技术的发展导致竞争不再有明确的边界。①

整合营销传播理论，有助于探讨区域传播系统中实体性要素与非实体性要素的整合，以及区域传播力中媒介传播力、政府传播力和社会传播力等几个层次传播力的整合相关问题，对于本书有重要的指导和启示意义。

（二）区域发展理论

我国地域辽阔，不同区域的地理、人文条件等差异较大。改革开放以来，我国由计划经济体制向市场经济体制转变，经济社会整体实现快速发展。但同时，东部、中部、西部及东北部等不同区域间的发展水平却一直相对失衡，特别是西部与东部之间，发展差距扩大的趋势还没有明显改变。这一问题如果得不到有效解决，将势必影响我国发展的可持续性与人民的长远幸福。

本书以贵州区域传播力提升为主要研究对象，试图以小寓大，为区域协调发展及有关问题的解决提供一些有益的思路。

追溯区域发展理论的源头，多数学者认为，系统的区域发展理论肇始于第二次世界大战后。作为以研究区域协调发展为对象的重要理论，区域发展理论的研究范围较为复杂，涉及经济学、地理学、社会学、规

---

① 参见唐·舒尔茨：《百度掐准了过去现在和未来的营销脉搏》，光明网，2017 年 11 月 28 日。

划学等诸多学科，加之战后以来经济发展思潮的不断演化，区域发展理论形成了众多不同的流派。

按照不同标准可以分为：主要以部门理论、输出基础理论和区域发展的倒"U"字形假说为支撑的历史经验学派；主要以增长极理论、核心—外围理论为支撑的现代化学派；主要以选择性空间封闭理论、地域式发展理论为支撑的乡村学派；主要以产业集群理论、新经济地理学等为支撑的主流经济学派。①

历史经验学派的区域发展理论是一种演绎理论，立足于大多数欧洲国家的发展规律进行总结提炼而形成。其中的部门理论认为任何区域的发展必将经历自给自足的封闭向商品交换的开放过程转变，必将因为专业化和工业化的发展而使经济发展依次完成一二三产业的过渡。

现代化学派的区域发展理论成长于20世纪60年代，正是工业化发展突飞猛进的时刻，因此现代化学派的理论支柱是以城市化和工业化为核心，强调"增长极"和"核心"的存在。也就是说经济增长不可能同时出现在所有的区域，而是先从个别地方开始，形成一定的增长极或核心，然后通过不同的渠道向外扩散，改革的创造性潜力也通常出现在少数几个"变革中心"。

当城市化和工业化发展到一定程度的时候，研究者们开始把目光转向长期被忽略的广大乡村地区，20世纪70年代以后，以关注乡村发展为核心的区域发展理论开始对以城市为核心的现代化学派理论形成冲击，这样的理论更加关注发展的公平、协调性，终极目标是为了消除贫困、增加就业，而不是国内生产总值的最大限度增长。

不过到了20世纪80年代以后，一些国际上主流的经济学家开始介入区域发展理论的研究，他们的研究突破了相对狭窄的"空间"视野，

---

① 参见李仁贵：《西方区域发展理论的主要流派及其演进》，《经济评论》2005年第6期。

把目光集中到经济发展的核心要素——产业。不管是产业集群理论还是新经济地理学，他们强调的不是区域造成产业和经济的不均衡，而是产业的发展造成了新的区域经济模式。

为什么会出现以上差异，形成不同类型的专业分工和产业集聚，最终导致经济发展水平的差异？利用单一的区域发展理论无法解释这样的差异，更何况中国地域广大、人口众多，单一理论无法指导和概括中国区域发展的走向及特征。

反观中国自 1978 年改革开放以来的发展，区域就是影响经济发展的一个核心要素。如历史经验学派所言，中国经历了一个由"封闭"到"开放"，由"计划"到"市场"的发展阶段。如经济发展现代化学派所提出的"增长极"和"核心—外围"理论，深圳、珠海、汕头、厦门等经济特区的建立和上海、广州、青岛等沿海开放城市的建设就形成一个个增长极，并以此为核心向周围不断扩散。同理，顺德家电、中山灯具、温州皮革、东莞服饰等一系列产业的聚集，又反过来促进了一个个经济发展区域的形成。

根据物质决定意识论，区域经济的发展必然对于区域文化特性、媒介生态产生巨大的影响。对于本书，这些理论的一部分具有借鉴价值，而另一部分却不具有。即便是可以借鉴的理论，由于其在空间和时间上的局限性，也不能完全照搬。因此，本书拟在对上述理论进行探讨的基础上，努力把握区域发展理论的实质内涵，使其能够为贵州区域传播力提升提供有力的理论引导。

在区域发展相关理论中，区域产业结构理论于 20 世纪 30 年代由克拉克和费希尔提出。他们认为，随着区域经济整体水平及人们生活水平的提升，在自由市场经济的驱使下，第一产业的产值及就业人口会下降，而第二产业会紧随其后，并导致第三产业的崛起。紧接着这一"三次产业"理论的提出，诺斯等人也郑重提出了区域发展的乘数理论，认为，国民经济基础部门相关产业的扩张，会促使该区域经济生产总值加倍增长，进而形成一种乘数效应。

在此时期，关于区域发展的投入产出法也被提出。该理论认为，在投入和产出上，不同地区之间是相互依存的。针对地区之间的贸易流量、就业情况和人均收入等开展投入产出分析，可以进而通过推动工业结构的改变使得某一国家或地区的工业布局变得更合理。① 该理论提出不久，便被广泛认同，为此后产业关连理论的提出奠定了基础。

20 世纪 40 年代到 70 年代，由于传统农业的地位下降而工业的地位提升并被密切重视，新古典学派着重钻研资本运营等方面的区域发展理论，进而形成了区域发展的均衡增长理论和不均衡增长理论。

均衡增长理论认为，资金、劳动力和技术进步是区域经济增长的三个主要影响因素，由于市场机制的作用，"劳动力将由就业机会少、工资低的地区流向就业机会多、工资高的地区，而资本将由高工资区域流向低工资和可以获得劳动力的区域，技术将由创新区域流向外围区域，从而使要素收益均等化，区域间的差异不断缩小，区域发展逐渐均衡，中心—外围结构消失"②。该理论较为积极乐观，却不符合当时多数区域之间及区域内部经济发展的实际状况。即便有部分区域曾出现其描述的乐观状况，却是政府调控的结果；即便市场含有诸多可以促进区域均衡的生产要素，但它同时也存在着贸易保护主义等其他加速不平衡状态的因素。由此，不均衡理论被郑重提出。

不均衡理论认为，在生产要素在市场经济空间中自由流动的前提下，为追寻利润的最大化，区域经济的发展过程势必将会由均衡状态走向不均衡状态，不同区域之间差距会扩大而非缩小。围绕规模经济和集聚经济，该理论提出了"极化效应""反吸效应""规模递增"，以及

---

① 参见张明龙：《区域发展理论演进的纵向考察》，《云南社会科学》2002 年第 2 期。

② 汤茂林：《区域发展理论与江苏省域差异研究》，《江苏社会科学》1999 年第 2 期。

"涓滴效应""扩散效应"等概念。前三个效应促使一定区域内资本、劳动和产出的不断累积；后两个效应加上政府的转移支付，只能做到对区域差异的一定控制而尚难以带来区域平衡。实现区域平衡发展，还必须有合适的经济政策，并强力实施政府干预。① 鉴于市场经济的局限性及现实中不同区域的实际发展状况，此种说法有一定道理。

不均衡理论影响力的获得，当部分归功于缪尔达尔的循环累积因果原理和佩鲁的增长极理论。缪尔达尔强调了市场经济的集聚作用，认为，经济活动通过市场机制，自给性地集聚到有区位和技术等方面吸引力的区域，随着其效益增长，整个区域也持续实现加速增长。而这一中心区域周边地区的增长并不会因之受益。② 不过，缪尔达尔也并未全然否定平衡理论描绘的场景出现的可能。

"平衡"是区域发展理论的核心要义，区域之间必然存在先后、快慢、好坏等各式各样的差异，而区域发展理论的任务就是弄清楚这种差异产生的原因，由此解开促进区域平衡和协调的"密码"。自 20 世纪70 年代末以来，中国的发展因为改革开放而焕然一新，有学者认为改革开放以来中国区域经济学理论的演进经历了三个发展阶段：80 年代向东部沿海倾斜的不平衡发展阶段；90 年代兼顾中西部的协调发展阶段；21 世纪后的区域总体发展阶段。③

相比之下，赫希曼的研究相对乐观。针对发达区域与落后区域的互动，他也提出了两个代表性的概念——"涓流效应"和"极化效应"。"极化效应"描述的是，由于特定区域内企业生产效率较高等原因，对其他区域企业形成较大竞争压力，同时对其他区域的人力资源形成强势

---

① 参见丁焕峰：《区域发展理论回顾》，《生产力研究》2005 年第 1 期。
② 转引自汤茂林：《区域发展理论与江苏省域差异研究》，《江苏社会科学》1999 年第2 期。
③ 参见冯雪艳：《改革开放 40 年中国区域经济学理论的演进》，《改革与战略》2018 年第 7 期。

吸纳，使得经济增长向该区域集聚的情况。这种效应短期内固然会弱化某些区域的影响力与竞争力，但长远看，会不可避免地产生聚集的不经济，导致"涓流效应"的出现，即特定区域工业对其他区域逐渐产生影响和辐射，经济增长也随之由该区域扩散到更广区域，从而缩小两者的差距。[①] 当然，赫希曼亦强调了政府调控在"涓流效应"中的积极作用，认为，极化现象造成的区域内不平衡状况，在政府有效而及时的干预之下，可以通过"涓流效应"来重新恢复某种相对均衡的状态。换言之，通常在缺乏政府科学干预的情况下不同区域之间的差距才会不断而持续的变大。

从理论上讲，赫希曼的"有控制的不平衡"战略既能相对满足不平衡增长战略所追求的高速度，也能够相对满足平衡增长战略所要求的对落后区域正当权益的保障，因而富有见地。然而，由于现实问题的复杂性及各种因素的变化性，使得最不平衡临界点的寻找和界定往往不那么如意，因而在具体实践方面有一些困难。

赫希曼和缪尔达尔关于区域增长的相关理论虽有不同，但就不平衡增长理论的部分内容达成了共识，即，在经济发展过程中存在着累积因果机制，中心区域与外围区域总是相互作用。如果"极化效应"弱于"扩散效应"，新的经济中心将会崛起。[②] 这一辩证论述，以及在政府主导和干预下可以对区域差距进行人工控制的相关观点，对于深化本书内容有重要参考价值。

在他们研究的基础上，佩鲁和代维尔等人又对极化现象进行了深入研究，并将相关理论整合为增长极理论。这一理论阐释的出发点并非地

---

① 参见赵媛：《区域发展理论与当代经济地理学的发展》，《人文地理》1998 年第 3 期；李仁贵：《西方区域发展理论的主要流派及其演进》，《经济评论》2005 年第 6 期。

② 参见汤茂林：《区域发展理论与江苏省域差异研究》，《江苏社会科学》1999 年第 2 期。

理空间，而在于较为抽象的经济空间，侧重于考察区域产业之间的相互作用，认为，由于特定区域在区位等方面拥有的有利条件，使得该区域聚集能够激发增长的"经济群"；经济增长就总是在这样的"增长极""增长点"上发生，而不会在普遍区域共同发生。"'极'的经济扩散，带动区域发展。"①

佩鲁认为，可以将经济空间分为三种类型，即"作为计划内容的经济空间；受力场的经济空间；匀质整体的经济空间。其中，作为受力场的经济空间与增长极概念关系最为密切，它由若干中心（或称极、焦点）所组成"②。在他看来，区域的增长常常在那些受力场的中心出现并通过种种形式传递到其他场域之中。同时，他亦较为重视政府的调控行为对区域发展所产生的影响，认为，一个区域是否有增长极，决定着其竞争力大小。③ 在政府合理的调控或引导之下，扩散效应可以与极化效应达到某种平衡。在那些相对落后的区域，政府或企业等组织或个人可以选取增长潜力、市场前景广阔或社会正向影响力大的地点或行业进行重点支持，通过极化效应使其快速成长为增长的中心，然后通过各种合适的策略或手段诱发扩散效应的产生，进而带动整个区域社会的发展。

当然，佩鲁亦非常注重企业创新在塑造区域成长环境中的作用，认为，区域均衡发展的主要动力还在于技术进步与创新。④ 与此相似，弗里德曼新经济地理学的"核心—外围理论"也强调了创新对于区域发展的重要性。这一理论关于空间的论述涵盖范围更为广泛，且将政治和文化等因素纳入思考范畴，系统性地审视了区域中的各种变量。因此，

---

① 赵媛：《区域发展理论与当代经济地理学的发展》，《人文地理》1998 年第 3 期。
② 李仁贵：《西方区域发展理论的主要流派及其演进》，《经济评论》2005 年第 6 期。
③ 参见刘友金：《区域发展理论与中部崛起的产业集群战略》，《求索》2006 年第 1 期。
④ 参见刘友金：《区域发展理论与中部崛起的产业集群战略》，《求索》2006 年第 1 期。

该理论和佩鲁的一系列理论观点，为重新思考不发达区域的发展策略提供了理论上的借鉴。

针对佩鲁的相关理论缺陷，后来的一些学者进行了创新性的补充。他们多认为，城市在区域发展中扮演着推动区域文化、经济、社会发展的增长极的重要角色。针对佩鲁对地理空间的发展关怀不够的弱点，雅克·布德维尔较为强调经济空间的地理特征，将城市与增长极理论联系起来，提出了区域发展的增长极战略："如果在极化区域的节点或城市中心所配置的是推进型产业或企业，而且这些产业或企业所诱导的增长又包含在区域腹地之中，那么区域经济就可以通过推进型产业的扩张而增长。"① 这一阐述尽管理想化色彩较强，有一定实践难度，但对本书也有一定借鉴意义。

与不平衡增长理论相比，产业集群理论是一种新型而重要的区域发展理论。按照美国学者波特的看法，在某一特定领域中主导产业的驱使下，许多相关企业组织或其他机构通过一定的途径在空间上有机联系起来，便容易形成一个类似有机生物群落，且竞争优势明显的产业群体部落。② 产业集群作为一种为创造或集聚市场竞争优势而诞生的组织形式，具有诸多优质特征且较易实现，是单个企业或其他类型的产业组织形式不能比拟的，在世界范围内已经取得了较大的影响力。好莱坞等享有盛誉的产业群落，多数采取的空间组织形式便是产业集群模式。研究互联网背景下贵州区域传播力的提升，产业集群模式亦是本书重要的参考。

（三）媒介环境学

研究区域传播力，除了整合营销传播理论和区域发展理论，媒介环

---

① 转引自李仁贵：《西方区域发展理论的主要流派及其演进》，《经济评论》2005 年第 6 期。
② 参见刘友金：《区域发展理论与中部崛起的产业集群战略》，《求索》2006 年第 1 期。

境学也是绕不开的理论。

在传播学研究史上，西方学者一直致力于传播内容和传播效果的研究，对于传播媒介本身的研究则长期被忽视。直到 20 世纪 50 年代，加拿大学者哈罗德·伊尼斯提出，不同的传播媒介各有偏向，这往往决定社会整体的偏向性。[①] 加拿大学者麦克卢汉受这一理论的启迪，首次将传播技术看作社会变迁和文化发展的重要动力，提出了"媒介即讯息"的论断。而美国著名学者尼尔·波兹曼在麦克卢汉的"媒介即讯息"理论的基础上，"将媒介作为环境来研究"，并在其任教的纽约大学首创媒介环境学专业，这是媒介研究发展过程中相当重要的一步。

学界将媒介环境学派代表人物分为几代：20 世纪 50 年代以前成名的格迪斯、芒福德、沃尔夫、朗格等人是先驱，50 年代成名的埃里克·哈弗洛克、哈罗德·伊尼斯和马歇尔·麦克卢汉是第一代，尼尔·波斯曼、沃尔特·翁、詹姆斯·凯利等人是第二代，保罗·莱文森、约书亚·梅罗维茨、兰斯·斯特雷特、林文刚、埃里克·麦克卢汉、德里克·德克霍夫等人是非常活跃的第三代。[②] 在几代媒介环境学派学者的努力下，研究体系和理论日渐丰富，为我们认识媒介带给人类文明的影响提供了一种独特的视角和方法。

20 世纪末，国内学者开始关注媒介环境学。华裔美籍学者林文刚 1998 年 6 月第一次在亚洲公开宣讲媒介环境学。2000 年后，清华大学崔保国教授率先介绍关注北美的"Media Ecology"，但是在《媒介是条鱼》一文中，他把"Media Ecology"翻译成"媒介生态学"。学者何道宽认为，这种译法与北美"Media Ecology""各种媒介构成了人类生存生活的一种环境，人才是生活在水（媒介环境）中却浑然不觉的鱼"的基本观点相背离，于是，以林文刚为代表的媒介环境学家经过反复商

---

① 参见郑燕、陈静：《中国媒介环境学现状研究》，《东岳论丛》2014 年第 4 期。
② 参见何道宽：《媒介环境学辨析》，《国际新闻界》2007 年第 1 期。

讨之后主张以究其实而不据其形的方法将"media ecology"译为"媒介环境学"。

媒介环境学认为，"媒介即是环境"，"环境即是媒介"。其三大理论框架为：传播媒介不是中性的、透明的和无价值标准的渠道；每一种媒介独特的物质特征和符号特征都带有一种偏向；传播技术固有的偏向往往会促成相应的影响和结果。①

随着传播技术的不断优化迭代，VR／AR、物联网等新兴媒介样式和技术形式层出不穷，媒介早已超越了传统的报刊、电视等概念，这些纷繁多元的媒介形态在互联网等技术的作用下日渐融合、交织构成一个多重复杂的媒介环境。

在媒介环境学看来，技术并非完全中立的，因为一切媒介（技术）都有一种隐而不显的偏向（Bias）。这种偏向取决于技术本身的特性和逻辑，以及人类希冀通过技术达成的目标。② 媒介固有的符号形式和物质结构对信息的编码和解码起界定作用。不同的媒介由于其物质特征和符号特征的不同，在其对信息的编码和解码起界定作用的时候具有不同方面的侧重和偏重。

以互联网为例，有学者认为互联网"包含着的一种政治或社会的偏向，以一种隐蔽而强大的暗示力量来重新定义现实世界并最终塑造整个文化的特征"③。毋庸置疑的是，在互联网背景下，传统媒介环境信息流动中等级森严的把关体系被打破，社会权力不仅仅只掌握在政府和官方媒体手中，民众通过互联网掌握了越来越多的话语权，甚至部分人成为意见领袖，有了更多的机会参与到社会决策和文化生产中。同时，

---

① 参见［美］林文刚：《媒介环境学：思想沿革与多维视野》，何道宽译，北京大学出版社 2007 年版。
② 参见杨家明：《媒介环境学视阈下算法的概念界定及其传播偏向研究》，《新媒体研究》2018 年第 19 期。
③ 李晓云：《尼尔·波兹曼的媒介生态学研究》，四川大学博士学位论文，2007 年。

也使得原有的社会结构、文化观念、交往方式等都受到冲击乃至瓦解。①

互联网把世界连成了"地球村",打破了信息壁垒,是不是就不存在媒介的偏向性? 恰好相反。通过国内外专家的研究可以发现,互联网这一媒介不仅易于不同空间之间的信息传递,具有十分明显的空间偏向性,它还将这种空间偏向性发挥到了极致。② 因为海量的信息让受众无暇深入思考,没有思想的碰撞,单方面的信息传播容易造成知识垄断。与此同时,由于"把关人"的缺失,部分信息的真伪在一定程度上无法辨别。更为严重的后果是,发达国家与发展中国家在经济、科技等方面的实力不对等,容易造成"媒介帝国主义"现象。最直接的表现为强国的电影、电视剧、音乐等文化通过互联网便捷输出,对"弱国"的文化产生冲击和影响。

媒介环境学一直所追求的是平衡。麦克卢汉认为"一切媒介都是人的延伸",即媒介可能是人的感官,如眼睛、耳朵、大脑,但是当一种媒介的功能被放大之后,其他延伸可能会被弱化,甚至麻木、退化,这是极端的现象。因此,实现媒介环境的平衡,一直是媒介环境学者所致力的方向。

对于本书而言,媒介环境学理论所研究的问题对于互联网背景下贵州区域传播力的现状研究和提升具有重要的意义和参考价值。对结合具体问题进行针对性论述时会用到的其他传播学理论,在此不一一赘述。

---

① 参见郑燕、陈静:《中国媒介环境学现状研究》,《东岳论丛》2014 年第 4 期。
② 参见朱婷:《媒介环境学视角下互联网传播的偏向及其影响研究》,东北师范大学硕士学位论文,2012 年。

第 二 章

互联网与区域传播力

　　研究互联网背景下区域传播力的提升，首先要对区域传播力，特别是对互联网背景下的区域传播力有较为透彻的把握，才能更好地推动相关内容的挖掘和深化。为此，本书主要以区域传播学视角切入，对区域与区域传播、传播力与区域传播力，以及互联网背景下的区域传播力进行综合审视，为后续研究夯实基础。

第一节　区域与区域传播

　　由于传播学自身的特点，使得其诞生和发展与其他学科的贡献密不可分。同样，区域传播学的诞生和发展也离不开地理学和经济学等不同学科对区域问题的诸多研究。

　　区域是一个相对的概念，不同学科对区域的具体定义不同。政治学把区域理解为国家实施行政管理的行政单元；在地理学中，所谓区域，多指一定范围的地理空间及其所承载的自然系统；经济地理学上的区域则是为人类经济活动所占据的空间范围和一定范围的地理空间①；社会学将区域定义为"具有同质的地理环境与社会文化特征的一个较大地区"；文化学关于区域的界定是"有内聚力的地区"②，即由具有相同或相似特征，或共享一种占支配地位的文化倾向的若干社会所构成相邻的地理区域。

同时，区域也是一个比较模糊的概念。在经济学中，通常认为区域是人类经济活动及其必需的生产要素存在和运动所依赖的"载体"——地域空间。③ 即经济学上的区域多指包含人们经济活动等差异特质的抽象空间，并不必然具有明显的自然地理区隔。因此，英国区域经济学家哈里·理查逊曾表示："精确地定义'区域'是如此可怕的一个梦魇，以至于大多数区域经济学家宁可回避这项工作。"④

可以看出，研究重心和领域不同，各学科赋予区域的内涵是有差异的。对于传播学而言，所谓区域则承载了更多的文化特质。

在传播学中，区域的内涵较为丰富，"是指一个能够意义共享的空间"⑤，这个空间里的人们，文化属性包括生活习惯等比较一致。首先，"意义共享"的特点，使得它具有较强的包容性，能够为多种意义的文化的发展提供足够空间。其次，它对"空间"并没有作出特定物理界限，使得其伸缩的弹性较大——既可扩展为对国家等宏观对象的研究，又可缩小为对某个具体地方等微观对象的探索。再次，它对"文化属性"的限定，使得某一区域的传播活动，势必会受该区域特有的文化属性的影响，从而表现出相应的某种特点。同时，适合该文化属性的媒

---

① 参见李小建等：《经济地理学》，高等教育出版社 2006 年版。
② 于珧：《弘扬地域文化特色 提升省级卫视频道品牌价值》，《当代电视》2007 年第 3 期。
③ 参见张敦富等：《知识经济与区域经济》，中国轻工业出版社 2000 年版。
④ 转引自张秀生主编：《区域经济学》，武汉大学出版社 2007 年版。
⑤ 周鸿铎：《区域传播学导论》，中国纺织出版社 2005 年版。

体类型及传播方式，将会占据更有利的地位。最后，由于全球有向
"地球村"发展的趋势，其影响势必表现在该区域的传播活动中。日益
扩大且同质化的区域范围，将会使得部分媒体类型的传播效果受到限
制，而那些适应新环境的媒体类型将会诞生或得到更为广阔的发展
空间。

　　由上述对传播学区域内涵的分析，可以推断，传播者在对特定区域
所进行的传播活动中，势必形成一系列因素的组合体，即所谓的传播区
域。传播中心、传播腹地和传播网络构成了传播区域的重要组成部分，
并分别发挥着传媒产品的集散地、辐射圈和联系脉络等主要作用。

　　国内学者通常将传播区域划分为三种类型：第一类，错位传播区域
与重合传播区域。这类划分主要区别在于两者的边界是否与行政区域重
合，有助于观察区域经济社会条件对传播的影响。第二类，发达传播区
域、次发达传播区域与欠发达传播区域。这类划分的主要依据在于区域
传播的发展水平，有助于观察现实传播的不平衡状况。第三类，基于不
同区域文化的传播区域。这类划分可以区分出粤港、江浙等传播区域，
有助于观察区域文化资源对传播的影响。[1]

　　因此，根据具体区域的不同特征，本书可以分别将其归为第一种或
第二种、第三种传播区域类型。当然，为便于研究限制，总要选取其最
主要的特征，将其归入到某一种类型，使得考察目标更具体化、研究进
程更深入。对本书涉及的贵州，也有必要将其归入到某一种传播区域
之中。

　　选择贵州作为研究切入点，很大程度上已经将本书的研究区域予以
了界定。贵州是一个行政区域，同时又是一个文化区域、政治区域、经
济区域，以此作为研究范围，既具体、丰富，又具有代表性。换言之，

---

[1]　参见周鸿铎：《区域传播学导论》，中国纺织出版社 2005 年版。

贵州省本来就是一个行政区划，传播区域类型天然，与第一种类型较为契合。但由于贵州的区域传播发展程度与其他一些西部地区类似，而与东部地区差别较大，因此又有第二种类型的因素在内。同样，由于贵州地域民族文化独具特色，将其按照文化类型来归类也有一定道理。综合各种因素考虑，本书将其主要归于第一种传播区域。同时，在具体论述中，如果涉及发达程度的比较或对文化等因素的阐述，又不妨将其暂归入第二种或第三种传播区域，以推动某些问题的考察。此种灵活界定，可以规避由于考察方法僵化而带来的诸多弊端。

在对传播区域作出界定之后，本书发现，现今权威的观点将区域传播相应界定为"在特定区域内的、具有区域特色的传播行为"[①]；其具体内容，多为有区域特色的有序信息，且信息编码方式会受到区域内各种要素，包括实体性要素和非实体性要素的影响。

实体性要素多指作为信息发送者的信源、作为信息接收者的受众和作为信息传播渠道载体的传播媒介，被认为是形成区域传播的"内在动因"。在不同区域平台，各实体性要素可以构建不同的区域传播模式，对区域传播水平有着较大决定作用。非实体性要素多指区域内的经济发展、文化水平、传播技术和传播规范体制等，被认为是形成区域传播的"外在动因"；各非实体性要素构成区域传播环境，直接或间接地对区域受众的信息接收手段与习惯，传播理念、体制与手段，信源，媒体技术水平等起着潜移默化的作用。[②] 两种要素总是彼此制衡。各个传播区域的区域传播力之所以表现出诸多差异，且在互联网迅猛发展等新的时代背景下呈现出两极分化态势，便多是上述各要素的发展与变化导致的直接后果之一。

由于传播规范体制普遍适用于全国范围，不具有某一区域的特殊

---

① 周鸿铎：《区域传播学导论》，中国纺织出版社 2005 年版。
② 参见彭宁：《区域传播资源位的分析及启示》，《当代传播》2004 年第 4 期。

性，而经济发展程度往往决定该区域是否有能力采纳并推广某种技术，与文化一样具有区域特殊性，因此在非实体性要素之中，文化和经济起着最重要的作用，对其也应该予以更大程度地考察和分析。

大众传播有人际传播、组织传播等类型的划分，据此，也可以将区域传播划分为区域人际传播、区域组织传播和区域大众传播等不同层次的传播类型。所谓区域人际传播，多指不同传播区域之间不同特质的个人之间的沟通和交流；所谓区域组织传播，多指不同传播区域之间各种类型的组织之间的交流和传播；所谓区域大众传播，则指不同传播区域之间利用报纸、广播、电视和互联网等大众传播媒介所进行的信息交流。这三种类型虽然在层面和规模上有所区别，但在具体传播过程中又有许多因素交织，呈现出既有联系又彼此区隔的特色。

传播学在区域研究中的快速发展，离不开区域分析法为其提供的独特思维方式和研究视角。所谓区域分析法，是指"从空间的角度对地表组成区（区域）的各种现象进行分析的一种方法"[1]。区域分析法最初由对经济的区域分析而兴起，因为集中在特定区域作相关考察，对资料的搜索、概括不再大范围进行，比较容易深入获取局部丰富而详细的情况，根本提升局部研究的质量[2]，而逐渐对其他学科产生影响。

除了经济学，区域分析法几乎在人文社会科学的各个学科领域都得到了广泛的运用。如在文化学领域，研究一个国家或地区的历史文化、传统习俗、地理环境等，必须在某个划定的区域内进行。不同区域决定不同的生产方式、语言、宗教信仰、生活习惯等，于是产生了区域文化，形成不同的民族文化，不划定区域，研究是没有意义的。在法学领域，一些学者把区域分析方法应用到以区域、省份或者地方为中心的较

---

① 周鸿铎：《区域传播学导论》，中国纺织出版社 2005 年版。
② 参见蔡尚伟、何晶：《西部电视研究应上升到"区域传播学"的高度》，《电视研究》2002 年第 5 期。

小单位，从而研究处于转型过程之中的中国法律发展现象的区域性与地方性的变异内容和幅度，等等。

与经济学、文化学、法学等一样同属于人文社会科学的传播学，随着区域分析法的逐渐渗透，也获得了更为广阔的发展空间。

作为一门交叉学科，区域传播学的发展不仅借鉴了其他学科的思维方法，更渗入了其他学科的血统，借鉴并吸收了其他学科有利于自身发展的相关理论，如，政治学和经济学中的区域主义理论等。所谓区域主义，是指"地理上彼此相连的国家或地区之间，通过政府间的合作和组织机制，加强区域内社会和经济发展的互动意识"①。在全球化及国内各个区域之间合作步伐推进的背景下，区域主义的此种观点，使得传播学的相关研究得到深化和发展。换言之，为避免各个行政区域或者类似长三角经济区等更大区域彼此间无谓的冲突，导致传媒资源损耗，甚至传媒市场大规模恶性竞争，有必要强调各个区域的传媒在一定条件下的资源整合与合作发展，进而推动我国传媒产业整体发展。

心理学、语言学、社会学和哲学等学科，也为区域传播学提供了丰富营养。就心理学而言，区域传播的个人、组织和大众传播三个传播层面均与人们的心理活动息息相关，以心理学的视角来切入传播过程中的编码或译码活动，对于提升传播效果具有重要指导意义。就语言学来说，区域传播作为一种跨区域传播活动，只有设法解决不同区域之间民众语言的差异问题才会产生影响。特别是西部地区地理条件复杂、不同人群之间沟通不便，更要处理好语言交流的通则，使其符合传播区域民众的文化等习惯。就哲学而言，作为对人们世界观和价值观具有重要影响，且对其他人文社会科学具有指导意义的学科，其关于思维视角及方法论的阐述，会直接或间接地为区域传播学的发展提供助力，并起着重

① 马庆：《论公共危机传播研究的区域传播视角》，《当代传播》2009 年第 6 期。

要的指导作用。

　　不过，相比之下，最终对区域传播学快速发展起直接决定作用的，还是传播学的发展壮大。二战后期，由于媒体影响力的迅速扩大，传播学获得了在欠发达国家或地区发展的空间，同时，众多学者也加深了对媒体发展与经济社会发展之间关系的探讨，从而促使了发展传播学的诞生和发展。在对发展传播学的具体挖掘中，越来越多的学者开始注意到传播系统各要素与传播效果或媒体发展的关系，认为，在特定区域的发展中，传播的作用因时因地而不同，既具体又多样。同时，传播作为传播系统各要素彼此作用的"外在表现"，也受到具体的要素或条件等的制约。[1] 这一观点，恰与区域传播学的相关研究要素相呼应，为区域传播学的发展奠定了理论等诸多方面的基础。

　　无论是发展传播学，还是区域传播学，都没有忽视对区域差别的研究，也同时对不同传播区域之间相关表现差异的原因作出了探讨。这对于区域传播学极具现实意义，也为传播学的发展提供了新鲜素材和营养。在我国，各个区域之间发展不平衡，各个传播区域的表现也互不相同。同时，由于传媒的"信息鸿沟"效应，又使得各个传播区域之间传播效果的不同加剧了区域之间经济社会发展的不平衡。区域传播学的相关研究及其对区域资源整合、传媒发展等的关注，某种程度上会为缓和此种局面作出贡献。特别是在西部大开发、国家对西部加大支持力度的背景下，此方面的应用研究，无疑将会有更大的社会价值。

　　当然，区域传播学的相关研究，不仅具有重要的应用价值，还有较为重要的学术价值。例如，区域传播学对于心理学、哲学等学科理论的借鉴和区域分析法等研究方法的采用，势必将扩大新闻传播学研究的现

---

[1]　参见周鸿铎：《区域传播学导论》，中国纺织出版社 2005 年版。

有范畴，特别是可以为该学科相关问题的审视或解决提供新的研究方法、观察视野和边际效应，有助于改变目前新闻史研究的"学术内卷化"倾向。在此倾向中，研究视野和范式的单一、呆板，使得所谓"研究成果"常常仅是简单重复别人甚至自己的论述，边际效应必然陷入僵化。①

特别是在互联网迅猛发展的背景下，区域传播学的发展及其贡献更加惹人注目。由于历史等原因，区域传播学的发展多从其他学科汲取营养，而缺少新元素的注入，即使不断有一些新的研究成果，但过去社会发展的缓慢性，以及许多相关问题已被其他学科透彻研究，使得其与传统学科相比，价值及贡献仍然相对薄弱。然而，信息革命及互联网的迅猛发展，推动社会发展速度剧增，加之区域传播学也完成了前期必要的知识积累，获得了与传统学科一样面对新问题、解决新问题并作出新贡献的机遇。换言之，区域传播学具有的跨学科特点，使其在面对新的重大问题时，一定程度上往往可以比部分传统学科作出更全面的审视并发挥更大的价值，同时也有助于自身获得更好地树立于各个学科之林的学术资本。

尽管区域传播学的发展从其他学科获得了丰富营养并促进了相关学科的发展壮大，但作为一门相对独立的研究科学，它也有自己独立的研究对象和主要研究内容。与传统的传播学侧重宏观、整体层面的研究不同，区域传播学在研究对象上更侧重理论与实践层面的结合，致力于寻找传播区域中相对中观或微观的传播活动及其运作规律。研究内容，则主要包括"区域传播学的基本理论；区域传播各项条件的分析研究，如区域的地理位置、社会历史、经济条件、技术发达程度、传播者及受众素质等；区域传播与区域经济、政治、文化等的互动关系；区域传播

---

① 参见马庆：《论公共危机传播研究的区域传播视角》，《当代传播》2009 年第 6 期。

差异和区际联系；一国整体传播与区域传播的相互关系；区域传播策略，即如何突出区域特色，并利用区域优势繁荣区域传播"[①] 等，尽管范畴较为广泛，但对于某个层面的部分研究而言，又是具体的。由于本书主要针对贵州等国内区域传播展开研究，较少涉及国际区域传播的研究，且主要在互联网背景下展开对区域传播相关特性的具体分析，区域传播学原有的研究内容无疑将会因之得到丰富。

第二节　传播力与区域传播力

区域传播、传播力与区域传播力之间的联系复杂而紧密。尽管目前学界对于区域传播力的探讨相对偏弱，但通过对区域传播和传播力的相关探讨，有助于本书从深层次上把握区域传播力的内涵与外延等方面问题。

一、传播力与区域传播力

（一）传播力

作为一个新兴起的概念，新闻传播学界对传播力尚未有统一而明确的界定。然而，由于大众传媒的现实社会影响日益被重视和新闻传播学科的快速发展，又使得对传播力的研究不断推进，甚至在某一些时期成为研究热点。此种现象的出现，更加证明了传播力因素的复杂性、传播力影响的广泛性与重要性。

以"传播力"为主题在中国知网进行检索，共有相关文献 6800 余

① 周鸿铎：《区域传播学导论》，中国纺织出版社 2005 年版。

条；而以"传播力"为篇名在中国知网进行精确检索，共发现相关文献 2070 条。从篇名可以发现，目前的研究还集中在报纸、期刊、互联网等大众媒介和新兴媒介。进一步分析可看出，目前对互联网新媒体的传播力研究更多，这与媒介的发展有着直接的关系，而对区域、文化品牌的相关研究则比较少。

关于传播力的研究，发现多数学者对这一概念的界定可以分为三类：第一类以大众传媒作为传播主体，以对其能力的强调作为主要研究方向；第二类以普通社会组织作为研究主体，以其运用传媒等途径所取得的效果作为主要研究方向；第三类在结合自身研究对象特点并综合前两类概念界定的基础上，将两者同时纳入研究范畴并作出界定。

第一类研究方向的学者，国外主要有格雷厄姆·威廉姆森和曼纽尔·卡斯特、戴尔·海默斯等人。美国学者格雷厄姆·威廉姆森提出，"传播力是指传播者和受众成功地对信息进行编码和解码的能力，为达到高效的传播效果，传播者必须展示出一定程度的传播力"①。可见其对于传播效果的关注。国内以刘建明等为代表的学者除了关注传播效果外，还较为关注产生传播效果的传媒的整个运作流程，认为，"传播力是媒介传播能力的简称，指媒介的实力及其搜集信息、报道新闻、对社会产生影响力的能力。传播力的主导优势是媒介真实、正确、积极和健康的内容产生的竞争力，表现为正义的思想倾向激活受众感官的能量，使媒介发挥重要的作用"②。"从外在层次上看，传播力包括媒体规模、人员素质，传播的信息量、速度、覆盖率及社会效果，其中传播效果是

---

① 周南：《电视借力新媒体提升传播力现象研究——以凤凰卫视凤凰新媒体为例》，苏州大学硕士学位论文，2014 年。
② 刘建明等：《新闻学概论》，中国传媒大学出版社 2007 年版。

媒介传播力的主要表征。"① 和刘建明基本持同一立场的有田宏胜、于红和刘先根等人。他们对传播力概念的内涵和外延均有较清晰的阐述，但多是简单将传播者局限于媒体。而事实上，随着互联网等新媒体及自媒体的发展，除传统的、专业的大众传媒外，当今其他社会组织利用互联网或其他途径发布信息、建构自身形象的行为也日益频繁，传播需求的多元化、传播主体的多样化、内容生产的社会化等现象需要引起足够重视。②

第二类研究方向，国内主要以郭明全、匡导球等所秉持的观点为代表。郭明全将企业等社会组织视为传播的主体，并侧重于其运用传媒等方式实现自身目的的运作过程。他说："'传播力'是指媒体通过各种传播方式的组合，将信息扩散所产生尽可能好的传播效果的能力。这种能力的构成包括'传播的信息量、传播速度与准确度、信息的覆盖面以及影响效果'"③。由此可见，第一类与第二类传播力概念界定，关于界定的出发点——研究主体有很大差别。

第三类研究方向，研究者认清了第一类与第二类界定各自的局限性，并试图将其优点纳入到一个概念的范畴之中。张春华和郭金明、高俊卫等人为此作出了努力。张春华在对传播力概念的演化路径进行分析的基础上，提出"对于大众传媒而言，传播力是其本质职能的彰显，是一种能力，一种到达受众、影响社会、充分发挥大众传媒社会功能的能力；对于社会组织，传播力更强调的是传播效果，即社会组织通过各种传播手段组合构建的形象是否与自身定位或期望相符的问题"④。这种界定，是对上述两类研究方向一定程度的融合，并针对不同的研究主

① 刘建明等：《新闻学概论》，中国传媒大学出版社 2007 年版。
② 参见张春华：《传播力：一个概念的界定与解析》，《求索》2011 年第 11 期。
③ 郭明全：《传播力——企业传媒攻略》，南京大学出版社 2006 年版。
④ 张春华：《传播力：一个概念的界定与解析》，《求索》2011 年第 11 期。

体作出了不同的回答，有其合理性，却也存在取巧的嫌疑。然而，张春华又指出，之所以如此，是因为不同研究主体有不同的传播力核心价值，研究传播力，应根据研究主体的具体问题具体分析。[①] 这种研究态度，可以为前面的"取巧"作出解释。因此，如果综合考虑张春华的有关论述，会发现其论点可取性较大。

张春华的研究被后来的学者所接受，并体现在他们对传播力的界定和论述中。郭金明和高俊卫以大学出版社等文化产业切入思考，在对前两类传播力概念衍生的途径进行分析的基础上，认为两者"可分别称为'大众传媒传播力'和'社会组织传播力'。出版社的本质决定既追求经济价值又追求文化价值，既有大众传媒的功能又有社会组织的定位。所以本书中两大源头的传播力便统一到了一起"。[②] 这与第三类研究方向较为契合，且对大众传媒、企业、政府等组织通过传播力的彰显获取社会影响或物质利益等有较为全面的概括，再次显示了其较大的合理性。

对于本书所关注的互联网背景下贵州区域传播力提升问题，第三类研究方向尤具价值。换言之，在本书中，大众传媒和相关党政部门等社会组织传播力的有效提升均是需要重点研究的问题。

第一，区域传播力的提升，涉及的主体不但有大众传媒，还有相关党政部门和其他社会组织，乃至个人。这些主体虽然追求的个别目标有差别，但鉴于其所处区域的传播力与其个别目标的实现密切相关，因此，区域传播力的提升无疑是他们的共同追求。

第二，在资讯社会和大众社会背景下，无论是企事业单位还是党政部门，提升其传播力，势必将借助于影响巨大且日益发展的大众传媒、

---

① 参见张春华：《传播力：一个概念的界定与解析》，《求索》2011 年第 11 期。
② 郭金明、高俊卫：《大学出版社传播力研究及实证模型构建》，《现代出版》2013 年第 3 期。

特别是互联网等新媒体。即便是以社会组织为研究主体，关注重心也势必会向传媒所能够实现的有效传播力方面靠拢。但就具体而言，各类社会组织对传媒传播力的借助会有各自不同的特点，与大众传媒自身的传播有所区分。因此，即便大众传媒与社会组织的传播力特点具有较大程度的重合性，为了本书的全面性，并力求与社会现实更加契合，也应将相关党政部门等社会组织纳入考察范围之内。

第三，在市场经济条件下，大众传媒既有其作为传媒普遍拥有的功能，也有某些社会组织的定位，这一双重属性，决定了其追求目标是经济价值和社会价值的混合体，而政府、企业等其他社会组织的追求也大体如此，彼此高度重合。因而，社会现实也更契合第三类研究方向中对于传播力的界定。

第四，在构成区域传播系统的要素中，既有大众传媒和企业、有关党政部门等实体性要素，又有文化、经济等非实体性要素，且非实体性要素均与企业和党政部门等社会组织密切相关。因而，将传播力研究方向仅界定为大众传媒或社会组织中的一个，显得偏颇。

第五，本书在论述互联网背景下提升贵州区域传播力的策略时，拟结合贵州实际，对互联网背景下贵州如何通过整合媒介传播力、政府传播力、社会传播力等几个层次的传播力形成区域传播合力等进行论述。第三类研究方向与此更为契合，更能推动研究深化。

当然，还有一些其他方面的具体考虑，在此不一一详述。

（二）区域传播力

1. 区域传播力概念的界定

如前所述，经过对传播力概念演绎路径的归纳，以及对研究对象的具体分析，本书倾向于第三种研究方向对传播力概念的界定。由于传播力、区域传播力均与区域传播理论密切相关，根据目前国内关于区域传播相对权威的界定（周鸿铎将区域传播界定为"在特定区域内的、具有区域特色的传播行为"[1]），我们有理由对区域传播力作出如下定义，即，区域传播力主要是指在特定区域之内的大众传媒及其他社会组织实现其富有区域特色的有效传播的能力。

同时，由于区域传播系统包括实体性要素和非实体性要素，且这两类要素与区域传播力所要依赖的物质基础范围基本一致，故本书对区域传播和区域传播力的考察，便能够有机地结合在一起。换言之，区域传播力在内涵上，同样包括相关实体性要素和非实体性要素，我对区域传播力的考察和挖掘，也要从这些要素着手并推进。因此，本书以此为指导，与具体实践相结合，深度推进研究的开展。

2. 区域传播力的构成要素

由上可知，区域传播力的构成要素可以分为实体性要素和非实体性要素。实体性要素包括作为信源的信息传播者、作为信息接收者的受众和作为传播渠道的传播媒介；非实体性要素，则包括其他支撑要素，如区域的文化、经济、传播体制和技术等。实体性要素不但在较大程度上制约了非实体性要素中的媒介技术水平，还与其共同影响了区域传播力的高低。各个非实体性要素亦常互相影响，并会对实体性要素形成冲击。

例如，经济发展水平对传媒产业的发展形成直接影响，并直接或间接地对传播者和受众的传播观念、传播手段、接收观念、接收途径等造成影响。同时，某些重要技术的运用和普及，不仅可以从整体上影响传媒竞争力和区域传播力的高低，还会进而直接改变区域社会生态。互联网等新媒体技术的出现及运用，促使了媒体的转型，传播者和受众发送、接收信息的方式和态度等的改变，甚至给社会治理带来了强劲挑战和改变。

以贵州省唯一重点新闻门户网站和最大的全媒体数字平台——多彩

---

[1] 周鸿铎：《区域传播学导论》，中国纺织出版社 2005 年版。

贵州网为例，近年来高度重视移动化、智能化建设，传播力、影响力持续提升，已跻身全国同类新闻网站第一方阵，各端屏浏览量突破亿级，用户超千万。其中，"多彩贵州"官方微博粉丝量达550多万；通过官方微博向全球网友发出的"一封来自贵州的邀请函"，当日阅读量突破2000万人次、一周阅读量过亿。官方"两微"传播力跻身2016年全国十强。目前，多彩贵州网的各平台成长明显，已成为"2015—2016年度中国新闻网站成长型三强"、2016年"中央和地方新闻网站核心影响力指数百强榜"十三名、（第七届）"中国互联网品牌2016—2017年度中国新闻网站最具公信力50强"、2017年中国全媒体新生态高端论坛"最具引导力媒体"。2018年，多彩贵州网荣获第二届媒体融合与新媒体发展高峰论坛暨第八届中国互联网（新媒体）品牌"中国新媒体最具影响力50强""全国政务新媒体最具影响力品牌50强"，中国网络媒体论坛发布的中国新闻网站传播力第15名。2019年，多彩贵州网作品"脱贫攻坚连环计"荣获第二十九届中国新闻奖二等奖。

当然，技术因素不是单一的，而是始终在互相融合和变化之中。涉及互联网等新媒体发展的技术，就包括计算机网络技术、数字技术和移动通信技术等。其中，计算机网络技术的诞生和发展，为身处不同区域的人们提供了信息传播渠道，提高了资讯交流的频率，同时也为互联网等新媒体的发展壮大提供了物质基础。作为信息社会的重要支撑点，数字技术是包括互联网在内的各种新媒体运作的核心，为相关资讯的流通提供了统一的标准，使得迥异的信息流通成为可能，并为媒体融合发展夯实了基础、为相关软件等智能技术的发展提供了契机。移动通信技术的存在和发展，则直接衍生出了移动互联网的迅猛发展，使得信息的传播更为便捷，信息交流的方式更为丰富多彩。

上述区域传播力的构成要素及其发展、应用程度，正深刻影响着不同区域的区域传播力。

二、品牌要素：区域传播力的主要衡量标准

在对区域传播力概念本身的研究较为薄弱且存有争议的情况下，学术界目前对区域传播力衡量标准的研究也呈现出明显薄弱甚至匮乏的状态。但已经存在的相关学术理论，依然为探索区域传播力衡量标准奠定了部分基础，尤其是使品牌要素作为主要衡量标准的价值走入了我们的视野。

现代营销学之父科特勒在《市场营销学》中对"品牌"这样定义：品牌是销售者向购买者长期提供的一组特定的特点、利益和服务。本书可以简单地理解为，品牌是具有经济价值的无形资产，有特定商品的属性。

品牌可以是一个标志性的符号、图案、字母，代表着消费者对产品及产品系列的认知程度。也就是说，区域的传播力是受区域品牌影响的，因为区域品牌营销的基本目标是通过积极的区域形象来向消费者传递区域的独特性。一个强大且有吸引力的区域品牌将有效带动区域经济的发展[1]，衡量一个区域的传播力如何，品牌的认可度和认知度是主要的衡量标准。

首先，从整合营销传播理论的角度来看。特伦斯指出："所谓营销传播，就是指在一个品牌的营销组合中，通过建立与特定品牌的客户或者用户之间的共识而达成价值交换的所有要素的总和。"[2] 他强调了不同市场主体通过信息的交换等途径来形成关于相关品牌的共识，以及利用此种共识来达成相关价值交换的重要性。由此可知，在营销传播学的

---

[1] 参见范公广、孟飞：《区域形象、区域文化认同与农产品区域品牌购买行为——情景因素的调节作用》，《江苏农业科学》2018 年第 23 期。

[2] ［美］特伦斯·A. 辛普：《整合营销沟通》，熊英翔译，中信出版社 2003 年版。

早期阶段，品牌已经作为重要的评价指标。

不仅如此，汤姆·邓肯同样认为，品牌与那些相关利益人之间稳定而健康的关系的建构和发展，应该是整合营销传播的终极价值及目的所在，而在此过程中，利用整合营销传播手段优化各种相关资源配置，从而实现上述良性关系则是重中之重。对此，邓肯讲道："整合营销传播是一个能够认真倾听顾客意见并与顾客进行相互交流信息的过程……从本质上说，整合营销传播就是品牌传播的蓝图。"① 在此逻辑架构下，本书可以通过对品牌的考察来完成对传媒或企业等其他社会组织营销传播力或整合营销传播力的综合考察，而品牌也势必可以被纳入作为区域传播力的衡量标准予以重点考察。

其次，从传播力相关理论的角度来看，传媒与企业、政府等社会组织或个人共同构成了区域传播力的实体性要素，但是，目前不但针对企业和政府传播力衡量标准的研究较为薄弱，即便研究相对较多的大众传媒，传播力的实际衡量标准也不尽相同：电视、广播主要以收视率（收听率）和市场覆盖率为衡量，报纸、杂志主要以发行量为衡量，互联网等新媒体则主要以点击率和粉丝数为衡量。尽管如此，各类型媒体依然有一个共同点值得关注，那就是，除了都认可广告收益为一项衡量指标外，更重要的是，其收视率、市场占有率或点击率的高低实际上最终都由传媒品牌影响力的高低决定。传媒的这一特点显然并非个例，我们看到，品牌声誉实际上对任何社会组织及个人的传播力都同等重要，当然对区域传播力也十分重要。

程曼丽、李希光等人以国际传播力为例阐述的看法与此相吻合。程曼丽、郭可和刘继南等人认为，新闻媒体是否有足够的国际传播力，很

---

① ［美］汤姆·邓肯：《整合营销传播：利用广告和促销建树品牌》，周洁如译，中国财政经济出版社 2004 年版。

大程度上决定了一个国家的国际形象。① 很明显，程曼丽等人指称的"形象"，当为品牌的另一种表达方式。按照李希光等的观点，提升我国国际传播力的重要基础，就是必须打造有国际影响力的一流品牌媒体，为此，既要看到媒体的文化乃至意识形态属性，更要尊重其作为市场经济主体的属性、尊重市场规律，积极有所作为。② 由此，不难看出品牌要素在传播力和区域传播力评价中所占据的重要地位。

再次，从现实状况来看，在市场竞争白热化、产品同质化现象严重的情况下，不具有品牌价值或品牌价值不够优质的传媒或企业等，往往因不能赢得受众和市场的青睐而行之不远，而那些在世界范围内享有盛誉的传媒或企业则往往品牌资产丰厚，传播力也较为强悍。由此观之，将品牌视为衡量区域传播力的一个标准，也较为契合社会现实。

品牌并非空洞的概念。具体到大众传媒，其品牌构成要素至少包括三个"主流"、两个"力"，即信源、渠道和受众都必须是主流的，同时，要拥有议程设置与框架能力和公信力③。

在此简要以"多彩贵州"区域文化品牌为例阐述，"多彩贵州"是中共贵州省委、贵州省人民政府为提升贵州新形象，提高贵州知名度和影响力，建设特色民族文化强省，从2005年开始提炼推出、举全省之力打造的区域文化品牌。如今已经成为在海内外拥有较高知名度的中国省级区域文化品牌之一，涵盖了文创、网络、地产、旅游、演艺、航空、体育、生态、农特等领域，包括前文提到的多彩贵州网，也是"多彩贵州"品牌的一个代表。不难看出，"多彩贵州"这个品牌的构

① 转引自李希光、郭晓科：《主流媒体的国际传播力及提升路径》，《重庆社会科学》2012年第8期。

② 参见李希光、郭晓科：《主流媒体的国际传播力及提升路径》，《重庆社会科学》2012年第8期。

③ 参见李希光、郭晓科：《主流媒体的国际传播力及提升路径》，《重庆社会科学》2012年第8期。

成要素便满足了三个"主流"、两个"力"，所以其传播力得到了充分体现。这些要素，本书会在第三章针对贵州区域传播力现状的考察中进一步具体论述，在此就不一一赘述。

综上所述，品牌要素或许不是衡量区域传播力的唯一重要标准，但却无疑是主要衡量标准，并可衍生出其他相关标准。通过对品牌的探索，可以管中窥豹，帮助我们对贵州区域传播力的总体概况有个初步的掌握。由于时间及精力所限，本书对其他相对次要的标准不再一一详细考察。

第三节　互联网背景下的区域传播力

互联网创新空间无限。几十年来，互联网发展历经前互联网时代、门户时代、搜索时代、Web2.0 时代、移动互联网时代，在内容功能、传播发现、叠加映射用户要素等方面持续演化，并逐渐实现以真实世界中真实人为中心定义融合服务的历史跨越。

互联网的每一次演变，都与传播力和区域传播力之间的关系十分紧密。可以预见，随着智能融合时代的到来，随着虚拟/现实边界不断淡化，互联网对传播力和区域对传播力的生成、提升将发挥着更加重要的影响。

一、互联网与区域传播力的关系

上述论述中，程曼丽和李希光等人对传播力的相关阐述，已经从侧面反映了包括互联网等新媒体在内的大众传媒与传播力之间的高度正相关关系，并直接或间接地阐明了传媒在传播力形成中的角色。

包括互联网在内的大众传媒与区域传播力之间的正相关关系有迹可循。首先，如前所述，传媒与其他社会组织及个人共同构成了区域传播力的实体性要素。不同的实体性要素之间虽然具体的追求目标有差异，但对于自身传播力的追求和强化却是共同的。不仅如此，在资讯社会和互联网社会背景下，无论是企事业单位还是党政部门，欲实现传播力提升，势必借助于影响巨大且日益发展的传媒，在当前，对互联网等新媒体的借助尤其重要。所以，作为区域传播力实体性要素的共同臂助，传媒尤其是互联网等新媒体的表现程度，必然会对区域传播力的强度及影响范围等造成重要影响。

其次，大众传媒的自身属性，在保持对区域传播力的强影响力方面占据优势地位。在市场经济条件下，传媒追求的目标是经济价值和社会价值的混合体，而企业等其他社会组织的追求亦概莫能外。因此，传媒与各类社会组织的追求目标和行动取向高度重合，相互进行深度而紧密的合作便有了重要前提，在某种意义上使传媒能够无处不在地对区域传播力施加影响。当然，传媒如对自身属性及发展规律，尤其是对互联网发展趋势等把握不到位，同样会影响所处区域的传播力提升。

再次，对于区域传播力的提升，互联网等新媒体更有超出传统媒体的特殊优势。相比于传统媒体，互联网等新媒体具有即时性、海量、互动性、碎片化和随意组合等信息传播特点，更加符合整合营销传播的要求，无论是在内容生产和信息发布方面，还是在形象塑造和品牌建构方面，都具有得天独厚的优势。"全程媒体、全息媒体、全员媒体、全效媒体"，让一个全媒体时代扑面而来。

尤其是，移动互联网用户的增长速度之快、规模之大远远超过传统互联网，渠道更多、覆盖更广、速度更快。根据《互联网发展趋势报告》的调研数据，过去几年，移动互联网快速爆发，全球移动智能终端出货量连续三年年均增长率超过 50%，年出货量达到 10 亿部，移动

计算平台的流量占比在社交、电商、视频等主要互联网平台均超过
50%。从使用时长上看，移动服务的使用习惯已经养成，用户依赖度大
幅提升，用户日均使用移动应用时长达到 3.2 小时，占据所有数字媒
体比例接近 60%，移动 APP 年使用总时长更是高达 38000 亿小时。且
移动互联网未来有可能借力信息通信技术产业要素的深度融合实现产业
再次爆发式增长。① 在上一章，本书对移动互联网用户规模作了概述。
从贵州的情况来看，据贵州省通信管理局统计，2018 年，全省手机网
民规模进一步提升，占全省 1958 万网民的 96.3%，较 2017 年上升 1.8
个百分点。当前，移动互联网的发展代表着新闻传播业发展的方向，并
表现出以下显著特征，即相关产业日益规模化，并促成移动互联网时代
的来临；社交媒体和自媒体大量涌现，并强有力地促成媒体的数字化运
用与转型；碎片化营销、大数据革命及终端技术革命等的涌现，促成了
互联网主导下的媒体融合。移动互联网的这些特征，势必又会进一步对
传媒的公信力、传播渠道、受众、信源，以及议程设置与框架能力等造
成深远影响，直接或间接地对区域传播力发生作用。

　　综上所述，互联网所代表的大众传媒，与作为区域传播力主要衡量
标准的品牌要素保持着紧密而有机的联系。凭借其对多元价值取向的尊
重、对碎片化需求的满足、对年轻化主体的凝聚，以及与其他社会组织
利益的契合等特性，互联网等新媒体会通过自己的运行、发展对区域传
播力产生持久而深入的影响。

二、互联网对区域传播力的影响

　　在构成区域传播力的技术等要素发展水平相对固定或发展平缓的较

---

① 　参见中国信通院：《互联网发展趋势报告（2017—2018 年）》。

长历史时期里，区域传播力并未发生较大波动。然而，随着信息社会和互联网等新媒体的到来，技术等要素发生巨大变化，将势必会对区域传播力，包括大众传媒自身的区域传播力带来相应变化。

（一）互联网背景下区域传播力构成要素的变化

进入 21 世纪以来，全球大众传媒产业获得巨大发展，并依靠技术和知识等资源创造了巨大利润，从而直接或间接地推动了经济的发展和文化产业的进步。同时，它所提供的资讯，也在较大程度上改变了民众的思想、态度、情感和行为方式。互联网及其新技术新应用加速发展，不仅会促成上述效果扩大化，更会对旧有的区域传播力构成要素造成影响，促使其发生变革。

1. 区域空间观念的变化

传统意义上的区域空间，多限于地理区域或文化地理区域。但是，信息社会和互联网时代的到来，使得区域空间获得了解脱，有可能以文化认同或身份认同等途径展现出来，实现对现实空间的超越。吉登斯的现代性理论认为，作为现代社会的主要特征，社会关系从原本彼此互动的地域性关联中脱离出来，通过穿越不确定的时空而被重构。这种空间与时间的彼此分离会导致社会体系的"脱域"行为①。在互联网时代，这一论述成为现实。

事实确实如此。当用户登录互联网，便会发现原本处于不同地理区域或文化区域的人们，"实现了各种社会关系和社会要素的超时空延伸，一种虚拟现实的'共同在场'逐渐成为现实"②。进入互联网虚拟文化社区的人们，"既可以是有着某种共同政治倾向的群体，也可以是

① 参见［英］安东尼·吉登斯：《现代性的后果》，田禾译，译林出版社 2000 年版。
② 连水兴：《从"文化共同体"到"媒介共同体"：海峡两岸传媒业合作研究的视角转换》，《福建师范大学学报（哲学社会科学版）》2013 年第 3 期。

某种趣缘群体或者同辈群体，乃至于基于民间习俗、信仰、血缘关系等形成的社会群体组织，他们可以在网络空间通过论坛、维基百科、博客、微博等各种平台，交流各种价值观念、情感经验、文化品位等各方面的交流，从而获得某种共同的族群认同或身份认同"[①]。

这一论点，实质上是对传统意义上的时空限制被突破，不同地域的人们借助互联网途径来共同经历某种社会或文化场景的反映。在此状态下，个人所处的地理位置或文化地理位置，已经不能成为决定某类共同经验的主要力量。移动互联网技术的快速发展和智能手机的日益普及，更增加了个人突破时空而经历共同事件、分享共同生命历程并强化"我者"认同的能力。此种影响及效果的形成，又在很大程度上强化了参与者对于区域空间概念变化的认同。

2. 媒介技术的变化

技术是互联网发展的"超级引擎"，也是互联网发展的传动力。当前，互联网技术发展日新月异，以互联网的大脑——芯片为例，1971年美国研制的世界上第一个微处理器英特尔 4004 微芯片，集成了 2250 个晶体管，可处理 4 位数据，每秒运算 6 万次。如今，宽 3 毫米、长 4 毫米的芯片上，可集成数亿个晶体管，所能储存的字节已经是当初的 30 亿倍。

技术的中立特性，往往使其影响具有两面性。作为区域传播力的重要构成要素，技术水平的提升所带来的影响，同样具有两面性。例如，由于传统媒体采用的技术的差异，使得其区域传播力的表现也显示出差异——重视互联网等新媒体技术并积极推进媒体融合等的传媒，往往迎来新的发展机遇；而忽略新媒体技术的重要影响力、相关实践也较为落后的传媒，发展往往受到限制，并在市场竞争中逐渐处于弱势地位。

[①] 连水兴：《从"文化共同体"到"媒介共同体"：海峡两岸传媒业合作研究的视角转换》，《福建师范大学学报（哲学社会科学版）》2013 年第 3 期。

事实上，计算机网络技术、数字技术和移动通信技术等新媒体技术产生并被大规模运用于社会实践，不仅对传媒产业的业绩产生了影响，关键是，它大幅度地降低了媒体场域的进入门槛，以往被牢固地掌控在传媒手中的资源亦被其他社会组织或个人所分享。例如，因为数字技术的影响，进一步提升了传媒的传播力，"多媒体呈现、非线性制播、跨区域覆盖、全媒体融合和运营效率提升让传统大众媒介迎来了新的发展机遇；但是数字化同时催生了新媒体和媒介平台的出现，技术突破使长期被传统大众媒介垄断的媒介资源和商业资本得到了新的迁移空间，传播力和媒介使用者的关系也开始产生实质性变革……"①

这直接导致了自媒体的发展和泛媒体化现象的出现。淘宝网等电子商务网站招徕大量广告，正在分润着原本由传媒垄断的广告资源，微信公众号和移动新闻客户端也正在冲击并重新清洗既有的新媒体市场。红火一时的基于 PC 端的新闻门户网站，已经成了新媒体中的"传统媒体"。

与此同时，较之传统媒体，互联网技术还推动新媒体的形态、内容生产过程及展示方式等发生重大变化，并直接影响了受众的认知、态度、情感和行为，传统的受众与传媒的关系也发生重大变化。

3. 受众的变化

互联网及其新技术新应用，使得受众对媒体有了更多选择和使用，自主性和能动性大为增加，由传统意义的信息接收者演变为媒介使用者。先前受众与大众传媒之间的单向接收关系，变为了互相接收和发送的双向互动关系。传媒已经不再拥有信息发布的垄断地位，其信息发布不能再忽略受众感受，而必须将受众需求作为发布的主要参考。受众对于信息的接受，已经由先前的是否接受该信息的单向选择转为选择接受

---

① 马宁：《传播力与媒介使用者的关系变迁——新媒体语境下对传播学经典问题的再思考》，《阴山学刊》2014 年第 2 期。

何种信息的多项选择，且可以对信息以评论等方式作出回应——这些回应，也成为传媒的无形资产，以及其吸引受众或增强受众黏性的重要资源。如果受众对不同传媒发布的资讯均不满意，可以随时通过微博或微信等自媒体自行发布信息，发出自己的声音。诚如尼古拉·尼葛洛庞帝所言，"初步自我赋权的数字化世界的年轻公民"① 正在觉醒并逐步发展壮大。

受众身份到媒介使用者身份的演变，促使了受众影响力范围的扩大和其作用场域的延伸。受众的身份，暗示其活动的范围主要在传媒制造的传播场域之内；受众向媒介使用者身份的转换，不仅隐喻着其可以在传媒制造的传播场域拥有更大自主权和能动性，还暗示着同时跨越其他社会场域的他们，可以凭借传媒场域的信息传播属性来完成彼此的关系编织过程，进而增加传媒的社交属性。这既为满足媒介使用者各种需求提供了条件，又推动了富含社交属性的传媒平台的兴起，传统意义上扮演媒体资源垄断者的传媒的优势由此被削弱。

在此趋势下，一些试图分享传播红利的企业、政府机构，或其他社会组织及个人，便往往以微信等新型信息传播平台为载体，行使意见领袖的权力并完成相关信息的发布或某些意识形态价值的分享。此类平台具有强烈的关系化属性，其信息传播往往能更有针对性，也往往可以彰显更大的传播力。

受自身的媒介使用行为影响，受众活动的传媒场域与其他社会场域双向互动及彼此收益不断增加，往往会发生重合现象。随着媒介使用者数量规模的扩大，传媒领域得以扩展并整合其他领域的资源，从而获取强大的影响力。这既是传媒传播力的向外扩张，同时也是其他社会领域得以介入传媒领域的契机，反过来又吸引了大量媒介使用者，形成区别

---

① ［美］尼古拉·尼葛洛庞帝：《数字化生存》，胡泳、范海燕译，海南出版社 1997 年版。

于传统媒体信息传播的传媒生态。

受众的此种变化，将势必对互联网文化及其映射的现实社会形成重要影响。哈罗德·伊尼斯认为："一种新媒体的长处，将导致一种新文明的产生。"① 发展壮大中的互联网等新媒体，虽然尚不能说已经到产生新文明的程度，但也通过由受众衍生而来的媒介使用者的具体行动，带来了一种崭新的互联网文化，强化了不同社会成员作为公民所应拥有的话语权。例如，在我国，网民通过积极呼吁短时间内形成巨大社会影响，促使了某些社会问题的解决，从而显示出传统媒体不具备的一些能力，成为传媒传播力提升的重要表现。

由技术变革引发的受众身份变化，随着新媒体技术的进一步发展和传媒形态的进一步改变，将更为明显。在激烈的市场竞争中，互联网等新媒体势必将更加重视长尾理论的运用和分众化的考虑，以获得更强的传播力；受众已经展现的对媒体选择和使用等方面的主动性和能动性，也势必得到巩固和发展。

4. 传播媒介的变化

互联网的网状信息传播结构，与传统媒体"一对多"的信息传播方式，形成了鲜明对比。在网状信息传播模式之中，信息传播是"去中心化"的，信息的传播速度也是剧增的；而传统媒体"一对多"的信息传播方式，信息传播的中心很容易找到，信息流通却相对缺乏效率。不仅如此，在网状信息传播模式之中，信息的流通不会因个别因素的缺失或某个阻碍的出现而停滞，各个信息点之间的联结是便利的；而在传统的"一对多"信息流通模式中，如果中心点出现错误，造成的灾害将是毁灭性的。

具体而言，互联网信息传播具有以下主要特点。一是多中心、离散

---

① ［加］哈罗德·伊尼斯：《传播的偏向》，何道宽译，中国人民大学出版社 2003 年版。

式传播。信息可短时间内从一个信息节点迅速蔓延扩散到无数的信息节点，网民可以很方便地利用移动端、PC 机等终端采集、阅读或转载信息。二是碎片化、开放式传播。微博、微信、新闻跟帖等可以是一张图、一句话，内容短小、编发方便，大大降低了创作、编辑和阅读信息的难度，极大促进了信息传播。当前颇受欢迎的短视频，时长不超过一分钟。毫无关联的各种内容、渠道与形式的信息，片段的、零散的、不完整的碎片化传播成为常态。三是社交化、共享式传播。微博、微信等社交媒体广泛普及，网络电台、知识社区等新平台快速崛起，大量热点话题在互动共享中生成、发酵、传播。

互联网特有的传播模式，为其独立性和能动性的发挥提供了物质基础，也为同时兼备信息接收和发送两重身份的媒介使用者之间的互动、联系奠定了技术基础。互联网使用者得以超脱传统的地域、资源、资本和时间等的限制，形成相互认同的"我者"群体，建立了黏性较高的关系网，信息网络的社交化趋势变得不可阻挡。

换言之，信息网络的社交化和大众传媒的关系化趋势，是新媒体技术属性凸显和媒介使用者话语权提升的直接表现。随着话语权的提升，媒介使用者相关需求会增加并会给传媒带来压力，使得传统媒体长期秉持的"一对多"的传播模式受到挑战，处于传播中心的主体地位亦被质疑，占据或垄断的大量资源被互联网等新媒体及其媒介使用者分享，并由此促进了网状传播结构和内容碎片化趋势的发展。统治地位的丧失或被边缘化的风险，使得传统媒体的注意力开始从传统的内容生产和传播转移出来，也慢慢向平台型"社交"媒体转变，更加注重用户关系的管理和用户体验的提升。在此过程中，一个重要现象是，它们不是简单提升自身原有的传播力，而是还通过那些由媒介使用者、新媒体和媒介平台所建构的传播单元，如微信平台等来增加附加价值。

当然，在互联网背景下，除上述构成区域传播力的实体性要素和非实体性要素外，肯定还会有一些其他要素随时代变迁在某些方面发生了变革，并直接或间接地作用于区域传播力。对此不再一一赘述。

（二）互联网背景下区域传播力的变化

与传统传播相比，互联网背景下区域传播力的构成要素发生了巨大变化。不仅表现在媒介使用者等实体性要素，以及技术水平等非实体性要素之中，更以要素组合的方式表现在信息传播和运营模式等方面，因而必然会从整体或局部上带来区域传播力的连带变化。

第一，互联网背景下区域传播力构成要素的变迁对信息传播系统和信息流通模式的影响，不仅丰富了信息传播的途径和平台，而且使信息传播更富效率、更为有效。人类最初是发出一些原始的、来源于其身体结构的声音和姿势或手势，后来才逐渐创造出一整套传递信息的手段：音乐和舞蹈、鼓声和火光等信号，图画和图形符号，包括象形符号和后来出现的表意符号。① 从报纸等传统媒体发展到互联网等新媒体的过程，其实质也符合上述媒介演化规律，必然激发社会整体传播力包括区域传播力的提升。

传统媒体的垄断地位被削弱或丧失，并非意味着其作用完全失去或将被迅速淘汰。根据媒介演化规律，那些丧失主导地位的传播媒体类型，总是能找到适合发挥自己能力的领域，更会在与新媒体的融合发展中得到"新生"。报刊、广播、电视等传统媒体和互联网等新媒体一起，共同构建了信息流通的平台，并以其彼此融合拓展和丰富了人们的关系互动模式。在新的互动模式中，互联网等新媒体具有的匿名性特征和网状传播结构等特点，使得人们的言论更为开放和真实，关系建构更为主动和自由，对于某类事物的看法更容易引起共鸣，也更容易强化彼

---

① 参见 Macbride & Sean, *Many Voices*, *One World*: *Communication and Society*, *Today and Tomorrow*, esco, 1984。

此认同。"电子媒体也在促成一种同样深刻的文化身份的转型"①，马克·波斯特所言，无疑是对互联网背景下区域传播力变化的一种褒扬。

第二，互联网创造了多样性更强的文化内容，丰富了媒体的内容展现形式。麦克卢汉说，"媒介即讯息"，按照这一为国内外众多学者推崇的观点，新出现的互联网等新媒体本身便是一种崭新的信息展示形式，而其代表的可能性更是可能成为创造更为丰富多彩的文化等资源、建构不同区域的优秀形象、加强不同区域间人们交流和认同程度的重要助推力。加之由此产生的多种机遇及影响力，对区域传播力的提升无疑大有裨益。

第三，在区域传播力构成要素因互联网发生变化时，传媒场域势必将和其他社会场域发生重合及互相促进现象。随着媒介使用者权利和权力意识的觉醒，以及其对于社会关系建构的关注，势必使得传媒资源得到更为合理的利用及优化整合，这将会提升并壮大传媒产业的规模和实力，并进一步增强其对其他社会场域的影响力；文化和经济等其他社会场域的发展，也势必会为传媒场域的发展提供助力。在这些场域的彼此推动下，区域传播力将会得到迅猛成长和扩张的机会，进而为区域发展积累更为丰富的资源。一些闲置的传统资源被整合并激活后，所带来的传播力的提升不容小觑。

以世界最大的新闻广播机构之一——英国广播公司（BBC, British Broadcasting Corporation）为例，在 2005 年伦敦地铁爆炸案的刺激下，BBC 从部门设置等方面进行了深度改革，专门设立了 UGC 社交网络媒体部，负责 24 小时收集来自全球的公民记者发布的信息，并对用户生成的信息进行采集、检查、查证和传播。此举不仅大规模地拓展了BBC 的新闻来源，而且极大地增加了 BBC 的用户数量。截至 2018 年

---

① ［美］马克·波斯特：《第二媒介时代》，范静哗译，南京大学出版社 2000 年版。

底，BBC 全球用户总数量达到了 3.76 亿。

第四，互联网的发展会推动媒介使用者对传播规律认知的不断加深，以及自身素质的不断提高，能够促成在一定资源限制之下区域传播力的更大发挥。随着技术等因素的演变，区域传播力构成要素快速变化，传媒获得了进一步提升或优化资源整合的能力，但这种能力最终要借助媒介使用者之手才能得以体现。与传统媒体的受众不同，互联网背景下的媒介使用者是区域传播力提升或扩张的直接力量。

无论是在互联网时代，还是在其他历史时期，区域传播力的提升都需要结合实际认真研判。通过对互联网背景下区域传播力及其构成要素的分析，便会发现，因为互联网时代的到来，区域传播力正在发生深刻变化。可以预见，那些能够准确把握趋势并积极推进相关实践的区域，传播力将会实现几何级数的提升。

三、互联网对贵州区域传播力提升的推动作用

互联网的出现和发展，给贵州等西部省份提供了改变在传统传播格局中弱势地位的无限可能，将会对贵州区域传播力的提升产生日益强劲的推动。

首先，互联网可以通过对相关技术资源的优化整合，来促使贵州区域传播力的提升。在互联网技术资源方面，贵州与国内外发达地区存在较大差别，但由于互联网"去中心化"的特性，理论上，这些技术资源的商业应用却是没有固定区域限制的。贵州地处西南，凭借良好的生态等优势弯道取直，发展大数据产业，获批建设全国首个"国家大数据综合试验区"。作为西南地区大数据和云计算发展的战略重地，贵州已经吸引了苹果、华为、富士康、阿里巴巴、腾讯、IBM 等企业纷纷在贵州投资落户。实践证明，面对技术资源的相对欠缺，如果拓宽思路，

结合自身特长积极推动技术引进和应用，贵州的互联网产业发展和区域传播力将会得到进一步提升。

其次，互联网对贵州区域传播力的推动还可以通过对文化领域的优化整合实现。互联网空间是开放的空间，互联网等新媒体的开放性特征，势必将潜移默化影响其使用者，即便对其文化上的深层影响要等到多年后才能看出效果，但"在对于信息的需求上，处于相对落后的地区较发达地区的人们更容易产生信息的'匮乏感'，而他们所需求信息往往都是关于生存和发展的关键问题的信息，对于区域或者个人的现代化有着直接的促进功能，在这个意义上，信息的接触与获知就意味着生产力"。①此种"看见便意味着被改变的可能性"的受众特点，以及互联网对区域生产力的直接促进连带而来的文化观念变迁，势必会强化贵州区域对外开放意识，提升区域群体的自我思考与自我改变能力，增强贵州文化的对外传播力。

再次，互联网和互联网思维，对贵州大众传媒区域传播力的提升尤具直接作用。互联网的迅猛发展及其影响力的迅速增加，使得媒介环境与现实环境融合的速度也在加快。就媒介演变规律而言，从兽骨上的甲骨文到金属刻字的铭文，再到竹简、木简，绢、帛与纸媒，每一次传媒形态的变迁都是重大的历史变迁；从纸媒发展到电子媒体，再从传统的电子媒体发展到互联网等新媒介，同样有重大历史意义。长远视之，媒介形态的更新就如同媒介自身及信息的传播一样永恒，随着时代进步、主要是技术进步，不合时宜的媒介形态总是会被淘汰，丧失其使用价值和社会地位，只能以文物或艺术的形式继续存在。当然，短时间内，媒介形态会表现出一种渐变性。尽管各种数据显示，当前受众的兴趣正在迅速且大规模地向互联网等新媒体转移，且已导致国内外一些纸媒关

① 黄蓉、杨琳：《我国后发现代化背景下的传播困境》，《西安交通大学学报（社会科学版）》2005 年第 4 期。

闭，但总体上，传统媒体仍然将在一定时期里继续存在并发挥作用。随着互联网的进一步发展，以及社会椭圆形结构的形成，不仅传统媒体的主流受众会继续向新媒体转移，而且在互联网背景下崛起的中产阶层更会成为新媒体的忠实粉丝。贵州传媒提升区域传播力，切忌固步自封，务必置于互联网背景下、以互联网思维加以谋划。如果方向错了，那么越努力越是错上加错。

互联网对传媒区域传播力提升的推动，可以反映在议题设置能力、新闻框架能力、受众、信源和资讯传播渠道等区域传播力有关评价内容的变化中。例如，囿于固有的行政限制，传统媒体的市场范围通常被人为分割，传播渠道也往往被干扰。随着互联网的发展，区域间的行政壁垒被打破，信息传播渠道变得更为通畅，贵州传媒将有望扭转过去地理区位上的劣势，获得更为广阔的发展空间。不仅在国内，互联网等新媒体同样可以比传统媒体更便捷地在海外获取影响力。同时，互联网所构建的信息传播渠道，与以往的扁平化渠道不同，是一种立体、高效和全息的传输形态，极具冲击力、震撼力，对同一事件，新媒体将拥有比传统媒体更大的议程设置和新闻框架能力，因而可以通过传播效果的巨大化取得比传统媒体更高的区域传播力。

第 三 章

互联网背景下的贵州区域传播力现状

　　第二次世界大战以后，"国际新闻流通和报道"逐渐成为国际传播学界的热门研究之一。1953 年，国际新闻学会经过调查发现，新闻传播在发达国家与发展中国家之间存在"不平衡"的现象，此后，许多传播学者将这一现象归结为发达国家与发展中国家地位不平等的结果。例如，1964 年，威尔伯·施拉姆提出，不同国家之间的新闻传播是由通讯社、通讯设施、财富集中度、技术及少数发达国家的影响力决定的。[①] 1971 年，加尔通认为，国际信息流通的不平衡是核心国家与边缘国家之间的权力关系导致的结果。[②]

　　20 世纪 70 年代，在联合国关于"世界信息和传播新秩序"的争论中，广大发展中国家认为，国际新闻流通的结构不平衡导致了主要国际媒体上有关发展中国家的新闻充斥着偏见和误解，西方发达国家与发展中国家之间的信息流通应该在数量、方向以及内容上重新调整，使之趋向平衡。这场争论在世界范围内引起了大众传播学者的兴趣，他们通过

[①] 参见 W.Schramm, Mass Media and National Development, Stanford, CA: Stanford University Press, 1964。

[②] 参见 J.Galtung, "A Structural Theory of Imperialism", *Journal of Peace Research*, 1971。

大量实证研究找到的证据表明，国际新闻流通的话语权的确掌握在西方发达国家手中。具体地说，掌握在少数几个发达国家的国际通讯社手中。这些研究部分解释了，为什么关于发展中国家的国际新闻报道多为负面新闻。

"鲁迅当年曾经谈到，近代以来，中国常常处于'被描写'的地位，这是一个弱势民族、文化在与强势民族、文化遭遇时经常面对的尴尬。而无可回避的事实是，在现代中国文化的总体结构中，贵州文化也是一种弱势文化，也就会面对'被描写'或者根本被忽视的问题。"①历史上，与经济社会的欠发达相对应，贵州知名度不高、形象识别模糊，外界甚至长期对其存在一些偏见与误读。

程曼丽、郭可、刘继南等人指出，我国的国际形象很大程度上取决于新闻媒体的国际传播力。② 由此可以推论，与近代中国及发展中国家处于世界边缘的位置相似，贵州文化在历史上呈现出的"被描写"的尴尬位置，其实质就是区域传播力相对低下的部分表现。针对此种情况，本书有必要对互联网背景下贵州区域传播力的基本状态作出细致、客观的审视。

鉴于以下三个方面的原因：第一，在互联网时代，信息传播主要在网上集中呈现，对特定区域在互联网等新媒体上的信息传播情况进行分析，可以一定程度上折射出区域传播力的基本状况；第二，大众传媒，特别是新媒体，也包括报纸、期刊、广播、电视等传统媒体是构成区域传播力重要的实体性要素之一，其发展状况如何，也是互联网背景下区域传播力具体而重要的表现；第三，品牌是区域传播力的主要衡量标

---

① 钱理群：《前沿：认识我们脚下的土地》，钱理群、戴明贤、封孝伦：《贵州读本》，贵州教育出版社 2013 年版。
② 转引自李希光、郭晓科：《主流媒体的国际传播力及提升路径》，《重庆社会科学》2012 年第 8 期。

准，而在现实中，品牌传播已经成为国内许多地方提升区域传播力的重要方式。因此，本书选取三个角度：一是 2018 年贵州在互联网上的信息传播状况；二是贵州区域大众传媒的发展状况；三是贵州区域品牌传播状况和主要大众传媒品牌的建构状况，来切入对贵州区域传播力的考察，以尽可能周全地形成对其现状的综合性认识。

第一节　贵州在互联网上的信息传播现状
——以 2018 年为例

2018 年，贵州舆情态势总体平稳、积极向好，正面及中性声音持续占据舆论场主流。一方面，主动设置议题，重大主题宣传活动持续推进，不断强化贵州新形象，"大扶贫、大数据、大生态"成舆论关注焦点。另一方面，综合运用微博话题、短视频、H5、VR、航拍、游戏等新形式，创新网络传播手段，全媒体平台立体传播，获得舆论良好反响，传播效果得到明显提升。此外，宣传文化系统与大数据融合发展实现突破，打造全国省级层面第一个覆盖整个宣传文化系统的云平台"多彩贵州宣传文化云"，积极推进县级融媒体中心建设，助力贵州"好声音"更加响亮。

据人民网舆情数据中心监测统计，2018 年，全网涉及贵州的原发信息总量达 1.43 亿余条，微博、移动客户端、网络报道成为主要传播渠道，三者信息量占总量七成。其中，微博信息量最高，约 6000 万条；移动客户端次之，约 2700 万条；网络报道位列第三，信息量约 2400 万条。此外，微信公众号信息量约 1700 万，论坛信息量达 1100 万条，博客文章达 220 万条，视频达 140 万条，纸媒报道约 130 万条。

从信息总量看，2018 年较 2017 年有所增加，涨幅为 47.8%。主要由于贵州在正面传播方面持续发力，不断推进重大主题宣传活动，除传统的报刊和新闻媒体外，还综合利用网络关注度高、传播效果好的新媒体平台推广贵州新形象，提升在舆论场中的曝光率。从信息传播渠道看，微博、移动客户端、微信、论坛、博客等渠道信息量均增加，表明信息传播渠道向自媒体及社交媒体转移。其中，微博数据量最高，表明微博仍是信息传播的主要阵地。移动客户端、微信的信息量占比提升，一方面反映出移动端阅读成为主要的信息获取模式，另一方面也说明一点资讯、今日头条、各新闻客户端以及微信在舆论场中越发重要。

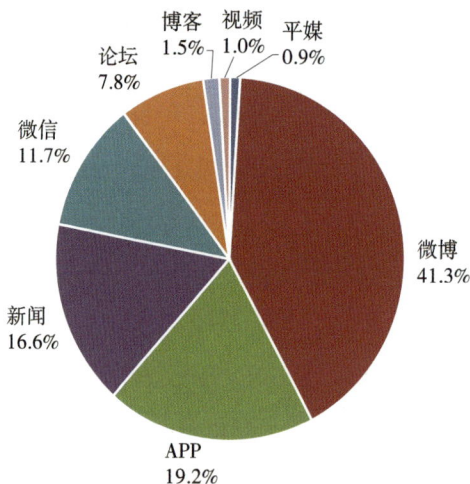

2018 年贵州网络传播数据总量分布

从全国信息传播态势来看，近年来，贵州持续保持高热状态，在主流舆论平台的传播热度位居全国前列。贵州省两会期间，主动设置议题，多个亮点话题吸引舆论瞩目，树立了奋发赶超的"贵州形象"；全国两会期间，多媒体平台形成联动传播态势，贵州省委主要领导重要动态成为各方关注的焦点，收获亮眼的传播效果；各类主题宣传持续开展，形成品牌，如数博会连续成功举办四届，生态文明贵阳国际论坛进入第 10 个年头等，影响力、美誉度持续提升。

（单位：万条）　　　　　　　　　　　　　　　　　　　　　　　（单位：%）

	微博	APP	新闻	微信	论坛	博客	视频	平媒
2018年	60043141	27871898	24119463	16988497	11391062	2223305	1491154	1308424
2017年	43891466	49855318	26575801	10206991	8170795	1672968	1542801	1353969
占比增长率	-3.32%	14.10%	-10.42%	1.31%	-0.47%	-0.17%	-0.54%	-0.48%

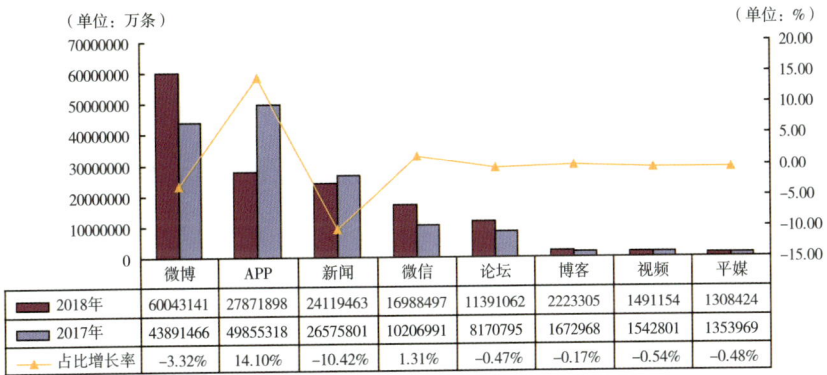

2018 年与 2017 年传播数据对比及各媒介占比增长率

2018 年度贵州十大正面传播案例

序　号	时　间	事　件
1	3 月 3 日	2018 年全国两会贵州代表团引关注
2	5 月 26 日	2018 年中国国际大数据产业博览会新闻传播
3	7 月 6 日	生态文明贵阳国际论坛 2018 年年会新闻传播
4	1 月 25 日	贵州省两会引媒体聚焦
5	7 月 17 日	"同步小康看贵州"网络主题活动
6	5 月 24 日	"大数据发展看贵州"网络主题宣传活动
7	5 月 14 日	"生态发展看贵州"网络主题活动
8	8 月 27 日	"特色新兴产业看贵州"网络主题活动
9	11 月 28 日	"庆祝改革开放四十年"网络主题文化传播活动
10	10 月 28 日	"印度媒体看贵州"传播活动

一、议题设置丰富，持续推进重大主题传播活动出新出彩，"大扶贫、大数据、大生态"亮眼吸睛

2018 年，贵州持续打造主题传播影响力，推进重大主题传播活动出新出彩。在数博会、生态文明贵阳国际论坛等重大活动举办期间，主

动设置议题集群传播，取得显著成效。2018 年数博会举办期间，《人民日报》连续四年刊发头版头条，通过《贵州推动大数据与实体经济深度融合》《贵州：大数据助推治理创新》《贵州大数据筑巢引凤赢先机》《贵阳 大数据正拔节》四个主题见证贵州持续推进大数据战略行动的工作进程。据微信公众号"贵阳发布"发文《网络媒体的数博纪录片》介绍，2018 年全球共有 193 家媒体、1639 名记者参与报道 2018 年数博会盛况，记者人数创历届新高，刊发稿件 14.6 万余篇，网络点击量 38 亿+人次。相关稿件还在 13 个国家和地区以 3 种语言同时发布，形象短片亦在纽约时代广场纳斯达克大屏上播放，领英、推特、脸书等海外社交媒体也推送 2018 年数博会相关信息 100 余次。数博会成为全球关注的大数据盛会，贵州、贵阳依托数博会再次风行全球，影响力、美誉度持续提升。2018 年还是生态文明贵阳国际论坛创办的 10 周年，也是升格为国家级国际性论坛的第 5 次年会，亦通过大规模舆论传播引发社会热切关注。

同时，贵州全面呈现在脱贫攻坚、大数据发展、生态环境建设等领域取得的成绩，巩固"多彩贵州""看贵州"品牌宣传效果，持续提升贵州的影响力，先后组织生态发展看贵州、同步小康看贵州、大数据发展看贵州、特色新兴产业看贵州等系列活动。其中，"同步小康看贵州"网络主题活动宣传期间，媒体多角度讲述全国脱贫攻坚战中的贵州故事，有效推介贵州五年来扶贫脱贫取得的成绩。"大数据发展看贵州"网络主题宣传活动中，各媒体平台从大数据企业扎堆落户贵州、大数据助力精准扶贫、大数据产业吸引大量人才等多角度不断丰富贵州"中国数谷"的品牌效应，促进贵州大数据融合发展成果深入人心。"生态发展看贵州"网络主题活动中，主动设置议程，贵州有力践行生态文明建设的举措、变化、成果等议题不断，丰富了舆论场的传播内容，形成了强大的舆论声势。"多彩贵州有多彩之特色新兴产业看贵州""我有贵州半亩茶——中外网络名人看贵州"等网络文化传播活动中，联动中央重点新闻网站、全国知名商业网站及省主要网站进行报道，全省 100 家新媒体平台还同步上线"特色新兴产业看贵州"专题专栏。活动期间，全网涉贵州省茶产业相关信息达 16218条，阅读量近 1 亿次，有力展示贵州茶产业建设发展的新成就新亮点。全媒体平台密集宣传、持续追踪报道，推动了贵州好声音、好故事广泛传播。

值得关注的是，贵州坚持"请进来"与"走出去"相结合，有效拓展外宣渠道。如邀请境外媒体来黔开展专题集中采访报道，开展"印度媒体看贵州"等传播活动，充分展示贵州发展成果，增进国际社会对贵州的了解和认知。两岸媒体"桥"之旅到大数据综合试验区参观采访，全方位展示贵阳、贵州大数据产业融合发展目标、举措及成效。邀请 ChinaDaily "英国小哥"方丹到贵州感受大数据发展，录制短视频，展示 2013 年以来数据产业给贵州带来的变化，收获大量网民点赞。省委领导率团赴香港出席"互联网经济峰会 2018"，发表"中国数谷云上飞梦——大数据牵引贵州经济发展新动力"主旨演讲，引发广泛关注。先后赴印度班加罗尔、马来西亚吉隆坡等地举办推介活动，全方位、多角度展示贵州丰富的民族文化资源与丰硕的现代经济社会成就。美国媒体 CNN 点赞贵州大数据发展，称贵州为中国的大数据"硅谷"；《印度时报》报道认为，贵州省已成为一个具有世界水平的大数据中心。

二、运用全媒体平台立体传播，多渠道广覆盖展现贵州新形象，全国两会期间系列传播成效显著

2018 年以来，贵州顺应当前网络舆论新特点，进一步有效整合中央媒体、商业新闻网站、贵州本地新闻媒体、自媒体平台等传播资源，实现良好的传播效果。

全国两会期间，中央媒体、商业门户网站、本地媒体形成联动传播态势。中央主要媒体及省外媒体共推出贵州报道1100多篇，据人民网舆情数据中心大数据分析显示，会议期间网络媒体共播发涉贵信息突破10万条，全网总阅读量近3亿人次，规模之大、数量之多、声势之强均超往届两会。截至3月20日，《人民日报》共刊发贵州报道43条，头版2条。新华社共播发贵州报道104条，其中《新华每日电讯》42条（头版头条2条）。《光明日报》共刊发贵州报道26条，《经济日报》共刊发贵州报道45条。中央电视台共播发贵州报道160多条，《新闻联播》连续20天推出贵州报道共35条，报道总数、单日最高数均居全国第一位，实现了在这一国家级平台天天有声音、天天有画面、天天有报道。另外，《焦点访谈》2期，《新闻30分》7条，《第一时间》31条，《朝闻天下》8条，《经济信息联播》11条。中央人民广播电台共播发贵州报道127条，其中《中国之声》41条，《乡村之声》46条。《中国日报》共刊发贵州报道34条，推出外籍记者"艾瑞克跑两会"视频节目，贵州报道阅读量超500万。中新社刊发120多篇，对外通稿海外采用率为67.5%，微博平均点击量24小时内15万次。中央重点新闻网站和全国知名商业网站等共推出贵州专题18个，5篇稿件获中央网信办全网推送。《贵州新闻联播》一直跻身"省级新闻联播移动传播榜"前列，最高排第一位。多彩贵州网"与春天的约会"H5、"新时代新气象新作为"专题分别入选中央网信办《网络传播》杂志推荐的16个全国两会最具创意H5、19个精彩专题。"多娃彩妞"品牌持续发力，寻宝系列产品吸引60余个微信公众号转载，微博话题累计阅读量超过700余万次。

在此背景下，省委主要领导重要动态成为各方关注的焦点。如

《人民日报》在"两会特刊"刊发《实行产业革命　振兴乡村经济》，并在人民网首页全天推送。人民网与微信公众号"学习小组"联合专访贵州省委主要领导，"创造贵州美好生活"的主题带动传播热潮，网民跟帖讨论热烈，普遍为贵州实干精神、发展速度点赞，期待贵州美好生活，宣传效果优异。贵州省委主要领导其他重要观点还在全网传播，"振兴农村经济""五步工作法""贵州生态之美"等关键词成为传播热点。

　　贵州省两会期间，人民网贵州频道、新华网贵州频道、中新网贵州频道等中央驻黔媒体纷纷开设专题，联动本地媒体进行全方位报道。其中，贵州"GDP增速全国领先""大数据"多个亮点话题吸引舆论瞩目，树立了奋发赶超的"贵州形象"，有力凝聚舆论共识。贵州省内媒体融合发力，贵州广播电视台卫视频道、综合广播等对会议现场进行直播；《贵州日报》《贵州都市报》等传统媒体持续多日推出头版和多版特刊，多彩贵州网、当代先锋网等网络媒体制作特别报道专题，聚焦代表魅力风采，对会议盛况予以全方位报道；"今贵州"等客户端、"政前方"等微信公众号、@当代先锋网和@微博贵州等政务和媒体官微，发挥自身优势，通过丰富、生动的图文展现会议精彩内容。社交媒体平台，各级媒体也竞相发力，@人民网贵州频道主持微博话题#2018贵州两会#、@多彩贵州网主持微博话题#贵州两会##我的幸福感#传播代表委员的声音，积极推转媒体报道文章，引发舆论关注，累计阅读量达750万。

三、持续推进网络传播形式创新和内容建设，顺应短视频等新宣传趋势，大力唱响贵州"好声音"

　　2018年，贵州结合短视频等新手段，综合运用微博话题、H5、

VR、航拍、游戏等新技术，制作系列传播作品收获舆论热烈反响。

其中，短视频短平快的大流量传播内容受网民青睐，2018 年出现了多个优秀短视频案例，获得了大量关注。如当代先锋网制作的"大家都停一下！我给你们来段贵州 Freestyle（RAP 动画视频）"，结合新潮的说唱形式，吸引更多年轻受众。多彩贵州网制作"铃"听两会、速览两会、we 视频、两会话题、两会故事等多个短视频，全方位、多层次、多声部的传播大会图景，扩大正能量声音，直观展现两会实景，极大提升了网民的感官体验。如中新网借助官微账号发布花茂村脱贫后的"秒拍"视频，生动形象地展现了当地群众脱贫后的喜悦心情、当地大力扶贫的积极成果等。

同时，H5 的综合展示功能较强，方便网络转发推广，收获良好宣传成效。如 H5 作品"多娃彩妞寻宝停不下来！茶茶茶还在等你拿"，吸引 60 多个微信公众号转载，网民纷纷转发互动，在朋友圈中形成刷屏态势；H5 作品"穿民族盛装　我为贵州代言"，一天之内吸引 120 多万省内外网友竞相参与，共同传播贵州民族文化，参与网民覆盖广东、上海、浙江、北京等十余个省市；"数博会介绍信到了""2018 数博会我想对你说"等 H5 作品，提升传播形式的趣味性，增强受众的记忆点，更加符合受众喜好，提升体验感，收获广泛好评。

此外，航拍、游戏、VR 等宣传形式应用成果不断，多点开花。如新华网发布题为《【壮阔东方潮　奋进新时代】航拍贵阳"数谷之夜"》的作品，采用航拍这一新颖形式展现贵州大数据发展的魅力。多彩贵州网制作"贵州版'节奏大师'"小游戏，将贵州发展成绩、建设目标等内容融入游戏之中，吸引网民参与并转发，扩大宣传影响力，在全国两会专题报道中独特设置"VR 视角""会看会读"两大版块，"VR 视角"通过记者的镜头，现场直击大会开幕盛况。

四、网络阵地建设和基础管理见成效，县级融媒体宣传优势引领，政务新媒体作用充分发挥

2018年，贵州"多彩贵州宣传文化云"上线运行，成为全国省级层面第一个覆盖整个宣传文化系统的云平台。同期上线的"多彩贵州云"客户端，初步实现了对省级报、刊、台、网、端新闻内容的实时采集传播，"两创新、两率先"的阶段性成果明显：一是创新自主研发大数据云平台，把核心技术、核心数据、核心团队都留在贵州；二是创新探索，建立大数据的应用平台，建成版权服务平台，目前登记确权交易多项功能已具备。有关数据统计，全省宣传文化系统已接入13家单位，15个应用，共汇聚1482个微信公众号、文章661466篇、32个微博账号、70864篇文章数据、网站稿件2137471条、图片数据6490149张，视频数据约32T。其统一建设，统一调度、共建共享的模式，在技术融合、业务融合、数据融合等多个方面进一步促进全省新闻媒体融合发展。

县级融媒体发展已经具备了一定优势。2018年，多家由县级广播电视台运营的微信公众号进入"贵州省新媒体影响力排行榜"媒体类10强。这说明一些县级广播电视台推进媒体融合已经取得了阶段性成果，也为建好县级融媒体中心提供了良好的基础。同时，"多彩云"与各市州广播电视台签订了战略合作协议，帮助县级媒体打破用户量和话语权的"天花板"。部分县级广播电视媒体在实践中，抓住优势，成功实现了在媒体融合上的突破。比如当代贵州、贵阳市县两级融媒体中心建设集中签约，贵阳市在全国率先探索省、市、县三级资源整合建设融媒体中心的创新模式。盘州广播电视台运营的微信公众号"盘州发布"、毕节市七星关广播电视台运营的"云上七星"等持续提供了对用

户"有用"的本土化内容。桐梓广播电视台的"娄山关",在运营中更进一步注重发挥了电视的视频优势,在提供新闻信息的同时,把网络视频直播日常化,实现了从单纯的"宣教者"到"信息服务提供者"的转变。

政务新媒体宣传能力和服务能力稳步提升。一方面,如"贵州发布""网信贵州"等政务号配合重大主题宣传报道,发布相关稿件、H5等,推动宣传内容在微信公众号和朋友圈广泛传播。"贵州辟谣"等政务号还对网民举报的相关谣言通过媒体采访、专家解读、部门回应等方式进行查证核实,形成权威辟谣信息并发布。一年来,及时回应了"非洲猪瘟臭肉已到六盘水""扶贫办要给单身汉发老婆"等谣言,帮助网民有效识别和预防网络谣言,引导网民不造谣、不信谣、不传谣。另一方面,如新版贵州政务服务网正式上线运行,目前已接入省市县三级 3717 个部门、1494 个乡(镇、街道、社区)、17102 个村(居)共计 470458 个政务服务事项;贵阳市公安局联合腾讯开发的微信视频报警程序正式上线,市民通过手机微信即可实现视频报警等,政务新媒体联动线上线下趋势明显、成果不断。

第二节　贵州区域大众传媒发展现状

在审视贵州区域大众传媒发展现状的时候,本书将在重点审视互联网等新媒体的基础上,将传统媒体同样纳入考察范围。主要基于以下考虑:

首先,就两者内在联系而言,国内互联网等新媒体多由报刊、广播、电视等传统媒体孕育而生,许多本身就是传统媒体集团下属的分支机构,彼此在人员、设备、业务和资金等方面有天然的共生关系。需要对两者进行综合考察，才能为后期相关问题的发掘及针对性改进策略的提出夯实基础。

其次，就区域传播系统而言，互联网等新媒体与报刊、广播、电视等传统媒体都是区域传播系统中传媒要素的重要组成部分。虽然各媒体的特征有所不同，但也存在大量共同因素，且相互影响。无论是传统媒体还是新媒体，其品牌形塑及运作的好坏，都会对其他类型的媒体和整个传播系统产生影响。因此，研究区域传播力，虽然要对互联网等新媒体予以重点关注，但亦需关注与其息息相关的其他媒体的情况。

再次，就时代需求而言，从2014年国家大力推动媒体融合发展至今，"融合发展是一场媒体的自我革命，不进则退，缓进也是退"已成为共识。实践也证明，传统媒体和新兴媒体不是一个简单的此消彼长的关系，在融合发展的条件下，两者可以实现此长彼长。现在的传媒格局，传统媒体和新兴媒体的界限逐渐模糊，两者正从"你是你，我是我""你中有我，我中有你"迈向"你就是我，我就是你"的深度融合阶段。

最后，就产业规模而言，据《中国传媒产业发展报告》显示，作为文化产业的重要组成部分，2018年中国传媒产业总规模达20959.5亿元，首次突破2万亿元大关，增长率从2017年的16.6%下降至10.5%，依然保持两位数增长，整体格局在保持稳健的同时进行深度的结构性调整。网络广告、游戏市场、网络视频内容行业规模继续保持增长态势。除图书外，期刊和报纸市场规模继续萎缩，但依然占有一定比重。

一、贵州区域大众传媒发展总体现状

由于贵州经济社会尤其是文化旅游经济的发展，使得大众传媒的作用日益凸显。据贵州省新闻出版局统计，截至 2018 年底，贵州共有传统媒体 217 种（家），其中，报刊总数共 132 种（报纸 39 种，期刊 93 种），广播电视播出机构 85 家。贵州省网信办和省通信管理局的统计则显示，截至 2018 年底，全省共有 ICP 备案网站 5.27 万家，其中本省新闻网站 29 家、中央新闻网站贵州频道 6 家。

截至 2019 年 3 月，贵州已经组建的 5 家省直国有文化企业集团中，传统新闻类传媒企业占 2 家，分别为贵州日报当代融媒体集团有限责任公司、贵州广电传媒集团有限责任公司；互联网传媒集团 1 家，为多彩贵州网有限责任公司；出版类传媒集团 1 家，为贵州出版集团公司；仅有 1 家属于文化演艺类，为产业规模相对较小的贵州文化演艺集团有限责任公司。其中，贵州日报当代融媒体集团有限责任公司由贵州日报报业集团和当代贵州期刊传媒集团于 2019 年上半年整合组建。

据贵州省文化体制改革和发展工作领导小组相关数据显示：贵州 2017 年文化产业完成增加值 324.04 亿元，较上年增长 13.6%，占 GDP 比重 2.4%，与上年基本持平。全省文化及相关产业法人单位 36898 个，从业人员 41.71 万人，资产总计 3896.17 亿元，营业收入 969.38 亿元，总产出 883.43 亿元。文化产业呈现增长潜能加速释放势头，正不断向国民经济支柱性目标挺进。文化产业九大行业增加值占比由高到低依次为：文化传播渠道 24.0%、创意设计服务 18.3%、文化消费终端生产 14.9%、文化娱乐休闲服务 14.4%、文化辅助生产和中介服务 12.3%、内容创作生产 8.7%、新闻信息服务 5.3%、文化装备生产 1.9%、文化投资运营 0.1%。原国家新闻出版署发布的《2017 年新闻出版产业分析报告》指出，以各地区新闻出版全行业营业收入增长速度衡量，前 10 位依次为安徽、贵州、黑龙江、四川、广东、山东、江苏、北京、上海和新疆。其中，东部地区 5 席，中部地区 1 席，西部地区 3 席，东北地区 1 席；安徽、贵州、黑龙江和四川 4 省营业收入均实现两位数增长。

上述文化产业——这九大行业也是贵州传媒企业直接涉及的领域，故上述增加值中，也体现了贵州传媒企业的贡献。

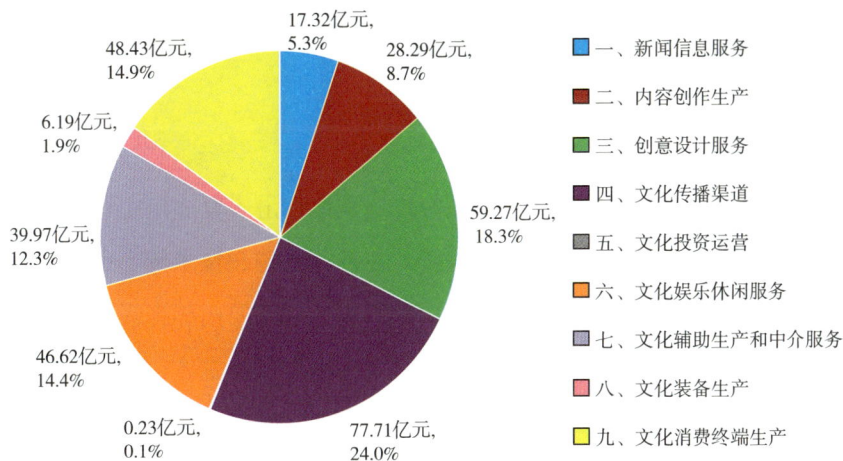

贵州文化产业九大行业增加值占比按行业分布情况

按严格标准，截至 2018 年，还没有一家真正拥有全国影响力的传统媒体或网站，其传播力基本局限于本省范围内。省主要媒体集团无论是从内容的传播力，还是从本身的经济体量上看，均与中央媒体以及一些地方重点媒体集团存在一定差距，可以说，贵州区域大众传媒现阶段的发展状况，总体上还不能适应贵州提升区域传播力的需要。但是从包括互联网信息传输服务在内的文化信息传输服务业的迅速发展中，也能够清楚看到贵州区域传播力提升的方向和希望所在。组建贵州日报当代融媒体集团有限责任公司，其目的就是要坚持一体化发展方向，通过流程优化、平台再造，实现各种媒介资源、生产要素有效整合，实现信息内容、技术应用、平台终端、管理手段共融互通，催化融合质变，放大一体效能，打造区域乃至全国范围内有较大影响的现象级新型主流媒体以及具有强大经济实力和市场竞争力的新型综合文化实体，贵州广播电视台主动把握传媒变革趋势，充分发挥平台、渠道、外宣、人才、技术等资源优势，着力在融合发展等方面实现新突破、取得新成效。多彩贵州网有限责任公司积极整合优势资源、大胆创新，不断朝互联网、大数据领域纵深推进。

二、贵州区域传统媒体发展现状

如前所述，报刊、广播、电视等传统媒体，由于发展历史较久且有国家在政策、资金等方面的大力支持，人员、设备和技术等实力都相对较强，运作模式很成熟，加之互联网的影响由东部向西部客观有一个滞后期，时至今日，其依然构成了贵州大众传媒发展的主体。

贵州电视传媒的业绩，多年来一直在西部地区电视行业中居于前列。早在 2007 年底，全省已完成 1.5 万个 20 户以上自然村，以及全部 50 户以上自然村的农村卫星建设任务，共建成 280 万座地面接收站，为全国总量的 1/8，2000 余万农民得以听广播、看电视。2008 年，更有几个大手笔引人注目：成功融巨资开办"家有购物"频道，产业化迈出重要一步；参与经营甘肃卫视，当年，其覆盖、收视和广告收入增长均在省级卫视靠前；对全省有线电视网络领域近百家法人实体进行股份制整合，打造产业"航母"贵州广播电视信息网络股份有限公司。到 2009 年 8 月，全省有线电视数字化用户增至 160 万户，城镇有线电视数字化率远较全国平均水平为高，实现了欠发达地区卫星电视、数字电视的发展超前。

到 2010 年，原贵州电视台开办了新闻综合频道 1 个卫星频道，公共、经济、电视剧、大众电影、科教健康、时尚生活 6 个地面频道，摄影、天元围棋 2 个数字频道，共 9 个频道。此外，还有《贵州广播电视报》和台网站、内部培训网 1 报 2 网。已建成全数字、全硬盘、全自动播出系统，拥有 21 个大小、功能各异的数字化演播室和录音室、2

辆大型数字化转播车和 9 个各类非编网络，全台的数字化率已达到
90%……自办栏目 56 个……贵州卫视覆盖人口达到 6.099 亿，覆盖 55
个国家和地区，居全国省级电视台第 8 位，成为全国主要的电视频道。
6 个地面频道已 100% 完成了全省各地、州（市）的覆盖。这些，都成
为贵州广电后续发展的重要基础。

2011 年 6 月，原贵州电视台和原贵州人民广播电台的事业部分，
整合成立了贵州广播电视台。贵州省直广电系统的所有产业实体，包括
原贵州电视台、原贵州人民广播电台和原贵州省广播电影电视局所属的
各个公司，也通过股权整合、产权划转等方式有机、有序地进行同步整
合，成立贵州广电传媒集团，依照《公司法》正式确立现代意义上的
企业法人治理结构。其时，集团注册资本 3.7 亿元，资产总额近 60 亿
元，员工 6000 余人，下辖贵州电视文化传媒有限公司、贵州广播电视
信息网络股份有限公司、贵州星空影业有限公司等 20 家二级子公司、
22 家三级子公司、27 家四级子公司、5 家五级子公司，总计 74 家
公司。

截至 2019 年上半年，贵州广播电视台集广播、电视、报纸、网络、
新媒体等多种业务为一体，拥有 7 个频率、11 个频道、1 个网站、1 张
报纸，员工 2300 余人，设备数字化率达到 96% 以上。贵州广电传媒集
团不断完善治理结构，扩大投资领域、拓宽投资渠道，优化产业链条、
重塑产业构成，业务范围遍及广播影视投资、广播影视器材经营、广播
影视内容生产、广告经营、网络传输、电影院线、电子商务等主业，并
向新媒体运营、文化、演出、发行、动漫、旅游投资等相关产业拓展，
目前下辖贵视文化、贵广网络、星空影业 3 家省属大型公司及其他二、
三、四级子公司 93 家，经营传统电视业务、电视购物、广电网络、影
视剧和文化产业资本经营及跨界投资经营五大板块，现有员工 7000 余
人。2015 年，获中宣部"全国文化企业 30 强"提名奖；2016 年，实

现经营收入 72 亿元（含税收入约 76 亿元），实现利润 3.2 亿元，成为"2016 贵州企业 100 强"，位列第 31 位，是唯一上榜的国有文化企业；所属重点企业贵广网络（股票代码：600996）成功实现 A 股上市，一批全国和全省性的战略性、创新性项目正在抓紧开发建设中。

事实上，贵州广电传媒集团仅是贵州文化体制改革较为成功的一个案例。早在 2008 年，贵州广电行业在贵阳、黔东南、遵义、铜仁和安顺的五个转企改制试点就已经启动，并初步实现了制播分离和经营分开等，取得的业绩和发展潜力也不容小觑。

在贵州传统传媒产业中，贵州日报当代融媒体集团有限责任公司举足轻重。

组建贵州日报当代融媒体集团有限责任公司，从顶层设计层面，打造区域旗舰媒体集团，建成新型主流媒体，将在更高层面上发挥"排头兵"作用。特别是贵州日报报业集团和当代贵州期刊传媒集团通过近些年的改革，为贵州日报当代融媒体集团有限责任公司的发展打下了比较坚实的基础。

其中，当代贵州期刊传媒集团是在文化体制改革背景下，以当代贵州杂志社为基础，于 2011 年对其他有关资源实施整合并转企改制的产物，以建设"全媒体文化产业集团"为战略定位，除办有按周刊出版的省委机关刊《当代贵州》杂志和《当代贵州内参》外，还办有《晚晴》《法制生活报》《大众科学》《电影评介》《乡村地理》《环球美酒》《贵茶》《孔学堂》（中英文）7 份子刊和 1 份子报，贵州文化音像出版社、孔学堂书局 2 个出版社；已建立了由当代先锋网、当代贵州客户端、领导者客户端、法制生活网、当代党员手机杂志、法制生活手机杂志、贵州数字图片库等构成的新媒体矩阵；正在建设党建云中国党刊数据中心、国学云数字孔学堂、当代贵州"中央厨房"3 个基于大数据的智库平台。目前，以时政报道为主、凸显党建和文化特色的《当代贵州》杂志，已经发展为全国党刊中第一周刊，以及全国最有影响力的党刊之一。

贵州日报报业集团是 2004 年 11 月 28 日在贵州日报社的基础上，整合相关资源成立的。2011 年 6 月 26 日，为顺应文化体制改革，挂牌成立了贵州日报报业集团传媒有限责任公司。其主办《贵州日报》是贵州省委机关报，创刊于 1949 年。2016 年，在报业整体"断崖式"下滑的大背景下，贵州日报报业集团实施"供给侧结构性改革"，开始"第三次创业"。结合实际关停并转一批亏损严重、前景不佳的子报子公司，其中，把《经济信息时报》转型为《贵安新区报》，并于 2016 年 9 月 28 日正式创刊，目前运营状况良好；把《贵州商报》转型为《新贵商》杂志，《新报》转型为《贵州全域旅游》杂志，《天下文摘》转型为《生态文明新时代》杂志。目前，集团除拥有《贵州日报》外，还拥有《贵州都市报》《西部开发报》《贵安新区报》3 家报纸和《新闻窗》《能源新观察》《藏天下》《生态文明新时代》《贵商》《全域旅游》6 个刊物。

在多元化市场发展中，贵州几大传媒集团和主要媒体将自身影响力的扩大与社会责任的担当有机结合，为对外传播、推广区域民族文化资源等作出了很多尝试，例如，定期不定期围绕某一具有传播性的主题，邀请省外同类媒体到贵州，开展诸如"全国省级党报社长总编辑多彩贵州行""全国卫视聚焦多彩贵州""全国党刊记者重走长征路""听多彩之声，说魅力贵州""全国五十佳著名广播主持人多彩贵州行"等集中采访活动，通过"借船出海"、整合外部资源，找到了提升贵州区域传播力的一条有效路径。但是，"借船出海"只能起补充作用，区域传播力的根本提升，最终还必须依靠区域大众传媒自身传播力的提升等"内生动力"来实现。应该看到，一些单项指标或局部影响力的突破，并不能掩饰贵州传媒总体"蛋糕"较小等发展差距。从这个角度上看，组建贵州日报当代融媒体集团有限责任公司更是显得迫切。

2019 年初新组建的贵州日报当代融媒体集团有限责任公司，保留了贵州日报报业集团和当代贵州期刊传媒集团的主管主办刊物，总体达到了 5 报 14 刊 2 个出版社，总资产达 11.89 亿元，净资产达 6.95 亿元（其中，党报集团总资产 9.04 亿元、净资产 5.37 亿元；党刊集团总资产 2.85 亿元、净资产 1.58 亿元），必能激发集聚优势，为区域传播力提升实现新的突破。

第三节　贵州区域新媒体与融媒体发展现状

面对互联网日益增大的影响力，过去十余年，贵州也将发展互联网等新媒体摆上重要日程。2014 年以来，贵州又在推动传统媒体和新兴媒体融合发展之路上迈开新步伐，积极探索"融媒体"建设。2018 年，贵州更是进一步推动媒体深度融合发展，持续打造现象级新型主流媒体。

据统计，截至 2018 年底，贵州超过一半的报纸办有一级独立域名网站，10 多种期刊出版了网络版多媒体数字期刊，城市联合网络电视台贵阳台于 2013 年 7 月挂牌上线。全省 28 家具备互联网新闻信息服务许可证的地方新闻网站中，27 家归属传统媒体。针对移动互联网发展趋势，贵州也积极布局移动新媒体端，全省开办的微信公众账号、微博和移动新闻客户端已达 3764 个，传播力日渐扩大。其中，"百姓关注""多彩贵州网""贵阳晚报""动静贵州""贵州交通广播""盘州发布""云上七星""政前方""直播遵义""掌上黔东南"位居媒体微信影响力排行榜前列；"多彩贵州网""人民网贵州频道""贵阳新闻网""贵州都市报官方微博""贵阳晚报""贵州交通广播""百姓关注""当代先锋网""贵州综合广播""六盘水日报"位居媒体微博影响力排行榜前列。

当前,贵州媒体融合正处于以"相加"向"相融"加速奔跑的关键阶段,省内媒体尤其是省主要媒体积极投身媒体融合发展,"移动优先"成为共识、"用户意识"不断深入人心,一个传播力、引导力、影响力、公信力不断提升的新型主流媒体矩阵在全媒体时代浪潮中成长。

一、贵州日报报刊社、贵州日报当代融媒体集团有限责任公司

贵州日报报刊社、贵州日报当代融媒体集团有限责任公司当前的融媒体资源集中在"天眼"媒体云建设上,着力打造"天眼"新闻融媒体传播矩阵。其基础来源于两个项目,一是"贵融智创——贵报集团融传播融智库融创意基地",二是"党刊数字化工程",这两个工程也是贵州日报报业集团、当代贵州期刊传媒集团在探索媒体转型发展过程中的硕果。

其中,"贵融智创——贵报集团融传播融智库融创意基地"是贵州日报报业集团的媒体融合重点工程。作为在权威性、专业性和公信力等方面占据传统优势的报业集团,早在 2000 年 11 月 28 日,贵州日报报业集团就成立了旗下传媒的互联网信息发布平台——"金黔在线"网站。这是全国成立最早的地方重点新闻网站之一,拥有一级新闻信息服务资质,一直扮演着省级新闻门户网站和对外展示贵州形象的重要窗口的角色。同时,集团还先后开办了贵州都市网、爽爽贵阳网、贵景网、贵州全搜索、经济信息网、西部开发网、贵州能源网 7 家网站,大多数都与集团旗下传统媒体相匹配。

2014 年全国两会、贵州省两会期间,《贵州日报》为推进"报网融合",开设了二维码,与"金黔在线"合作,推出"书记,您在想什么"和"市(州)长,您在干什么"专栏,图文并茂,并辅之以现场采访的方式对贵州经济社会各方面发展情况作了报道,达到了以传统媒

体引导、以互联网媒体特性来包装的报道效果。当年，贵州将"金黔在线"由贵州日报报业集团剥离，以其为主体整合组建多彩贵州网之后，集团又积极以贵州都市网等网站为依托，打造移动互联网传播平台，下属部门和子报，如文化贵州、小梅访谈及《贵州都市报》《贵州商报》《贵州新报》等都开设了自己的法人微博、微信。2014 年 8 月，"贵州日报"微信公众号运行，10 月，《贵州都市报》移动新闻客户端"贵州快报"上线，以"贵州新闻，最快播报"为定位，设置本地、随手拍、国际、国内、财经、深度、观点等 13 个栏目，并集合便民服务、互动交流等版块，让读者"一报在手，掌握贵州"。2015 年 10 月，主要聚焦时政的又一微信公众号"政前方"上线运行。

2014 年 12 月，集团与贵州省经信委签署《大数据云上贵州"媒体云"战略合作框架协议》，将全面整合旗下 7 报 3 刊 7 网站等传媒资源，利用大数据、云计算等新技术，建设"媒体云"系统平台及应用平台，下好推动媒体融合发展的关键一着棋。

近年来，集团媒体融合步伐加速，建设了全省影响力较大的新闻客户端——"今贵州"新闻客户端，以及都市类新闻 APP"都市 e 家人"，还拥有今贵州新闻网、贵州都市网、爽爽贵阳网、金黔物流网、西部开发网、贵景网等网站。开通了贵州日报官方微博和"政前方"时政公众微信号、建设了贵州快报 APP、贵州都市报新媒体矩阵、西部开发报官方微博、微信等新媒体，初步形成立体传播的格局。"今贵州""政前方"等"党端""党网"及"党号"影响力、传播力日趋扩大，品牌影响力日趋凸显，特别是今贵州客户端已成为全省重要的主流新媒体平台之一，2016 年 11 月 11 日，今贵州客户端创新研发的人流热力地图实战案例在 2016 中国报业融合发展实战案例中，获评"十佳"优秀奖。2018 年 7 月以来，集团启动了以"贵融智创——贵报集团融传播融智库融创意基地"的建设，打造集融媒体传播中心、融媒体指挥中心、融媒体智库中心、融媒体音像中心、融媒体文创中心为一体的全新贵融智创基地。并设立融产品创意孵化基金，每年扶持融合发展的优秀项目、优秀创意、优秀工作室。

为规避某些风险，集团在之前的一段时期内基本停留在利用子报和周刊拓展媒体融合平台，展开相关资讯的全媒体传播、营销和公关行为的阶段，试图借此逐步积累新媒体思维，并获取经验和教训，为后期改革提供借鉴。受固有条件和传统媒体思维等限制，集团的媒体融合发展并非一帆风顺，难点是所有媒体在融合发展中共同面临的生产流程再造及人力资源结构重组等问题。互联网等新媒体与传统媒体相比，无论是媒体属性、价值理念，还是传播规律、经营管理都有很大不同，媒体融合，对生产流程及人力资源素质、结构提出相应调整要求。但是，长久的运作，使得人们一时很难从惯性模式中走出，加之传统媒体事业单位的性质，对其原有人力资源管理机制的转变也较难，这与互联网及其新技术新应用的快速发展形成鲜明对比，如不能及时找到突破路径，可能会形成更大的反差或问题。

"党刊数字化"工程是当代贵州期刊传媒集团启动十多年的转型工程。2007 年，当代贵州杂志社主动契合互联网发展趋势，成立了网络事业部，并组建国内党刊的第一个互联网媒体——贵州党建网。此后，网络事业部进一步拓展为新媒体事业发展部，启动了"党刊数字化工程"，将贵州党建网改版更名为贵州先锋网；同时，还细分受众群体，以党员领导干部为主要受众，创办了当代党员手机杂志。至 2011 年，当代贵州期刊传媒集团正式组建时，也组建了当代贵州先锋数字传媒公司，较大幅度促进了传统媒体与新媒体的融合发展。

近年来，以打造"党刊数字化工程"为龙头，集团对传统内容进行数字化改造，先后自主研发"当代先锋"微信公众号及"当代贵州""掌上贵州"移动新闻客户端等一批移动新媒体，并建立全媒体采编中心，推行"一次采集、多次发布、多层次生成、多媒体传播"的"当代贵州全媒体"生产，促进了传媒资源的优化配置和高效利用，初步奠定了数字化出版、立体式传播的新格局，再度走在全国党刊前列。当代贵州先锋数字传媒公司被列为国家级首批数字化转型示范单位，当代党员手机杂志项目进入国家文化改革发展重点项目库，为自身传播力的持续提升打下了坚实基础。当代贵州期刊传媒集团作为贵州省唯一一家跻身国家新闻出版广电总局评选出的首批 70 家"数字出版转型示范单位"的出版企业。《当代贵州》杂志多次获评"中国最美期刊"，被国家新闻出版总署授予全国期刊方阵"双效"期刊称号，入选"中国邮政发行百强报刊排行榜""2016 期刊数字影响力 100 强排行榜"。当代先锋网获国家时政类新闻一类网站资质，成为省内第三家、全国地方党刊中第一家获此资质的网站，并获评"全国报刊媒体融合创新 30 佳优秀案例"，被列入国家网信办公布可供网站转载新闻的新闻单位名单，成为全国党刊中第一家进入该名单的新媒体平台。

组建贵州日报报刊社、贵州日报当代融媒体集团有限责任公司，不是简单的改名字、换牌子，关键要建立以内容生产和传播为核心的一体化运行机制，组出新动能、建出新效率。当前，贵州日报报刊社、贵州日报当代融媒体集团有限责任公司正紧紧抓住一体化运行这个落点，推动深度融合一步到位，大胆解放新闻生产力，实现"1+1>2"的效果。全集团正以融媒体指挥中心、采访中心、编辑中心、技术中心建设为抓手，融合"贵融智创——贵报集团融传播融智库融创意基地"和"党刊数字化工程"，推动内容生产从传统线性模式向融媒体全终端生产模式转变，按照新的业务流程调整机构设置、人员设置，实现重大主题、重要活动报道指挥调度和采编发联动，激发人员创造力，不断提升传播力、引导力、影响力、公信力。目前，集团融媒体"中央厨房"的枢纽作用不断显现，初步构建了"5 报 4 云 5 端 7 网 11 刊"现代传播体系，推动

"今贵州"客户端与"当代贵州"客户端融合升级打造"天眼新闻"客户端，并获国家版权局原创版权证书。2019 年 3 月 1 日上线以来，"天眼新闻"客户端下载量超过 150 万次，日活跃用户量达到 20 万人。

二、贵州广播电视台、贵州广电传媒集团

2013 年 5 月，贵州广电传媒集团、贵州广播电视台在以往工作基础上，将媒体融合发展上升到战略高度："讨论通过了《贵州广播电视台、广电传媒集团深入贯彻落实省委十一届三次全会精神，推动事业产业创新发展实施意见》，确立'全媒体融合提升、多元化跨越发展'新战略，构建'以人才提升为引擎，以科技创新和资本运营为两翼'的发展新格局。为进一步将《实施意见》落到实处，台和集团针对目前面临的主要困难和挑战，拟定'以什么措施和办法确保集团实现 100 亿目标、如何做好与新媒体的嫁接与融合、如何搭建广电人才市场、如何做到事业产业协调可持续发展、如何做好广电品牌建设'等 5 个调研课题，由台和集团班子成员组成课题组开展调研，找问题、找差距、找措施、找出路，并形成讨论成果用于指导工作实践。"[1]

随后，广播电视台陆续推出了"智慧贵州"移动新闻客户端、"动静贵州"和"贵州交通广播"微信公众号等多个移动新媒体。2014 年全国两会期间，《贵州新闻联播》开通官方微信平台，其两会全媒体报道指数在全国 36 家上星综合频道中位列第四。当年，广播电视台旗下的黔龙网被并入多彩贵州网，而其本身也在内容生产和产业组合等方面进行了有益于媒体融合的再调整。此外，广电集团旗下的家有购物的电子商务转型、贵州有线的多彩云 TV、天马公司的跨媒体整合营销与创

---

[1]　贵州广播电视台：《转变作风求实效　立行立改促发展》，贵州群众路线网，2013 年 8 月 2 日，见 http://www.gzqzlx.com/system/2013/08/08/012565017.shtml。

意产业开发都取得了一定成效。

截至 2018 年底,贵州广播电视台建成启用"动静云"融媒体云平台("中央厨房"),整合新闻宣传资源组建融媒体中心,健全完善融合策划机制、采编机制、考核机制,形成"新媒体首发、全媒体跟进、融媒体传播"的工作格局,全媒体矩阵聚合粉丝量超过 1000 万人,其中"詹姆士的厨房""贵州卫视""非常完美"微博微信用户均超过百万,"动静贵州"粉丝量突破 28 万人,成为全省时政新闻重要发布平台,名列全省同类公众号前茅。"微兔 GOGO"客户端注册用户突破 26 万人;自主研发的"父母乐"和"魔方"被国家新闻出版广电总局评为媒体融合特色项目在全国全省同类网络信息平台评比中,"贵州交通广播""贵州新闻联播""百姓关注""动静贵州""贵州综合广播""贵州卫视"等公众号多次排名前列,"百姓关注"多次位列全国省级地面频道微信传播榜首。特别是"动静"新闻客户端下载量超过 180 万次,日活跃用户量达到 60 万人。在抖音平台发布的 2019 年 3 月媒体抖音号月榜中,"动静贵州"以突破 4.4 亿播放量的成绩,位列全国媒体抖音总榜的第七名。2019 年 5 月,快手账号"动静视频"在一个月内便涨粉至 85 万人。

虽然付出了诸多努力,但贵州广电内容出口平台、广告销售经营模式单一的格局仍然未被有效打破。同样,媒体融合发展中的其他不足,也表现在观念、资金、人才和技术等方面。随着媒体形态继续衍变,对此种状况的改变将更加紧迫。

三、多彩贵州网、多彩贵州网有限责任公司

为强化贵州网络主流舆论,打造有贵州特色和全国影响力的综合新闻门户网站,2014 年,贵州出台系列支持政策,以贵州日报报业集团"金黔在线"为主要基础,对原属贵州广播电视台的黔龙网、原属中国

电信贵州公司的多彩贵州印象网、原属当代贵州期刊传媒集团的当代先锋网、原属贵州省文明办的贵州文明网、原属贵州省委外宣办的中国贵州网，以及贵州旅游网等网站的主要信息内容资源或所属资产进行整合，并以贵州日报报业集团、贵州广播电视台、当代贵州期刊传媒集团和中国电信贵州分公司为主要股东，组建了多彩贵州网有限责任公司。当年7月，多彩贵州网正式上线，标志着贵州朝着打造具有强大实力和传播力、公信力、影响力的新型传媒集团，形成立体多样、融合发展的现代传播体系的目标迈出重要步伐。这种规模和层次的互联网资源整合，在全国范围内并不多见，改变了此前贵州的互联网媒体完全附属于传统媒体，在人力资源保障等方面很难得到与传统主业同等重视的状态，本身就提升了贵州互联网媒体的知名度和影响力，吸引了诸多外来关注。

与传统媒体创办的一些网站在很长一段时间实际上仍具有传统媒体属性，甚至只是简单的"电子报"不同，多彩贵州网一开始就不再是报刊的电子版或子媒体，其服务对象也不再仅仅局限于某一个传统媒体，而是转向更为宏大的互联网用户，目前已发展成为一家集网上宣传、大数据开发与应用为一体，拥有7家子公司、10家分公司、500多人的互联网文化传媒集团，成为贵州省唯一全国地方重点新闻网站、最大全媒体数字平台、最大互联网文化传媒集团和大数据产业发展重点企业。在发展过程中，多彩贵州网立足于全媒体数字平台的属性定位，进一步整合相关资源，力图对全省媒体的信息互通和网络信息发布等起重要支撑作用，推动了省内媒体的资讯流通速度和力度，客观上提升了它们的传播力；它开通的微信公众号"多彩贵州"、移动新闻客户端"众望"等系列移动新媒体平台，也采用了新的传播模式聚拢了更多人气。它以贵州手机报为主体，整合全省各市（州）和县（市、区）的新闻手机报，按照"统一管理、统一平台、统一品牌、效益共享"的原则并版发行，集中打造传播强势，为用户提供了更丰富的新闻信息。多彩宝"互联网+"益民服务平台线上生活缴费资金流量超过5亿元，用户上百万，已成为贵州覆盖范围最广、体验最好的民生服务平台，并成功通过CMMI（软件能力成熟度模型）认证，被列为2018年省政府"十大民生实事"。

此外，多彩贵州网还涉足了"云上贵州"建设7朵"云"中的两朵：一是"贵州电子商务云"，中标成为投资建设运营主体，将为全省企业提供全电商产业链等服务；二是"贵州电子政务云"，牵头建设的省政府门户网站云平台于2015年7月上线运行，成为全国率先打通数据壁垒，无障碍实现数据调用、共享和交换，并具备资源弹性扩展的政务网站云平台。多彩贵州网被评为"2015—2016年度中国新闻网站成长型三强"。2018年，多彩贵州网承担了"多彩贵州宣传文化云"的建设任务。

以上，都在提升多彩贵州网自身传播力的同时提升了贵州区域传播力。

当然，与传统媒体一样，以多彩贵州网为代表的互联网媒体在推动媒体融合发展的过程中同样面临某些难题。例如，新闻网站记者证尚未核发，内容生产受制于传统媒体；运营难以彻底摆脱同为传媒、存在竞争关系的股东单位的影响，彼此的信息和意见互通等有待加强；许多人员来自传统媒体，媒体思维、人力资源构成和组织结构需要与互联网媒体属性更契合。特别是组织机构如不能及时转型，将影响从业人员积极性的发挥，难以适应互联网传播对及时、深度和广度等的要求，无疑会成为传播力提升的障碍。

除以上四家传媒集团外，同属新闻出版领域的贵州出版集团从商业模式相对成熟的手机阅读入手，依托手机内容营销推进新媒体出版，媒体融合也取得一定成效。而在全省范围，贵阳日报传媒集团、贵州农经网、贵阳网及黔东南广播电视台等推出的"贵阳日报""黔生活""黔乡游""贵阳网""掌上黔东南"等微信公众号的受关注度也日渐提升。

事实上，从 2005 年开始，贵州整体上已经系统运用"品牌传播"方法，强化"多彩贵州"等区域文化品牌的建构，实现了对外形象的极大改善和区域传播力的有效提升。但相对而言，其区域大众传媒品牌的建构尚需大力加强。

PART 2

实践与经验　中　编

第 四 章

擦亮"多彩贵州"品牌彰显核心价值

"品牌传播"是近年国内学界和业界很关注的一个概念。所谓品牌传播，就是企业以品牌的核心价值为原则，在品牌识别的整体框架下，选择广告、公关、销售、人际等传播方式，将特定品牌推广出去，以建立品牌形象，促进市场销售。由于其在实践中的巨大效果，不仅仅是企业，今天，越来越多的地方和其他社会组织在其对外传播中都引入了品牌传播的理念和方法。

在区域对外传播中，品牌传播如运用得当，可通过品牌平台、品牌资源的共享等方式，有效地将政府传播力、传媒传播力及社会传播力等多个方面的传播力凝聚起来，形成强大的传播合力，从而充分体现整合营销传播理论的要求。"多彩贵州"区域文化品牌的打造、推广、传播之路，实现了"党政传播，媒体传播，机构传播，企业传播，社会传播"的有机统一，正是公认的区域品牌传播经典案例。

历史上，受经济社会发展滞后等因素影响，外界对贵州存在着诸多认识误区与偏见，也深深打击了贵州人的文化自觉和文化自信。传统的"三言两语"，即"天无三日晴，地无三尺平，人无三分银"与"夜郎自大""黔驴技穷"，在很长的时期里，成了贵州固定的"标签"。走出历史误读，树立良好的对外形象，一直是贵州提升区域传播力的一个深沉考量和重要目标，也是一个内在动力。

2005 年，贵州组织省内外专家深入调研、精心谋划，正式提炼推出"多彩贵州"区域文化品牌，实施"多彩贵州"品牌战略，这也是中国第一个以整个省的名义进行商标注册的文化品牌。在此之前，"七彩云南""天府之国"等一批省级旅游形象品牌已比较响亮，不过，与旅游形象品牌不同，"多彩贵州"一开始站位就比较高，代表的是贵州的整体形象，而非局限于文化旅游产业和行业。十余年来，"多彩贵州"已成为一张对外宣传的亮丽名片，一句"走遍大地神州，醉美多彩贵州"的广告语传遍大江南北。

第一节 "多彩贵州"品牌的核心价值和表象体系

品牌核心价值是品牌的精髓，它代表了一个品牌最中心，最让消费者明确、清晰的品牌认知点。关于"品牌核心价值"，美国营销学者 Walker Chip 认为品牌核心价值是一个品牌的灵魂，是品牌资产的主体部分，它让消费者明确清晰地识别并记住品牌的利益点与个性，是驱动消费者认同、喜欢乃至爱上一个品牌的主要力量。① 可以说，品牌核心价值是品牌资产的主体部分，也是品牌的利益点和个性。

文化品牌的核心价值更具有特殊性。从品牌本身的特点来看，文化品牌具有三个基本特性：一是具有较高的文化境界和特有的精神属性，富有珍贵的精神内涵；二是立足于本土，往往是本土底蕴的集中展现，具有坚强的文化自信和独特的文化身份；三是在建设上注重文化创意，

---

① 参见 Walker Chip, "The Penis of Popularity", *Marketing Tools*, 1997 (6): 21-22。

力求创新发展。因此,在文化品牌的建设中,创造力是关键因素。① 也就是说,文化品牌具有特殊的精神价值。从品牌承载的价值来看,作为文化产品的独特标识,文化品牌往往凝聚着地区民族文化的精髓,具有典型意义的文化品牌甚至成为国家和民族文化形象的代表。从这个角度看,文化品牌的价值具有较强的延伸性和增值性。

"多彩贵州"正是这样的文化品牌,十多年来,"多彩贵州"这一品牌体现出与贵州文化传统、贵州文化形象、贵州经济社会发展高度的契合性。就"多彩贵州"这一品牌而言,不仅仅指向贵州"多元、和谐、原生态"的文化,体现贵州绚丽多姿的自然生态,共生繁荣的红色文化、民族文化、山地文化、传统文化、阳明文化、"三线"文化等,以及令人惊叹的自然生态和特优产品,更是指向贵州的发展"多彩绽放",寓意贵州已摆脱了"天无三日晴,地无三尺平,人无三分银"的贫穷落后形象,向世人彰显发展的多彩魅力。

有研究认为,"多彩贵州"形象地概括了贵州文化的多样性、贵州资源的丰富性和贵州人生活的幸福指数。"多彩"一词,在某种意义上就是贵州文化的"魂"。"多彩贵州风,既明喻了民族风情的本质,体现贵州的风土人情,也暗含《多彩贵州风》这台歌舞诗以及富有文化千岛的贵州文化风吹山外、风行全国的抱负和情怀"②。也有研究认为,对于"多彩贵州"品牌而言,能带给受众三个层面的感受:第一层核心价值层面即"原生态"价值(包括自然的、文化的、物产的);第二层外延价值是附在原生态上的神奇感,满足受众对于文化及自然的探知欲;第三层是所有原生态文化的共同基础价值,满足受众对于原始质朴

---

① 参见肖玮:《论我国文化品牌的创意实现》,《河南工业大学学报(社会科学版)》2013 年第 2 期。
② 李波:《〈多彩贵州风〉与"多彩贵州"文化品牌塑造》,《原生态民族文化学刊》2011 年第 2 期。

生活方式的向往。对于"多彩贵州"而言，第三层的价值更多了"和谐共生"的独特文化理念。

实践也充分证明，"多彩贵州"品牌聚集贵州文化特色、文化魅力、经济社会发展态势，更是反映了贵州人民的心愿、心情、心声，具有独特性和不可替代性，也具有强劲的品牌影响力。

第二节　"多彩贵州"品牌传播的运行机制

作为我国首个省级区域性文化品牌，"多彩贵州"既带有公益性，又涵盖广泛的商业性；既承担对外传播形象的任务，也具有对内凝聚人心、鼓舞士气的功能。十多年来，"多彩贵州"品牌的传播，基本采取"党政传播，媒体传播，机构传播，企业传播，社会传播"相结合的策略，大致从五个方面开展。

一、"载体传播"

2005 年春夏，"多彩贵州"品牌以多彩贵州歌唱大赛为载体，首次出现在公众视野。这场长达近 5 个月的大赛，创新采用了"党政推动、社会参与、市场运作、媒体搭台、文化唱戏"的运作模式，在党政有关部门强力推动下，动员各类媒体连篇累牍以大量版面和时段投入，持续追踪报道、刊登公益广告，吸引了省内外 5 万多名选手报名、16 个赛区、1812 场基层选拔赛、52274 个参赛节目、340 多万人次现场观众、8 场决赛、8820.24 万人次电视观众收看赛事和颁奖晚会……创造了贵州群众性文化活动的纪录，并产生了巨大的传播效应。大赛结束后，"多彩贵州"在贵州已经成为街谈巷议的话题，坚定了有关方面持续运作品牌的希望。

2007 年，"多彩贵州"舞蹈大赛的举办，让黔中大地近百万人参与到舞蹈盛事中，同年举办的"荷花奖"上，贵州舞蹈更是集体发光，苗族舞蹈《水姑娘》捧得金奖。《水姑娘》一经推出，贵州苗族舞蹈火遍全国，在 2009 年南京举行的大学生艺术节上，居然同时出现了 11 个版本的《水姑娘》；2011 年，在贵州举办的中国舞蹈"荷花奖"民族民间舞大赛上，包括北京、上海等地在内，贵州以外的省市居然有七八个新创的苗族舞蹈作品报名。

在这两个大赛举办的前后连续数年，贵州又相继通过载体搭建传播"多彩贵州"品牌，分别在省内及北京、上海、香港、广州等地举办了"多彩贵州"形象大使选拔大赛、"多彩贵州"小品大赛等"多彩贵州"系列大赛，前所未有地挖掘、展示了贵州丰富的文化资源，每次大赛，都是配之以精心策划、高强度的新闻、广告宣传，进一步使得"多彩贵州"品牌在贵州几乎家喻户晓。据不完全统计，全省共有 50 万余人次报名参加各级赛事，各类比赛达 9000 余场，3000 万人次观众到现场观看比赛，各级电视台录播、直播 2000 余场，电视观众累计达数亿人次。

二、"立体传播"

不仅是"多彩贵州"系列大赛，贵州还在更广范围全方位、立体化地实施"多彩贵州"品牌传播，主要是：第一，宣传、旅游、文化、体育、农业等部门"多位一体"，"请进来"，"走出去"，在省内和海内外一些重点地区相继开展了一系列"多彩贵州"推介活动。第二，常年坚持举办"多彩贵州有多彩"系列网络文化传播活动，以及全国媒体"多彩贵州"踏春行、"全国卫视聚焦多彩贵州"等媒体集中采访活动。第三,打造了大型民族歌舞诗《多彩贵州风》,迄今已在全国各地、北美、俄罗斯、东南亚等地巡演,并在贵阳市固定商演 3000 余场,取得巨大经济效益和文化效益。第四,与国务院新闻办公室、联合国教科文组织等合作,每年一届固定举办"多彩贵州"原生态国际摄影大展、"多彩贵州"旅游商品"两赛一会"。第五,建设了重点文化产业项目多彩贵州城和多彩贵州文化创意园。第六,整合组建成立多彩贵州网。第七,创作《多彩贵州》等一批与"多彩贵州"有关的歌曲,并形成一定程度的传唱。第八,全省各级举办的各类活动,能够冠名"多彩贵州"的均坚持冠名。第九,制作系列"多彩贵州"外宣品,通过多渠道推广,使"多彩贵州"品牌日益声名在外,而不只是在贵州内部循环。

三、"高端传播"

选择具有很强权威性、公信力、覆盖面广的传播平台,通过一系列传播活动,推广多彩贵州品牌。一是从 2011 年 8 月起,贵州在中央电视台《新闻联播》前黄金时段等高端平台,不间断播出了"走遍大地神州,醉美多彩贵州"形象片。至今,贵州连续 9 年坚守央视平台。在其他一些高端媒体平台,也以较高频次推出了"多彩贵州"系列纪录片等。"多彩贵州"品牌传播由此实现"升级跳",作为贵州的文化识别符号,更加深刻地嵌入了人们的脑海。二是在中央媒体头版头条、首页首屏头条持续推出贵州典型报道,彰显贵州正面形象,诠释多彩贵州内涵,多彩贵州的品牌认知度和美誉度得到强劲拓展,品牌力得到了强力释放。三是用全球视野和国际表达讲好多彩贵州故事,展示多彩贵州形象,在海外投放多彩贵州形象表示片,邀请美联社、路透社、法新社等国际知名媒体机构到贵州开展主题采访,借力 CNN、Discovery 等平台传播多彩贵州好声音,打造贵州国际传播旗舰平台"LIVE IN GUIZHOU",扩大多彩贵州的海外影响力和覆盖面。

四、"主题传播"

注重在新闻传播特别是在主题传播活动中,坚持突出反映"多彩贵州"这一品牌,久久为功。如前所述,只要是贵州举办的主题传播活动,只要是符合基本要求和相关条件的,基本都以"多彩贵州"冠名。特别是近年来,贵州连续借助全国两会等高端平台,充分利用建党95周年、红军长征胜利70周年、庆祝改革开放40周年、庆祝新中国成立70周年等重要节点,系统策划组织对外传播,不断取得突破性成效。同时,坚持开展"多彩贵州有多彩"主题传播活动,比如,"多彩贵州有多彩·山地公园省 多彩贵州风""多彩贵州有多彩·司法改革看贵州""多彩贵州有多彩·特色新兴产业看贵州""多彩贵州有多彩·多彩贵州金钥匙 神奇之门你来开"等。通过系列主题传播,强化了"多彩贵州"品牌与奋进、开放、自信、希望等正面词汇的密切关联,有力传播了贵州后发赶超的信心和决心。

五、"产业传播"

为管理运作"多彩贵州"品牌,贵州专门成立多彩贵州文化产业集团(前身是贵州省多彩贵州文化产业发展中心),并明确为省属大一型国有文化企业,主要探索"多彩贵州"文化品牌与产业的结合。编制出台的《"多彩贵州"品牌价值研究与品牌"十二五"发展规划》,构建了"一个中心、两大体系(品牌授权与认证)、三大标准(品牌认证准入与管理标准、品牌授权与管理标准、公益品牌申请与管理标准)、四个平台

（群体展会、群体宣传、项目投融资、品牌研发孵化）、五大利润模式（品牌授权费、认证费、产业股份分红、展会经营利润、营销服务费）"的品牌运作模式，进一步厘清了"多彩贵州"品牌的发展战略问题，并将品牌内涵定位为"多元、和谐、原生态"，核心价值定位为原生态。

在此基础上，贵州对"多彩贵州"品牌实施全面保护性商标注册，截至 2019 年 3 月，已经取得多彩贵州商标注册证 45 件，涉及 460 个商品（服务）项目，覆盖所有行业；同时，发布《"多彩贵州"商标管理使用办法》，完成了"多彩贵州"VI 系统的设计工作；通过商标授权实现"多彩贵州"品牌价值，开发了"多彩贵州酒"等产品，初步形成"多彩贵州"特色文化产业集群。这些都开了国内区域文化品牌塑造的先河。

"以'多彩贵州'为形象定位……走出了一条以公益性活动培育品牌、以市场运作推广品牌的多彩贵州品牌建设之路，成为中国文化产业的一大亮点……多彩贵州品牌的发展过程是一部波澜壮阔、动人心魄又千回百转的故事：多元文化中寻找品牌命脉、品牌崛起前夜的谋略、品牌发展方向的抉择、品牌崛起后带来的诸多收获，每一个阶段都有让人荡气回肠、痛快淋漓的感受和启迪。"[1]"多彩贵州"品牌传播相继被评为"中国最佳品牌建设优秀案例奖""中国元素国际创意大赛文化贡献奖"。

继这一省级区域文化品牌之后，贵州各地品牌塑造及传播意识空前增强，形成了"爽爽贵阳·中国避暑之都""梵天净土·桃源铜仁""洞天湖地·花海鹤乡""水墨金州"等多个区域文化子品牌，也不同程度地实现成功传播。

贵州在品牌传播领域的探索和作为，对贵州区域传播力的提升某种意义上是根本性的。可以说，贵州与区域传播力提升相关的工作，区域

---

[1] 中共贵州省委宣传部：《贵州文化改革发展案例选编》，贵州人民出版社 2013 年版。

品牌传播做得最有力、有效。正如北京大学教授乐黛云等学者所言，"多彩贵州"品牌传播活动"将贵州厚重、原生、多元的各民族文化要素完美地结合，给了世界一个全新的贵州形象，不仅提升了贵州人的文化自觉和自信，也为全世界实现多民族文化包容性成长提供了可以借鉴的生动样本"①。中国传媒大学资深教授黄升民说："贵州致力于以品牌引领产业，以文化实现跨越，以形象改变命运，就目前的发展现实来看，贵州的这步棋走得颇具智慧。"

第三节　互联网传播擦亮"多彩贵州"品牌

"多彩贵州"区域文化品牌经过十多年的品牌传播，在海内外已经拥有了一定影响。进一步做好"多彩贵州""爽爽贵阳"等品牌的传播，通过各种形式扩大其影响力，是提升贵州区域传播力的必由之路和重要策略。十多年来，贵州的对外形象发生了很大变化，但要实现根本性的变化，必然伴随区域传播力的提升，是一个长期、渐进的过程。因此，2010年10月，贵州"十二五"规划明确："积极推进品牌引领战略，继续做响做强'多彩贵州'品牌，推动形成以'多彩贵州'为主的品牌集群。"2012年初，《国务院关于进一步促进贵州经济社会又好又快发展的若干意见》又提出："做大做强以'多彩贵州'为代表的民族歌舞、工艺美术、节庆会展、戏剧影视、动漫等文化品牌。"

现代经济学认为，品牌是一个生命体，它的创立、成长、成熟遵循一定的规律。欧洲经济学院德籍教授曼弗雷德·布鲁恩首先提出品牌生命周期学说，他认为品牌生命周期由六个阶段组成，即品牌的创立阶

---

① 转引自彭勇、蒋叶俊：《一篇大写的多彩文章》，《当代贵州》2015年第15期。

段、稳固阶段、差异化阶段、模仿阶段、分化阶段和两极分化阶段。从当前学术研究现状来看，对品牌生命周期学说主要分为两种观点。一是无限论，如约翰·菲利普·琼斯就持此类观点。他认为，品牌有生命周期现象，但同时品牌生命的最后一个阶段可以不是衰亡；或者在衰退之后仍然可以重生，进入新的循环。二是有限论，如菲利普·科特勒就认为品牌不可避免地要经历一个不可逆转的衰退期。

从品牌的成长实践来看，品牌无限论更符合客观实际。放眼世界林林总总的品牌，尽管多数品牌始终遵循着创立阶段、稳固阶段、差异化阶段、模仿阶段、分化阶段和两极分化阶段六个阶段的规律，但依然有一部分品牌，如茅台酒、可口可乐等世界著名品牌历久弥新。因此，理论界在探究这些品牌的常青"奥秘"时发现，强化品牌传播特别是强化品牌传播与受众的契合度，是品牌成长、成熟且始终焕发生命力的重要因素。擦亮"多彩贵州"品牌，必须在互联网传播上不断加强创新，而且移动互联网时代的到来，涌现了一批依托于移动互联网技术兴起的移动社交平台、移动支付及交易平台、移动搜索引擎及各类移动新闻客户端。基于这种多元化的媒介渠道，各种移动互联网时代的新产物也随之出现，这些也为"多彩贵州"在移动互联网时代的品牌传播提供了更多新的可能。

一方面，强化基于移动互联网大数据的精准化传播。移动互联网技术的发展，使云存储平台、多渠道的数据收集、大数据整合分析，精准实施"多彩贵州"品牌定位成为可能。对于多彩贵州产业集群的产品创意设计、产品服务体验、产品的可接受度，可以通过移动互联网技术，特别是大数据搜集市场动态和行业发展趋势，进行精准定位、精准把握，从而使"多彩贵州"品牌及其衍生品更加符合受众的认知习惯、认知层次、认知目的和兴趣爱好，并以此为基础，进行精准度高、针对性强的品牌传播活动，使"多彩贵州"品牌和大众需求合拍对路、情感共振，从而提升传播效率。从强化"多彩贵州"品牌传播特别是主题新闻传播的角度看，必须强化用户画像技术，通过大数据集纳受众社会属性、生活习惯、消费行为等重要信息，进而精准快速地分析受众的阅读习惯和阅读偏好，将不同的信息推送给千千万万个网络用户，也唯有如此，才能在互联网时代实现更加精准的分众传播。

另一方面，强化基于虚拟品牌社区的互动化传播。互动化传播，就是要推动受众在互动中参与、在参与中认知、感受品牌，进而自觉产生用户品牌的行动。美国学者凯兹·戴维斯在其重要著作《工作中的人群关系》中这样阐释"参与"的意义：推动一个人将其精神感情灌注于工作环境中，使其为达到群体的目标而贡献其才智，并分担其职责。在人人都是受众、人人都是主人公的时代，受众的参与更是推动先进典型宣传激发热潮的必要条件，甚至是决定先进典型宣传成败的关键。传统的三大媒体，无论其编辑记者多么才华横溢、传播形式多么多样，但永远和自己的受众之间是一种单向关系。但是，在"互联网+"时代，由于媒体技术的进步，互动传播成为可能，特别是虚拟品牌社区的建立，让传播者能与受众进行实时双向信息互动，并能促进品牌传播者与受众完成在品牌文化、品牌建设等更深层面的沟通，促进传播者与受众实现对品牌的价值共创。

第 五 章

网络时代的贵州传媒品牌建设

所谓传媒品牌，相关学者指出：传媒品牌不只是用广告语、宣传片、形象设计（如报头、台标、版面风格等）、主持人或某一个传媒产品来树立的形象，更为重要的是，它实际上是受众与传媒机构之间的一种紧密关系与深刻体验，更多地表现为精神体验以及所体现出来的文化价值。品牌是一种象征，是消费者的感受和感觉，从本质上说，品牌是一系列功能性与情感性的价值元素。传媒品牌的内涵应该呈现抽象性、价值化、无形化的特点，包括了受众对传媒品牌的认知忠诚以及对传媒品牌核心价值的认同。[①] 此种看法将传媒品牌视为受众与媒体之间的某种关系或体验，将其表现按照意识形态的精神体验和富含经济属性的文化价值进行划分，并认为品牌是由诸多情感性和功能性的价值元素构成的，不仅与传媒的双重属性相互契合，而且从宏观上阐述了传媒品牌的构成，因而很有可取之处。

---

① 参见陈兵：《传媒品牌的核心价值及定位》，《当代传播》2007 年第 3 期。

第一节 传媒品牌形成的三大步骤

一般认为，具有较大影响力的传媒品牌的形成需要三个步骤，即理性认知、感性渲染和品牌象征性的形塑。

所谓理性认知，主要指受众通过占有传媒使用价值的过程，来达成对该传媒的一种初步体验。通过对该传媒产品和服务的相关消费行为，受众对该传媒品牌有了初步感受，即该品牌所蕴含的商品价值及其所代表的使用价值是否可以与自己支付的费用相匹配。换言之，如果该品牌的传媒所提供的内容产品和相关服务所代表的商品价值或使用价值超过受众支付的金钱，以及时间成本等其他开支和机会成本，那么受众便会有继续购买和使用的冲动。反之，受众便会有其他选择，而传媒对此受众或此类受众群体的品牌塑造行为便由此中断。在现实中，报刊和广播、电视等作出的提升内容品质和展现形式，以及强化新闻播报质量等方面的努力，便是试图赢得受众理性认可并建构品牌形象的初步举措。在此阶段，双方的关系是一种平等的交易关系，彼此之间缺乏黏性和更为牢固的关系。传媒缺少对受众产生某种精神暗示和深层影响的能力，而受众也缺乏对传媒的较强的自我归属感。

所谓感性渲染，即是指传媒产品被受众理性认可之后，通过长时期的互动等行为，逐渐将自身对其的影响力从物质层面转移到精神层面，进而被相关受众群体有意识地接纳并以此为荣或感到满足的过程。受众一旦认可了某个品牌的传媒内容，经过长年累月的使用，便很容易被该传媒内容所影响，进而产生一种认同感和归属感。尽管此种影响过程在其他性质的产品使用或推广中也会出现，但由于传媒产品的文化属性，使得该种过程更为明显。不仅如此，当受众和传媒之间的认同感和归属感一旦建立，除非传媒风格变化较大或受众的认知发生较大改变，那么两者之间的情感便常会随着时间的推移而加深。此种情感表现在传媒方面，便是试图给予受众更多的信任感和对其品位的相对尊重；表现在受众方面，便是由对相关传媒内容的消费而表现出来的满足感和以此为荣的心态。而由于"爱屋及乌"心理的影响，受众对传媒品牌的敏感度更强，对其的喜爱程度进一步加深，并表现出对其的相对依赖行为。

由于传媒类型的不同及受众爱好的不同，不同传媒与其受众群体所建构起来的品牌关系也有差异，往往难以做统一界定。但即便如此，本书也可以寻找到一些经典的品牌关系以供借鉴，例如，"熟悉关系（我对这个品牌知之甚详）、怀旧关系（这个品牌让我想起生命中某个特别的阶段）、自我概念关系（这个品牌与我非常相符）、合伙关系（这个品牌会非常看重我）、情感结合关系（如果找不到这个品牌我会非常沮丧）、承诺关系（一旦我不使用这个品牌，我感到有什么正在消失）"。① 对于传媒而言，有效把握各种品牌之间的微妙差别，并根据自身实际情况注重品牌建构的独特性便非常有必要。

通过长期持续的理性认知和感性渲染过程，传媒的品牌建构便很有可能被推进到较为核心的阶段，即品牌象征性的形塑。在该阶段，由于受众群体对相关品牌的归属性和"我者"认同感已经强大到突破某个临界点，并有将那种品牌的传媒所主张的内容或理念上升为个人价值主张的可能。一旦此种价值主张得以形成，那么受众对该传媒的使用和分享便可以相对有效地满足自身的某种精神需求，并可以寻找到自己对于人生的某种态度。而传媒也便拥有了较为虚拟但却神奇的力量，可以赋予相关受众或受众群体某个具有鲜明价值主张的神奇魅力。换言之，品牌的象征性形塑过程的完成，不仅可以使传媒品牌拥有商品消费价值，

---

① 陈兵：《传媒品牌的核心价值及定位》，《当代传播》2007 年第 3 期。

而且可以使其具有精神指向价值，当然，也意味着传媒的传播力得到了
最大程度的发挥。

传媒品牌象征性的形塑成功后，便至少表现出内在和外显两个方面
的特质。

首先，就其内在特质而言，具有整体性、长期性、系统性、指向
性、创新性和社会性六个特点。[1] 所谓整体性，主要是指传媒为形塑自
身品牌所做的一系列努力是互为一体的，具有不可分割性，任何劣势的
存在都可能会造成"短板效应"，而对任何资源的利用，也均应统筹进
行，以避免浪费。所谓长期性，主要是指传媒品牌的塑造并非朝夕之
功，应该着眼于长远利益。所谓系统性，是指为提升传媒品牌所做的一
系列努力应该是系统的而非散漫的，能够形成彼此依赖和彼此促进的和
谐关系。所谓指向性，主要是指传媒品牌的宏观设定和具体实施行为，
均有着较为强烈的目标，甚至可以说带有某种利己的功利性。所谓创新
性，主要是指传媒品牌的核心价值和形象展示等因素应该带有鲜明的个
性特征，能够在激烈的竞争中取得较为独特的市场地位，创新性地促进
自身发展。所谓社会性，主要指传媒所具有的文化属性和公共事业属
性，使得它不能仅局限于相对狭隘的经济利益，而应该充分发挥信息传
播和文化传承等作用，促进自身品牌与社会舆论相互契合，起到引导舆
论的强大作用。

其次，就传媒品牌的外显特质而言，也具有"高知名度、高美誉
度与高顾客忠诚度，高市场占有率和高经济效应，以及高无形资产价值
和高社会效应"[2] 等特点。较高的知名度意味着较高的品牌辨识度，意
味着相对权威及由此带来的多数受众群体的认可度，并为传媒美誉度的

---

[1] 参见《传媒品牌价值研究》课题组：《传媒品牌价值研究报告》，《传媒》2012 年第
11 期。

[2] 《传媒品牌价值研究》课题组：《传媒品牌价值研究报告》，《传媒》2012 年第 11 期。

提升打下基础。而传媒知名度和美誉度的提升，不仅可以满足受众群体的物质需求和精神需求，更可以加深其对传媒品牌的忠诚度及"我者"认同。在知名度和美誉度，以及受众高忠诚度和高黏性的支持下，传媒完全可以在竞争激烈的市场保持较高的发行量、点击率和收视率，吸引大广告商等相关利益群体的经济赞助或政策支持。当然，由此引发的"马太效应"，也会进一步强化其经济效益、市场优势地位。随着传媒品牌价值的巩固和提升，传媒的物质资产不仅会得到大幅度提升，而且品牌的社会影响力和无形资产，更是一笔宝贵财富。此种品牌价值的衍生，尽管其他产品也存在，但对于传媒而言却有特殊意义——高品质的品牌，对传媒发布信息的权威性和社会舆论引导能力均具有较大加成作用。换言之，传媒的品牌价值越高，拥有的议程设置力、新闻框架力和专业权威性也就越强，其经济价值和无形资产也就越高，传播力和社会公信力也就会越大。

第二节　传媒品牌在传媒市场竞争中的价值

　　传媒产业具有的经济属性，使得传媒产业与其他产业之间，传媒产业内部各媒体之间均存在着竞争关系。仅从传媒产业内部看，在传统媒体与新媒体的竞争日趋激烈的同时，传统媒体的内部竞争、新媒体的内部竞争，以及同一类型不同品牌媒体之间的竞争都十分激烈。总体上，国内传媒市场已经由相对单一的竞争，逐渐发展到某种相对综合的竞争，尤其是随着经济结构和经济增速的调整，市场也在相应调整，竞争的激烈程度可想而知。

　　首先，报刊、广播、电视等传统媒体的内部竞争十分激烈。

　　"在20世纪80年代初，人们获取新闻的管道依次为：广播、报纸和电视；90 年代，阅听大众获取新闻的管道依次为：电视、报纸、广播。显见电视对阅听大众的影响远远大于广播对阅听大众的影响，电子媒体对报业的冲击力道更强了。电视主要是利用声像的优势，利用不受文化程度的限制，利用现场直播不受时空影响的手段，对报纸构成了直接且重大的威胁。"① 为争夺有限的资源，不同类型传统媒体之间的竞争更为白热化。

其次，从同一媒体类型之内不同品牌媒体的竞争来看，也较为激烈。

以传统媒体之中的报业为例。1992 年以前，报业受到行政力量的保护，基本处于无竞争状态。随着改革开放程度的加深，1992 年之后，各地都市类报纸逐渐兴起，报业的经济属性逐渐被重视。在长达约 20 年里，报业利润丰厚，引起各方觊觎，使得报业市场一度繁荣，数量、质量均有较大提升，同时，也意味着各市场竞争主体所面临的竞争对手在数量上的增多和层次上的提高。仅在广州市场，便同时存在着南方日报传媒集团、羊城晚报报业集团和广州日报报业集团三家知名报业集团，每个集团旗下都拥有数量可观的报纸。不同报纸对于新闻来源、新闻权威性和及时性，以及受众、市场占有率、发行量和广告资源等的争夺与分配，近乎白热化。取得竞争优势的报业实体，往往利用拥有的经济、社会等资源来进一步提升自己的传播力与影响力，以直接或间接地压制对手的生存和发展空间。在各大报业集团和各类传媒发展基金竞相设立之后，这种较量更为明显。

再次，尽管互联网等新媒体总体市场份额和影响力在不断扩大，但内部竞争激烈程度也不容小觑。

以 2018 年全国两会期间新浪、搜狐、腾讯和网易四大门户网站的

① 李彪：《台湾传媒产业发展与集团企业策略分析——东森媒体集团个案》，台湾中山大学博士论文，2005 年。

表现为例。为赢得受众更多青睐,各网站及其移动新闻客户端各显神通,分秒必争抢夺新闻资源,大打"新闻战",其中,网易特别突出了鉴证实录,充分彰显现场感;腾讯则与之前爆热的一些新闻点紧密结合,着重强调了机构改革和教育、税收等热点问题;新浪试图营造一种相对宽松的阅读气氛,以娱乐化的方式吸引受众;搜狐也不甘示弱,以突出视频的方式,来迎合"秒视频时代"受众的碎片化阅读需要,并开设"铃声"提醒功能,为受众提供更人性化的"定制服务"。

最后,传统媒体与新媒体之间的竞争更显悲壮,只不过悲壮多由传统媒体来承担。

互联网等新媒体正逐渐侵蚀传统媒体的市场地位。在国际国内报业市场,已经不时传来报业巨头倒闭、被收购或转型的消息。以广告额的升降来看,2018 年,中国广告市场增长 2.9%,其中,传统广告市场下降 1.5%。在传统广告中,电视广告刊例收入减少 0.3%,广告时长减少 8.1%;报刊的广告刊例收入分别减少 30.3%、8.6%;互联网广告刊例收入增加 7.3%。①

由于传媒的专业特点,媒体精英对事物发展或社会动态往往具有较强的敏感度,通过他们在新媒体与传统媒体之间的流动方向与流动频率,便可以看出两者竞争的激烈程度。早在十多年前,一些媒体精英已经由传统媒体向新媒体流动。近年来,因为传播格局调整和媒体机构的变化带来了从业人员的变动,传统媒体的骨干更是加快流失,一批资深传媒人离开了传统媒体,服务于新媒体。

此种人力资源流动并非偶然,而是代表了一种新的常态。更多的是传统媒体向新媒体流动……很少看到新媒体的高层回流到传统媒体来,现在少以后也不会多。2017 年 1 月至 2018 年 8 月,贵州一家省级主流

---

① 参见 CTR 媒介智讯:《2018 年中国广告市场回顾》,2019 年 2 月发布,第 3 页。

媒体就有 59 人离职，其中，旗下的都市类报纸有 36 人离职。而多彩贵州网曾经一次招聘 40 余个岗位的员工，竟有 1000 余人报名应聘。由此，可以嗅到传统媒体和新媒体之间烽火硝烟的味道。

然而，传媒市场的种种竞争并非终点。随着国内传媒经济属性的进一步开发、传媒技术的发展等，特别是互联网及其新技术新应用的迅猛发展，传媒市场将不断繁荣并迎来更加残酷的竞争。通过竞争，各种传媒资源将得到更好的优化配置，这或许对于贵州传媒产业的发展是一件好事。

国内传媒市场竞争程度的增强，使越来越多的传媒认识到品牌的重要性，积极形塑自身品牌的核心价值，以试图在竞争中占据优势地位。一些传媒品牌正逐步树立并得到受众的认同。据 2019 年上半年世界品牌实验室发布的 2019 年《中国 500 最具价值品牌》分析报告显示，有 36 家国内知名媒体品牌名列"中国 500 最具价值品牌"排行榜。其中，CCTV 以 2956.23 亿元的品牌价值居第十位，其他上榜的 35 个传媒品牌也均是在国内或区域传媒市场占据优势地位的知名品牌，如《人民日报》和《南方日报》、《参考消息》、湖南卫视等。

传媒市场的激烈竞争，尽管使部分传媒资源得到了有效配置，但也导致了传媒同质化现象严重、定位相差不大的情况。具体原因在于：第一，对传媒内容的版权保护不力或有漏洞可以利用，使得引用或改编他人的内容往往可以节省许多成本；第二，许多传媒为了节省资源，往往借鉴其他知名媒体的定位策略或力图分润其最大数量的受众群体，又使得彼此之间的受众目标定位重合或相似，进而导致内容相似；第三，传媒数量的增多和消息来源的难以垄断性，使得独家新闻越来越难以获得，也增加了内容同质化程度。这一切都使得传统媒体所秉持的"内容为王"的观点受到挑战。

在此情况下，既然内容优势已经被同质化极大抵消，而规模优势又被竞争对手一样拥有，那么，如果要在市场竞争中取得胜利，打造传媒品牌的重要性便脱颖而出了。因为，品牌便是为了与其他同类或相似产品进行区分，并进而凭借其所创造的市场差异来提升自己竞争力的重要手段。

对于传媒品牌的重要性，西方国家因传媒市场发展较早也更为发达，认识更为明确。《洛杉矶时报》发行人马克·韦尔斯便曾经指出："传媒要像管理企业一样管理报纸，要建立品牌，要以推销消费品那样的效率和冲劲来推销报纸，增强与读者接触的频率。"[①] 强调了传媒品牌在推行差异化市场营销的作用。国内亦有学者曾经发现类似现象，即"具有品牌效应的'名牌'报纸将是读者青睐的对象。有着品牌效应的传媒，具有极高的美誉度，更易为受众所接受"[②] 这些专业人士的看法无疑是有道理的，现实中，消费者专门购买某品牌报纸，或者非某品牌电视节目不收看、非某品牌新闻网站不进入的现象经常可见。

今天，在美国等西方国家，尽管一些知名传统媒体开办的新媒体同样也还没有找到很好的盈利模式，但它们将新媒体的开办，作为在互联网时代打造传媒品牌、扩大影响力的不可缺少的一项举措，并坚信这种对品牌的坚持和延伸，最终会找到市场的回报路径。

第三节　贵州区域大众传媒对自身品牌的建构

前述分析表明，我国传媒业的发展已经进入了品牌制胜时期，拥有更强核心价值的传媒品牌，将会在未来的市场竞争中占据更为有利的地位，并凭借"马太效应"继续甩开其他弱势传媒品牌。但在贵州，尚

① 转引自支庭荣：《媒介管理》，暨南大学出版社2002年版。
② 马二伟：《试论传媒品牌运作的战略目标及其实现途径》，《新闻界》2008年第5期。

无一家传媒进入"中国 500 最具价值品牌"排行榜。与"多彩贵州"等区域品牌传播的较大成功形成很大反差，却与贵州缺乏有全国影响力的传媒相一致，除个别案例外，无论"贵州传媒"整体品牌，还是某一传媒的整体品牌及具体的栏目品牌，都在全国缺乏足够影响力，而这本身就成为传媒传播力的重要制约。

一、贵州区域传统媒体品牌建构

对区域传媒品牌的建构，贵州传统媒体进行了一系列探索，并取得了一些成效。《贵州日报》以"追求思想的光芒和泥土的芬芳"为定位进行改版，精心打造《27°黔地标》《天眼时评》《新时代·快门》《视点》等重点新闻报道品牌。贵州日报报业集团旗下的《贵州都市报》推出的《总编辑午餐会》高端访谈栏目，以及贵州广播电视台的《百姓关注》《新闻延长线》《论道》等电视栏目，《阳光 952》《的哥的姐有话说》《身边》等广播栏目，社会影响都日益扩大。

以贵州广播电视台对于民生新闻品牌的打造为例。该台《百姓关注》栏目开设于 2005 年 4 月 1 日，是一档主要关于民生新闻的直播栏目，固定在每天 18 点 30 分开播。作为"全国最早时长最长的一档民生新闻栏目"①，播出时长达 90 分钟，并基本完成了对贵州全省的覆盖。主要播出内容包括："1. '有一说一'话题讨论。围绕群众关心的社会问题和现象，每天提出一个话题进行讨论，尊重观众的话语权，并在讨论过程中进行正确的舆论引导。2. 贵州本土民生新闻。时长 60 分钟左右，第一时间向观众播报身边发生的新闻，报道贴近百姓、贴近生活，为观众服务。3. '读报'版块。时长 5 分钟左右，由主持人汇总全国各

① 《百姓关注》，见 http://baike.baidu.com/link? url = XeKdIZilawfKxwCZlTfTzeLVnT-Bo-Eli_ yN95RRQrP6WO9SlyI8Wci7m082W5ZvKw9WmSEqJAza6pRo3Pv-rRK。

地报刊精华，附加精彩评论，让观众用最短的时间了解更多的资讯，听到媒体的观点。4.'滔滔情报站'。时长 5 分钟，向观众提供实用的生活资讯和天气预报，成为观众的'生活顾问'。5. 国际新闻。时长 3 分钟，汇集当天的重大国际新闻事件和国际社会的新鲜资讯，扩展新闻资讯面。"①

在《百姓关注》创办之初，便将贴近实际、贴近生活、贴近群众，即"三贴近"明确为总的原则，并以"主流媒体、百姓情怀"为栏目定位，以"内容为王、服务至上、品质取胜"为核心理念，注意将它们落实到报道采编、录制的全过程，力求在高度、深度、速度、广度和角度等数个维度达到相对统一。

"高度"要求民生新闻在坚持民本取向、民生视角的同时，还要做好党和政府的喉舌，做到既关注国计，也关注民生。"深度"是指新闻报道不能只停留在事件本身，而要做成有内涵、有影响力的新闻，能够令人回味、引发思考，不能狭义地"为批评而批评"，而更注重谏言式的舆论监督。"速度"是民生新闻栏目综合实力的具体体现，要做到哪里有突发新闻和重要报道，哪里的第一时间、第一现场就会出现记者的身影。"广度"体现栏目品牌的策划能力，通过整合资源优势，发展"多种经营"，实现节目与活动的互动和互补，才能进一步提升栏目的影响力，拉动栏目的收视率。"角度"是指面对纷繁复杂的"民情琐事"时，民生新闻栏目要善于找准别出心裁的切入点，以独特犀利的观点、精心的谋篇布局，提高节目的可视性。②

据此，《百姓关注》制定了"四大攻略"，即：做百姓关心的新闻，

---

① 《百姓关注》，见 http：//baike. baidu. com/link? url = XeKdIZilawfKxwCZlTfTzeLVnT-Bo-Eli_ yN95RRQrP6WO9SlyI8Wci7m082W5ZvKw9WmSEqJAza6pRo3Pv-rRK。

② 参见中共贵州省委宣传部：《贵州文化改革发展案例选编》，贵州人民出版社 2013 年版。

做对百姓有用的新闻，做百姓喜闻乐见的新闻；关注国计，更要关注民生，实现主流媒体和百姓情怀的有机交融；树立新闻为人民服务的意识，同观众建立点对点的亲情服务；策划出新、塑造品牌、锻炼队伍。① 这些攻略，对建构该栏目品牌起到了至关重要的作用。

就第一个攻略而言，随着社会的进步，人们对各种与自身生存、发展关系密切的资讯的需求越来越强。契合受众的这一需求，必然使得栏目的重要性得到提升。

就第二个攻略而言，省级广播电视台的重点新闻栏目担负有引导舆论的职责，但僵化的政治说教容易惹人厌烦，表现形式过于轻佻又会影响自身及其代表的价值的权威性。《百姓关注》的回答是："做群众的代言人，做政府的发言人"，这正是对《百姓关注》栏目最充分的诠释。"《百姓关注》以百姓生活为主要关注点，最基本的目标就是提升百姓生活的质量，解决百姓生活中的困难，为政府分忧、为百姓解难。除此之外，《百姓关注》选题环节既考虑了新闻行业的实际要求，又注意到了百姓的关注点和接受标准，结合人文的表达方式，将主流价值观传递出去，易于得到百姓认可。《百姓关注》节目没有把节目的设计核心放在如何提升自己的收视率上，而是关注百姓实际生活、'以人为本'，这种报道方式得到了广泛的赞誉。"②

社会效益和传播效益的统一，无疑有利于发挥更大影响力，提升栏目品牌价值。

就第三个攻略而言，在受众理性认知到栏目提供的新闻资讯服务有用，并继续关注该栏目的基础上，《百姓关注》为让栏目与受众的关系

---

① 参见中共贵州省委宣传部：《贵州文化改革发展案例选编》，贵州人民出版社 2013 年版。
② 杨姝：《放低姿态，贴近生活的土地——论〈百姓关注〉的"民生"定位》，《西部广播电视》2017 年第 20 期。

更上一层楼，在对事件进行曝光的同时，没有停留在单纯的负面新闻报道上，而是把新闻触角延伸到解决问题的关键点上。对受众切身利益的关注付诸实际行动，而非说说而已，"在'百姓关注'和老百姓之间搭建了一座心灵的桥梁"①，受众自然对此认同度较高，并进而会加深与栏目品牌的情感联系。

就第四个攻略而言，面对国内外强势传媒品牌的崛起，强化自身品牌塑造意识并培养相关专业人才，能够促进品牌核心价值的发展和壮大。长期以来，《百姓关注》以品牌建设为抓手，坚持做到周周有策划、月月有计划，并先后策划推出《零度调查》《十分警事》《记得你》《司法档案》《文明行动》《这里是贵州》《平安贵阳》等版块。这些节目、报道，不仅使得栏目内容更为丰富多彩、质量得到保证，更可贵的是锻炼出了一批专业素质过硬、动手能力较强的人才。以之为载体，也不仅使得栏目品牌渗入了百姓的日常生活，更使得品牌与受众完成了在虚拟栏目和实际生活乃至生命历程之间的彼此互动，加深了彼此的情感紧密度，为品牌的持续建构提供了保障。

从以上分析可知，《百姓关注》品牌建构的立足点为"民生"。新闻播报拒绝充当现实生活消极的记录者和冷漠的旁观者，而是力求把握好"客观报道"和"主观介入"的度，积极将自身与百姓生活中有新闻价值的事件有机融合起来，以受众的视角来反映生活和民情，促进百姓实际困难的解决，从而拉近与受众之间的距离、完成彼此亲密情感的融合。正是因为栏目品牌的形塑成效显著，自身传播力也得以不断提升。截至2018年，《百姓关注》的本地平均收视率达到了10%以上，其中收视率的最高峰值达到了28%。收视率一直稳居贵州全省收视率榜首，在全国同类节目中收视率与占有率也位居前列。2009年，在

---

① 中共贵州省委宣传部：《贵州文化改革发展案例选编》，贵州人民出版社2013年版。

第十九届中国新闻奖评选中，《百姓关注》荣获一等奖，与中央电视台的《焦点访谈》《经济半小时》等精品栏目共同被列为"中国新闻名专栏"，这是贵州电视媒体第一次获此殊荣。2009—2010 年度和 2011—2012 年度，连续两次获得共青团中央和国家广电总局颁发的"青年文明号"称号。2012 年荣膺全国优秀电视栏目十强；2014 年荣获 TV 地标年度生激地面频道最具品牌影响力节目十强；2015 年被评为"中国电视欣赏指数最具影响力本地节目"。2015 年被贵州省文明办、共青团贵州省委、贵州省志愿服务联合会评为"贵州省优秀志愿服务组织"。2016 年被中国贵州省直机关工委和贵州省文明办评为"省直机关文明窗口"。2017 年获得贵州省人社厅和共青团贵州省委颁发的"全省五四红旗团支部"等。

在《百姓关注》电视栏目基础上，《百姓关注》积极投身移动建设。截至 2019 年 1 月，《百姓关注》微信公众号订阅用户超过 48 万人，日均阅读量达到 30 万次，月均阅读量超过 900 万次，2017 年荣获贵州十大最具影响力媒体微信。2018 年第一季度和第二季度都排名第一。在行业排行榜泽传媒发布的全国地面频道排行榜上，《百姓关注》微信号长期居于前两位。2018 年 8 月，《百姓关注》入驻抖音平台，2019 年 1 月，粉丝量即突破 100 万人。

《百姓关注》的实践充分说明，传媒品牌的形塑、巩固和提升是一项需要长期创新的系统工程。综合判断，经过十年努力，《百姓关注》品牌的塑造已进入理性认知阶段，并在感性渲染阶段发展和巩固，正日渐符合传媒品牌形塑所要求的整体性、长期性、系统性、指向性、创新性和社会性六个内在特质，以及高知名度、高美誉度和高顾客忠诚度、高市场占有率和高经济效应、高无形资产价值和高社会效应等数个外显特征。即便如此，这一塑造还没有上升到价值观的层面，而只是呈现出向品牌象征性的形塑迈进的可能。

更关键的问题在于，类似《百姓关注》这样的传媒品牌栏目，贵州依然太少。尤其是，直接聚焦经济社会发展中心的品牌栏目几乎为零；开展文化传播的《27°黔地标》等品牌栏目虽然做了不少工作，取得一定传播力，总体也还与贵州文化的丰厚不尽匹配，且没有统筹考虑互联网传播，不能更好地服务于"多彩贵州"区域品牌和贵州文化形象的深层次传播等需要。

从贵州传统媒体的整体品牌表现来看，十余年前，贵州卫视曾经提出打造"西部黄金卫视"的品牌概念，却并未坚持下来。尽管如前所述，贵州传媒某些领域或层次的发展在西部地区乃至全国并不逊色，但其对品牌形塑的不够重视，使得这些成绩不仅没有得到品牌的烘托，反而被很大地削弱。提及贵州传媒，国内传媒界和受众一般很难有明确的认知识别。

二、贵州区域互联网新媒体品牌建构

多彩贵州网有限责任公司作为贵州互联网媒体中唯一的国有大型文化企业，其品牌的形塑程度一定意义上可以代表贵州互联网媒体品牌当下的表现状况。尽管组建时间尚短，但多彩贵州网已经为打造自身品牌进行了多种努力。

第一，在整体布局方面，"五位一体"的媒体矩阵已基本形成。所谓"五位一体"，即一张多彩贵州主网及数十家子网群（贵州省人民政府网、中国贵州网、贵州文明网、孔学堂网及20家行业网群、60多家地方网群）、一个全省统一的贵州手机报群（含数十家行业地方版）、一个移动客户端群（众望、贵新发布、贵州头条）、一个官方微博和一个官方微信群（多彩贵州网、多彩贵州、贵州发布等）。不仅如此，它还建构了"一报二台三云"的大数据产业平台——"一报"即贵州手

机报，"二台"即"多彩宝"贵州便民缴费平台和"耕云贵州"科技研发平台，"三云"即"贵州电子政务云""贵州电子商务云""多彩贵州宣传文化云"，以试图通过高新技术产业来推动自身发展和品牌提升。

第二，在信息的生产与传播方面，与互联网传播规律日益适应。传媒内部资源的融合和优化调整取得初步效果，新闻采编流程经过重构，系统性明显提升，初步实现了内容在一次采集之后，可以不同形式呈现、通过不同传播平台发布的立体传播状态。同时，注意把握并发挥互联网媒体与受众的互动优势，增强新闻报道的贴近性，丰富并提升资讯表现形式，凸显突发事件中的话语权和信息发布的权威角色等，力图向受众传递客观、准确、及时的优秀品牌形象。

第三，在知名度方面，品牌逐渐得到外界认可。经过多渠道信息发布、全方位信息覆盖和立体化品牌塑造等努力，传播力获得较大提升。多彩贵州网已跻身全国同类新闻网站第一方阵，各端屏浏览量突破亿级，用户超千万。其集群中，贵州省人民政府门户网站 2015 年、2016 年连续两年获全国省级政府网站绩效评估第七名，2017 年又跃升到第二名，仅次于北京，为历年参评中最好成绩。2018 年，贵州省"集成套餐服务"获省级政府网站十大优秀创新案例。"孔学堂网"连续三年位居全国同类 148 家国学网站第一名。"贵州精神文明网"在全国同类 256 家网站连续两年位列前三。

第四，在美誉度和受众忠诚度方面，也开始获得诸多点赞。以 2018 年 3 月多彩贵州网全国两会的新闻传播为例："贵州字典——'说'文'解'字看贵州"系列不仅获得业界点赞，也很受网友喜爱。网友阅读之后评论称："贵州的发展与战略布局可谓是精彩缤纷。"有网友表示，这样的传播方式不仅能够让更多的人参与，同时也在网友心中塑造了一个具有浓厚文化底蕴和巨大发展潜力的贵州形象，可以说是

"字字千金"。"与春天的约会（交互式 H5）"采用春天作为创作主背景，网民可用双指在屏幕上滑动"开窗"，推窗见春景，寓意拥抱春天，迎接新时代；作品的核心创意是"摇一摇"，轻轻晃动手机，春风起，风铃摇曳、响动，寓意"新时代、新气象"的书简翩然而至徐徐展开。《网络传播》《观媒》等业界评价认为，该作品设计细腻，交互简洁自然，非常富有场景和诗意；同时得到了广大网友的认同，网友认为这样的作品内容展示，更具人文气息，充满了诗情画意，让贵州这个地名更具"体温"。①

第五，多彩贵州网的品牌形塑，已经呈现了内在特质和外显特征中优秀的一面，但由于成立较晚等，可持续效应仍然需要时间的检验。总体上，这一形塑仍然处于对受众的理性说服阶段，尚未真正进入感性渲染阶段。换言之，受众对其的选择，多源自某种理性需求，而非情感上的需要。由于缺乏较为亲密的关系，一旦网站相关表现不佳，受众群体便很可能出现疏离。

根据 2018 年贵州省互联网发展报告的相关数据，平均每月上网达到 24 小时，上网已经成为普通民众的生活必需品，与日常生活的联系越来越紧密，但依然低于全国平均水平。② 从总体趋势来看，随着人们的生活与互联网的联系程度日益加深，对互联网的依赖程度也会越来越深。贵州网民对互联网的依赖程度相对较低，从一个角度折射出贵州互联网媒体还缺少对受众产生某种精神暗示和深层影响的能力，而受众对其也缺乏较强的归属感，故不仅多彩贵州网，应该说，贵州互联网媒体整体都处于品牌形塑的第一阶段。

基于多种因素，尽管贵州互联网媒体的品牌建构进度尚无法与国内

———————————

① 多彩贵州网：《赴一场春天的约"会"——2018 全国两会多彩贵州网的融媒报道"新"法》，《新闻窗》2018 年第 2 期。
② 贵州省通信管理局等：《2018 年贵州省互联网络发展报告》，2019 年 4 月。

发达地区相比，甚至也暂不如贵州本地传统媒体，但却表现出良好的发展势头、较大的发展潜力，因而值得关注。如果将对于贵州互联网媒体及传统媒体品牌建构状况的考察，与关于区域传播力主要构成要素、主要衡量标准的分析结合起来，互联网背景下贵州区域传播力提升面临的各种优势及问题将有更为清晰地展现。

第四节　免费广告扶贫与媒体品牌公益化传播

"新闻舆论工作各个方面、各个环节都要坚持正确舆论导向。各级党报党刊、电台电视台要讲导向，都市类报刊、新媒体也要讲导向；新闻报道要讲导向，副刊、专题节目、广告宣传也要讲导向；时政新闻要讲导向，娱乐类、社会类新闻也要讲导向；国内新闻报道要讲导向，国际新闻报道也要讲导向。"[1] 坚持正确导向是普遍原则，而非特殊原则，是共性要求而非个别要求，是同一标尺而非双重标准。广告宣传也要讲导向，为新闻媒体做好广告宣传工作进一步指明了方向，也对做好区域媒体品牌塑造具有极强的启示。

"广告反映着一个国家的品格和理想，广告也要讲导向，不是一个简单讲政治的问题，它是一个实实在在的客观存在。"[2] 广告宣传是媒体宣传的重要组成部分，是媒体品牌的有机构成，2016 年 8 月，贵州争取中央电视台"国家品牌计划—广告精准扶贫"全国首个试点省份，当年，贵州猕猴桃等 4 种产品亮相央视，引起了强烈反响。2018 年，中央电视台免费宣传产品数量频次创新高，在 CCTV1、CCTV2、

---

① 本书编写组：《习近平新闻思想讲义（2018 年版）》，人民出版社、学习出版社 2018 年版，第 66 页。

② 张国华：《广告要讲导向》，《中国广告》2018 年第 5 期。

CCTV13 等频道免费宣传贵州猕猴桃、织金竹荪、遵义茶、从江椪柑、麻江蓝莓、罗甸火龙果、兴仁薏仁米、盘县火腿，每天播出频次从年初计划的 12 次提高到 20 次，总体播出次数高达 1500 次，时间超 4 万秒，免费投入商业广告资源总价值超过 2 亿元。与此同时，中央人民广播电台首次免费推介，在权威频率的"黄金时间"免费滚动播出贵州特色优质农产品广告。其中，《中国之声》《经济之声》《中国交通广播》每天播出 1—2 次。中央广播电视总台还在央视网、央广网等新媒体平台专门开办的"广告精准扶贫"专题专栏中，长期免费推介贵州特色优质农产品。

在参照中央电视台做法的基础上，近年来，贵州媒体积极开展"免费广告助推脱贫攻坚"行动，拿出优质的媒体资源免费帮助深度贫困地区的产业发展，帮助贫困农户脱贫致富。举全省媒体之力开展免费广告助推脱贫攻坚，这在全国各省份首发，是传媒领域的一次重大创新，取得了社会效益和经济效益的双丰收。截至 2018 年 12 月，贵州共组织全省媒体集中火力免费宣传，省主要媒体投入资源价值近 3.7 亿元。其中，《贵州日报》4780 万元、《当代贵州》3460.6 万元、贵州广播电视台 2.11 亿元、多彩贵州网 6770 万元，努力推动产品外销渠道裂变拓宽，扶贫红利流向末端。作为全国七个网络扶贫试点之一，开通扶贫济困"直通车"，发放线上线下"善行卡"，协调网络新媒体按月推出农特产品、民族民间工艺品免费扶贫广告，也有力推动了黔货出山，帮助了一大批贫困群众增收，赢得了老百姓的广泛点赞。为充分调动省内外优势媒体助力打赢脱贫攻坚战，2019 年 1 月，贵州启动贯穿全年的"贵州省网络扶贫公益广告集中刊播"活动，组织 70 余家网络媒体重点帮扶望谟、册亨、晴隆等 14 个深度贫困县，威宁石门乡、德江桶井乡、从江加勉乡等 20 个极贫乡镇农特产品、民族民间工艺品、电商优秀产品、民族特色服饰、文旅产品等进行宣传推广，在帮助当地名优产品增加曝光、提升知名度的前提下，促进产销对接，助力脱贫攻坚。

在广告精准扶贫过程中，贵州将媒体品牌塑造融入以下四个定位，充分发挥作用和功能。一是广告精准扶贫是成效直接的脱贫计划。2018年，安顺紫云自治县通过红芯红薯产业直接带动受益贫困户 208 户，仅湾坪村合作社便赢利分红十余万元，贫困户最高分红 3600 余元，红芯红薯逐渐"红"起来。截至 2018 年 7 月，榕江累计出栏小香鸡 58.4 万羽，全县生态家禽养殖推动贫困户 5188 户、21144 人受益。纳雍小麦总产量全年将达到 800 万公斤，面条实现产值 2000 万元左右，带动了500 余人脱贫致富。二是广告精准扶贫是推动产业的致富计划。2018年，沿河电商平台今年销售沙子空心李 22400 余单、200 多万元。册亨秧望村灵芝完成销售收入 254.4 万元，同比增长 60%，快速打开了上海、深圳、广州等市场。剑河钩藤销售 500 多吨，实现了"种多少，就能卖多少"。三是广告精准扶贫是擦亮名片的品牌计划。"养在深闺人未识"的产品成为"网红"。盘县火腿的"粉丝"规模不断扩大，2018 年零售价格上浮 28.5%，累计销售盘县火腿 680 吨、销售收入6000 万元，同比分别增长 51.1%、85.18%。兴仁薏仁米、湄潭翠芽、修文猕猴桃均进入区域品牌（地理标志产品）前 100 名。四是广告精准扶贫是提升颜值的形象传播计划。把多彩贵州风光、良好生态融入广告，直接带动采摘体验、乡村旅游火起来。2018 年 4 月，湄潭荣获中茶协授予的"2018 年度全国茶旅金牌路线"称号，2018 年端午假期，湄潭茶旅吸引了近 8 万人次游客，同比增长 36%。2018 年 7 月到 8 月初，仅沿河县沙子街道南庄村就接待游客 23 万余人（次），人均消费158 元。

当前，舆论环境、媒体格局、传播方式都在发生深刻变化，新闻舆论工作必须适应这种变化，推动媒体在组织动员、媒介产品开发、媒体品牌打造、新闻模式建设等方式不断探索。而免费广告扶贫的开展，正是为媒体发展提供一个难得的突破口和试验田。通过投身脱贫攻坚的火热实践，进行营造良好的反贫困环境、搭建舆论扶贫的阵地平台、增强贫困者的话语权和传播力、探索新闻公益的新型模式等生动实践，有助于新闻媒体形成发挥传统优势的"催化剂"、推动融合改革的"孵化器"、适应舆论生态的"组合拳"、探索媒体品牌之路的"快通道"。贵州认真践行求真务实作风，大力推动"文军"扶贫，扎实推进免费广告项目并发挥好乘数效应。免费广告扶贫是打造新型主流媒体、提升媒体品牌的重要路径。

一是广告精准扶贫关键要打通"三个关节点"。"精准扶贫是全面建成小康社会的根本需要。只有抓住这个'牛鼻子'，才能增强扶贫工作的'造血'能力，激活群众的强大信心，增加脱贫的内生动力，从根本上帮助贫困户持续增收、稳定脱贫。"① 做好广告精准扶贫，关键在精准，在于打通"三个关节点"：第一，打通"叫好"与"叫卖"的关节点，有效发挥央视权威性高、传播力强、影响力大的优势，使"养在深闺人未识"的农副产品广为人知，打造品牌，打开销路；第二，打通"增产"与"增收"的关节点，通过央视的广告传播效应，促进了农副产品产量、交易量、成交价特别是农民收入的大幅提高，使项目红利直接流向扶贫末端，让农民群众获得了实实在在的利益；第三，打通"传统媒体"与"新兴媒体"的关节点，把主流媒体在宣传上的优势与互联网在销售上的优势紧密结合起来，充分体现了融媒体业态发展的新趋势。

二是央媒省媒互动延伸传播链条。省市县三级媒体资源积极配合央视大屏宣传，实现联动式立体传播，扩大宣传效应。组织省内主要媒体开展专题报道，报纸、广播、电视、网络及新媒体平台一齐发力、持续

---

① 王喜成：《推进脱贫攻坚和精准扶贫工作的若干思考》，《中州学刊》2018 年第 6 期。

跟进，全面梳理特色产品独特品质工艺，多角度展示产地自然环境优势，深入挖掘当地历史人文、风土文化、美景美食资源。省、市电视台要和中央电视台同步播放项目产品广告宣传片，进一步扩大传播覆盖半径。各县统筹各自网站、自媒体等渠道资源，保持传播热度的同时，主动搭载文旅产业，打造特色品牌，进一步提升项目传播力、影响力，达到以农产品品牌带动地域形象、旅游业发展的复合型传播效果。

三是省媒齐树立"广告宣传也要讲导向"的价值取向。全省免费广告同频共振，省主要新闻媒体坚持把社会效益放在首位，自觉通过免费广告，运用现代的传播方式，使扶贫产业（产品）进一步品牌化、标志化，推动免费广告成为富民惠民的民生工程和媒体品牌提升工程。除省委宣传部推荐宣传的特色产品（产业）外，《贵州日报》还主动策划，免费刊发了普安长毛兔及红茶、罗甸玉等产业扶贫公益广告。各市州还组织本地新闻单位积极开展免费广告扶贫，如铜仁市每年拿出910万元优质广告资源宣传铜仁珍珠花生、万山竹荪、玉屏山茶油等12个农产品。黔东南州组织媒体开设《黔东南特色产品推介》专栏，全媒体免费推广特色农产品。黔西南州实现州内极贫乡镇和深度贫困村免费广告扶贫全覆盖。

第 六 章

打造媒体融合发展的"贵州景观"

新闻传播学者麦克卢汉认为："媒介是社会发展的基本动力，也是区分不同社会形态的标志，每一种新媒介的产生与运用，宣告我们进入了一个新时代。"① 随着中国互联网的高速发展，在这一中国网民规模超 8.54 亿人、手机网民规模已超 8.47 亿人的新时代，媒体融合发展成为学界论争与业界争相实践的焦点。

传媒现代化是社会现代化进程中较为关键的一个环节和重要任务，同时也是提高区域传播力的重要推动力之一。这是因为，大众传媒不仅是人们得以建构现实世界和实现自身社会化的重要渠道和工具，而且还是社会文化传承和现实历史记录的必要载体。获取较好的传播力是传媒天然的追求，传媒的现代化必然能够提升区域的传播力。同时，由于传媒具有明显的政治和经济属性，内部构成要素及环境要素复杂多样，使得它与其他社会要素之间联系紧密且又彼此相互影响，可以凭借自身优势对其他社会组织或个人发挥较为强大的影响力。从某种程度上说，大众传媒的发展程度及其传播力状况，直接代表着某个区域经济社会发展

---

① ［加］马歇尔·麦克卢汉：《理解媒介：论人的延伸》，何道宽译，商务印书馆 2000 年版。

的综合水平，而且又可以反过来推动该区域的发展、推动区域传播力实体性要素和非实体性要素的提升，从而以直接或间接的方式相应促进区域传播力的整体提升。

　　媒体融合发展是一场变革。尽管贵州存在着诸多不利于区域传播力提升的制约因素，但与其他区域相比，也具备若干优势。在中央大力推动传统媒体与新兴媒体融合发展的时代背景和政策机遇下，积极探索，以时不我待的精神，坚定走出一条有贵州特色的媒体融合发展之路，对区域内各类媒体的优势及其内部资源加以优化整合，实现媒体特性、内容特点和受众群体等的互补，进而做强做大主流传媒，无疑是提升区域传播力的重要策略之一。

第一节　媒体融合内涵及四个局限

　　2014 年 8 月 18 日，中央全面深化改革领导小组第四次会议审议通过了《关于推动传统媒体和新兴媒体融合发展的指导意见》，强调要"着力打造一批形态多样、手段先进、具有竞争力的新型主流媒体，建成几家拥有强大实力和传播力、公信力、影响力的新型媒体集团，形成立体多样、融合发展的现代传播体系"。[①] 2014 年，因而被称为中国的"媒体融合元年"。

　　何谓媒体融合？其愿景是什么？对该问题的探究始于 1976 年。近年，学术界一直在追问这些问题，并对厘清媒体融合发展的定义、目标及本质孜孜以求。

---

① 转引自李雪昆、赵新乐：《〈关于推动传统媒体和新兴媒体融合发展的指导意见〉审议通过引业界关注——媒体深度融合热潮将至》，《中国新闻出版报》2014 年 8 月 20 日。

　　20 世纪 70 年代末，美国麻省理工学院的尼古拉·尼葛洛庞帝提出，"各种媒介呈现出一体化多功能的发展趋势。从本质上讲，融合是不同技术的结合，是两种或更多技术融合后形成的某种新传播技术，由融合产生的新传播技术和新媒介的功能大于原先各部分的总和"。他认为，"媒体融合是在计算机技术和网络技术二者融合的基础上，用一种终端和网络来传输数字形态的信息，由此带来不同媒体之间的互换性和互联性"。① 此后数十年，如何厘清媒体融合的定义成为传媒界、政治学界、经济学界探索的热点话题。

　　沿着尼古拉·尼葛洛庞帝的探寻之旅，美国传媒研究者浦尔在 20 世纪 80 年代首次提出"媒体融合"概念，并将其阐释为"各种媒介呈现出的一种多功能一体化的趋势"。其侧重于从媒介功能的角度论述媒体融合概念。近十年来，对于"媒体融合"概念的解析主要集中在过程、功能、技术、产业发展等路径上。

　　从过程的角度分析，我国学者蔡雯指出，媒介融合包含三个必不可少的核心内容：媒介内容的融合、传播渠道的融合、媒介终端的融合，并提出："媒介融合是指在以数字技术、网络技术和电子通信技术为核心的科学技术的推动下，组成大媒体业的各产业组织在经济利益和社会需求的驱动下通过合作、并购和整合等手段，实现不同媒介形态的内容融合、传播渠道融合和媒介终端融合的过程。"② 丁柏铨认为："媒介融合是由新媒体及其他相关因素所促成的媒介间在诸多方面的相交融的状态。这种状态是前所未有的。在中国现有的国情条件下，媒介所有权的融合，常常涉及非常复杂的因素，是否融合、与谁融合、何时融合、如何融合、在多大程度上融合，并不是由媒体负责人和一般的新闻从业者所能自主决定的，因此不在本书的讨论范围之内。有鉴于此，可以将媒

---

① 转引自黄建友：《论媒介融合的内涵及其演进路径》，《当代传播》2009 年第 5 期。
② 转引自刘颖悟、汪丽：《媒介融合的概念界定与内涵解析》，《传媒》2012 年第 1 期。

介融合理解成以下三个层面上的融合。一是物质层面的融合。即工具层面的融合。媒介作为传播信息和观念的工具，得益于新媒体技术的发展，其功能相交融、被打通，'你'中有'我'、'我'中有'你'……二是操作层面的融合。即业务（包括传播业务和经营业务）层面上的融合。这种融合，基于前一种融合，或者说在相当程度上是由前一种融合决定的。没有物质（工具）层面上的融合，就不会有对工具加以操作的新闻业务层面上的融合，也就不会有利用工具进行盈利运作的媒介经营层面上的融合……三是理念层面的融合。即意识层面的融合……以上有关媒介融合的理念，体现出两种融合：中国原有媒介发展理论观点中依然具有生命力的部分与新的媒介发展理论观点的融合，中国媒介理论观点与西方媒介理论观点的融合。"①

　　从功能角度分析媒体融合，国内学者中属喻国明的分析较早。在观照了"碎片化"的媒介消费背景下，喻国明将媒体融合理解为对社会注意力资源和广告资源的一种整合，是媒介为完成某一共同性目标而实现的功能交叠。②

　　从技术角度分析，美国密苏里大学新闻学院莱恩·布鲁克斯教授认为："媒体融合是一个新闻学中的假设，其核心思想是随着媒体技术的发展和一些藩篱的打破，电视、网络、移动技术的不断进步，各类新闻媒体将融合在一起。"③

　　从产业发展角度分析，大多数学者认为，媒体融合实际上就是使各种介质媒体在数字平台上得以展现，在手机媒体上得以交汇，在跨媒体

① 丁柏铨：《媒介融合：概念、动因及利弊》，《南京社会科学》2011 年第 11 期。
② 参见喻国明：《传媒要适应中国社会大环境的变化》，《新闻与写作》2007 年第 12 期。
③ 转引自王岚岚、淡凤：《聚焦媒介融合与公共新闻——密苏里新闻学院副院长 Brian Brooks 教授系列讲座》，《国际新闻界》2006 年第 5 期。

集团中得以运营，这种融合主要是以信息消费终端的需求为指向。①

在林林总总的概念解析中，何谓"媒体融合"之问题得到一定程度的解决，融合的主体、融合之为过程而非结果等问题得到解释。然而，囿于技术革新所引发的传媒变革日新月异，传媒理论研究与实践间的脱节，对媒体融合概念的研究具有一定局限性。

局限一：容易误把媒体融合等同于媒介融合。不少研究者将媒体融合与媒介融合这两个概念等同使用，实质上极易忽略媒体融合的本质。事实上，媒介这一概念是针对信息传播的载体而言，而媒体则属于信息传播的组织机构，其定义不仅专指机构本身，甚至涵盖了信息生产、采集、加工、传播的具体过程。由于传媒领域的融合更具动态特征，因此以媒体融合特指此类"融合"动态更具有准确的指向意义。这两个概念的厘清，目前学术界定论已较为明确。

局限二：误把媒体融合视为媒体合并或媒体整合，抑或媒介合并或整合。媒体融合并非等于媒体的拼凑和叠加，换言之，并不可将融合（convergence）与"整合""合并"（integration）之间画上等号。convergence 是指向质变的概念，媒体融合意指不同介质的媒体，经过在技术、功能、采编流程乃至组织结构、管理模式融合在一起，通过"化学聚变"进而形成作为整体的全新媒体形态。integration 则是指向量变，媒介整合或媒介合并，主要是将同质媒体或者异质媒体，通过合作、联盟的方式结合成为一个共同体。从传播功能上看，整合或合并前后的媒介形态并没有形成根本性的转变，而仅仅是媒介之间的物理叠加。实质上，媒体合并或整合属于"伪融合"。

局限三：对媒体融合的路径缺乏可操作性与可质量性分析。上述

---

① 参见姜进章、谢晶、王方群：《解析媒体融合现象》，《理论界》2006 年第 12 期；王菲：《媒介大融合——数字新媒体时代下的媒介融合论》，南方日报出版社 2007 年版。

专家学者的概念尽管完善，但缺乏对融合路径的明确表述。媒体融合是与信息技术密切关联的一场深刻的革命，但囿于对信息技术研发与使用的机理了解尚不透彻，传媒界对于媒体融合这一概念的解析，特别是对媒体融合路径的解析还浮于表面。有的仅仅将融合之媒体局限于报纸、期刊、广播、电视等传统媒体。有的虽然关注到数字技术传媒的广泛应用，将融合的重点对象界定于传统媒体与新兴媒体之间，融合的要素已延伸至形态、功能和技术乃至产业经营，但对于融合的路径选择、融合所需基础条件、融合媒体的先后次序问题，尚缺乏理论与实践上的解析。

局限四：媒体融合后将以何种形态呈现，即融合的最终目的是什么，亦缺乏明确表述。目前的概念解析，大多认为媒体融合是一种媒介形态的演化过程，或者是媒体在内容和形态上走向一体化，但是，媒体融合作为一个过程，演进之目标是什么？"一体化"之后的传媒产业形态将如何呈现？这都是目前较少提及的，反而是在实践中有一定的结果。

在以上评述的基础上，本书认为，可将媒体融合定义为：异质媒体间在技术进步的条件下，通过组织、采编人员、资本、传播平台与手段、媒介形态等要素的"一体化"融合，改变了原有的平台、产业边界和市场结构，产生了全新的产品和市场需求，从而推动整个传媒产业向"云媒体"等更为高级的产业形态演进——媒体的传播力、影响力、竞争力、舆论引导能力。

第二节　媒体融合发展的必要性和紧迫性

受科技条件等因素的制约，当今世界，相关资源的供给尚不能达到不受节制的状态，传媒资源同样如此。在传媒资源相对有限的条件下，如何充分发挥各种传媒资源的优势并实现其最优配置，是一个值得重视的问题。使用媒体融合的方法，促进传统媒体和互联网等新媒体之间在受众、内容等方面的优化配置，会有助于传媒资源最大效率的利用，并促进传媒整体传播力的提升。尤其对区域传媒资源更加有限的贵州而言，只有比别人更加主动地把握规律、适应新媒体的迅猛发展趋势，才能赢得主动。媒体融合发展抓好了，就有望实现区域传播力的大提升，抓不好，区域传播力则有可能进一步相对弱化。因此，在贵州促进媒体融合更有其必要性和紧迫性。

首先，从传媒形态演变规律来看，不同传媒形态之间不仅有互相渗透性，更存在不可替代性。随着传播科技和受众需求等方面因素的发展，各类媒体之间的界限越来越模糊，并出现了跨媒体互动特性。某些媒体便具有跨越平面媒体、立体媒体和互联网媒体的特性，而国际传媒巨头更是经营着规模庞大的跨媒体集团，并呈现出日益扩大的趋势。然而与此同时，不同类型的媒体也在短时期内表现出了另外一种特性，即彼此传媒形态之间的不可替代性。这是因为，尽管从长时期来看，与刻着甲骨文的兽骨、铭刻着铭文的金属和写满篆字的竹简一样，一些传统媒体终将被替代，可从短时期看，报刊、广电等传统媒体则仍然可能有较大的发展空间，甚至不排除在某些时空条件下重获强大的生命力。例如，广播在某一个时期曾一度呈现凋零态势，却在都市化和大众化发展的背景下，又获得了大量受众，并以社区广播等形态蓬勃发展起来。尽管互联网不断引发人们对传统媒体命运的忧虑，但至少在很长一段时期内，各类媒体之间会保持一种和谐共生、长期共存的状态。

其次，就传统媒体和互联网媒体的特点而言，即呈现为相互补充的状态。报刊、广电等传统媒体内容较为权威，但外在表现多为文字、图片和声音等相对单一的形态，且受到地域时空的限制；而互联网媒体则是全媒体展现内容，传播也突破了狭义的时空限制，具备更大的冲击力、感染力，内容却又常较为肤浅而零碎，也缺乏由规范业务流程所建构起来的可信度、公信力。不仅如此，报纸等传统权威媒体的受众多为年龄相对较大的社会主流人士，但其与受众的联系却是"一对多"的关系，彼此缺乏互动和反馈，也缺乏由此共同经历的生命历程而建构起来的认同感；互联网媒体受众群体却相对年轻，甚至不乏一些"社会边缘人士"，其自身的媒介属性及代表的可能性，可以改变媒体与受众之间枯燥乏味的单向联系，借助彼此的沟通使得双方能够更顺畅地实现相互认同，同时增添媒体自身价值。积极推动传统媒体与互联网媒体的融合发展，至少可以在内容、沟通渠道和受众群体等方面实现优势整合，既可发挥传统媒体的作用力，又可与时代发展的脉搏同振，还能弥补互联网暂时存在的部分缺陷。在此过程中，传统媒体的主流受众会更关注新媒体，而凭借新媒体强大的影响力，又会提升传统媒体的文化属性，从而发挥出强大乘法效应，推动贵州传媒区域传播力提升。

再次，媒体融合还可以激发新的媒介形态的产生，使传媒产业更为壮大。通过媒体融合行为，某个类型的媒体的缺陷会被填补或被削弱，而其相对优势则会得到彰显或提升。当媒体融合行为进入一定深度，还可能促进新的媒体形态的衍生。例如，互联网电视等媒体形态的产生，便较大程度上是电信网、广播电视网与互联网"三网融合"的产物，而"三网融合"说到底就是传统媒体与互联网媒体的融合。由媒体融合所激发的新媒体形态，将势必丰富传媒的种类构成，并进而发展壮大传媒产业。

最后，媒体融合的推进，将为传媒工作者提供更大的发展空间。传统媒体与互联网等新媒体属性不尽相同，在其中一种类型的传媒工作，能力难以全面发挥。媒体融合发展，将使传媒工作者的能力得到相对全面的锻炼，诱发他们提高自身能力的热情，他们将拥有释放那些潜在能力的机会，更能从媒体融合衍生出来的各种新媒体形态中感受新的挑战、获取新的成长空间。

媒体融合的必要性同样也可以从受众群体的需求表现来观察。由于互联网技术及其所代表的可能性、技术中立的特性，使得广大受众群体获得了在网络空间发表意见、展现群体能量和参政议政的更大能量，受到了更大的尊重。此种权利感的增加，以及互联网媒体自身所具有的各种便利属性，增加了受众的媒体使用满足感，进而诱发了他们的深度使用行为。"2014 年，艾瑞咨询《中国数字阅读用户行为研究报告》公布的对中国数字阅读用户的最新研究显示，2013 年，有超过 85％的用户使用过数字阅读服务。"①

由于媒体融合所拥有的强大潜力及其已经表现出来的强大效果，使其日益引起决策层及学界、业界的重视。事实上，中央和全国各地陆续推出的一系列有关政策举措，以及相关学术研究和论证的推进，都表明媒体融合发展已经是大势所趋。

加强互联网媒体发展并促进传统媒体与新兴媒体的有机融合程度，是贵州建构现代传媒体系的重要路径和提升区域传播力的重要策略，将会产生可观的经济效益和社会效益。当前，互联网正加速重构媒体格局和舆论生态，相较于 2014 年，主流媒体所面临的竞争越来越激烈，压力越来越大，对贵州而言，推动媒体深度融合发展的必要性、紧迫性日益凸显。

一是面对不断演变的传播形态，只有通过推动媒体深度融合发展，才能在互联网浪潮中占据主动、精准把握住制高点。一方面，信息载

---

① 曹继东：《传统媒体与新媒体的融合路径探析》，《出版广角》2014 年第 21 期。

体、传播渠道更新迭代越来越快，各类聚合类平台、自媒体公众号在不断生成着舆论，直接影响着主流舆论阵地；另一方面，各种金融、购物、娱乐、技术平台都在竞相加载新闻信息，与主流媒体争夺用户。面对这种形势，必须充分认识到传播形态方面发生的深刻变化，迅速推进各级各类主流媒体融合发展，才能真正巩固壮大主流舆论阵地，才能始终牢牢掌握舆论主导权。

二是面对媒体格局的新变化，只有增创深度融合新优势，才能迅速推动媒体持续健康发展。当前，传统媒体的境遇处于"不进则退"的重要阶段，报纸、期刊、电视、广播均面临着不小的压力。就报纸、期刊而言，发行数量不断降低，广告收入连续下滑，近年来，有的都市类报纸呈现"断崖式"下跌趋势。就电视、广播而言，受众也在向互联网媒体流失，广告收入也呈下降趋势。就传统媒体人才而言，人才流失加剧，人才引进、培养难以跟上。一些媒体面对用户和广告日益转向新媒体的情况，只有推进深度融合，传统主流媒体才能走出一条持续发展的新路。

三是面对中央和兄弟省（区、市）媒体正大踏步转型，亟须贵州加快转型奋力追赶。与中央和其他省（区、市）媒体相比，贵州媒体的深度融合，必须按下"快进键"、跑出"加速度"，加快转、奋力赶，要充分学习和借鉴已有的经验做法，制定时间表、路线图和"施工方案"，走出一条弯道取直、后发赶超的新路来。

四是国外媒体加速转型，启示贵州加快深度融合提升竞争力。随着新一轮技术革命在全世界范围深化，融合发展成为世界主流媒体提升影响力、竞争力的重要路径，特别是西方国家的主流媒体，大刀阔斧地进行改革，大量投入人员和资金，努力探索数字化转型，比如，有的媒体打造的多媒体新闻编辑部，实现广播、电视和网络新闻中心"合三为一"，大大提高了采编效率。有的建成了"蜘蛛网"式的融媒体中心，通过机构重组实行扁平化管理。这些好的探索、好的经验，都在启示贵州要敢于创新、勇立潮头。

当然，推进媒体深度融合转型需要科学谋划。这是因为，媒体融合发展，不仅从宏观上关系到制度、技术和产业等多个维度，更从微观上关系到内容、载体和渠道等多个环节的优化组合，是一个牵涉面很大的综合性系统工程。

第三节　媒体融合发展的具体路径

媒体融合发展，关键要做好顶层设计，加强战略研究，从党政有关部门到各媒体、网站都要制定高标准高起点编制发展规划，大胆闯试。

2014 年 9 月，贵州提出，"要着力打造媒体融合发展的'贵州景观'"，"推动媒体融合发展要坚持'六个不得'：一是推动媒体融合发展'等不得'，要立足实际主动作为；二是推动媒体融合发展'独不得'，要相互配合建立工作协调机制；三是推动媒体融合发展'低不得'，要抓好战略规划和顶层设计；四是推动媒体融合发展'浮不得'，要以重点项目带动整体推进；五是推动媒体融合发展'慢不得'，要抓政策扶持拓展融资渠道；六是推动媒体融合发展'急不得'，要加强学习培训和队伍建设。"① 这一系统表述，正是长期以来打造媒体融合发展"贵州景观"的实践努力方向。

一、媒体融合发展的产业路径

截至 2018 年，贵州省报刊、广电等传统媒体依然相对发达而互联

---

① 谢念、何云江、龚文静：《传统媒体与新兴媒体融合发展问题研究——以贵州省为例》，《贵州民族大学学报（哲学社会科学版）》2015 年第 3 期。

网媒体相对弱势。然而，随着新生代受众群体的崛起、移动通信技术及互联网新技术新应用的发展，以及平板电脑和智能手机的日益普及，以互联网媒体为主体的新媒体将获得日益广阔的发展空间。尽管互联网自身仍然存在一些缺陷，但其富有吸引力的媒体属性进一步地被挖掘和被认可，其影响力也必将进一步得到发挥。反观传统媒体，仍然拥有大量的主流受众人群，并发挥着重要的思想阵地的作用，但由于舆论引导能力弱化、广告市场被分食等原因，社会影响力日益缩小，生存空间正在被挤压。因此，不仅互联网媒体有待进一步加强，而且传统媒体也应该顺应时代潮流，从产业角度加速与互联网媒体的有机融合，扭转不利局面。

通过产业融合，可以有效地缩小并逐渐消泯传统媒体与互联网媒体之间原本相对分明的产业界限，在竞争激烈的传媒市场中获得规模更大、更为优质的资源，并进而占据主导或支配地位。目前，媒体融合的社会环境日益成熟，彼此渗透力度日益加大。部分传统媒体已经积极尝试以互联网思维或采用互联网作业方式对自身相关产业进行经营，或在力图规避风险的前提下小心翼翼地试水互联网媒体。互联网媒体更是如此，对传统媒体优质内容资源积极嫁接。总的趋势是，在传播渠道、媒体服务等方面高度接近，且在不断拓展中推动着彼此的产业融合进程。

以互联网媒体产业与广电传媒产业之间的融合为例，可以看出媒体融合的产业路径对于二者发展的重要推动作用。其间积累的经验，将为其他传媒产业的转型提供借鉴。

首先，从互联网媒体产业的角度来看，由于具有计算机技术、互联网技术和移动通信技术等高新技术的支撑，可以凭借社交媒体和自媒体等多种互动方式、更为便捷和灵活的资本及市场运营模式等优势进入传统广电产业市场。根据一些媒体数据显示，最近几年互联网广告的价格都保持至少50%的增长，视频广告价格增长率甚至达到100%。在广告收入中，电视处于领先地位，但目前国内一、二线城市中用户在移动设备上收看视频内容的时长甚至多于互联网，一、二线城市以外的居民每天花在网上的时间也开始多于看电视的时间。"从年龄结构来看，年龄在19—30岁的用户在线时长几乎是观看电视的两倍。"① 互联网媒体的此种发展势头，直接诱发并强化了广电媒体与其之间的融合态势。

其次，从广播电视媒体的角度来看，不仅拥有国家相关政策层面的支持，还在长期的市场竞争之中积累了一些相对成熟的媒体融合经验。"国家广电总局颁布了IPTV、手机电视、互联网电视、网络广播电视台四种类型的新媒体牌照，要求广播电视台加快网络广播电视台等新媒体建设"②，这无疑为传统广电产业转型奠定了政策基础。以贵州广播电视台所采取的产业融合路径为例，"准备在IPTV集成播控平台和手机电视集成播控平台的基础上，申请网络广播电视台、互联网电视（OTT）等相关牌照，准备有步骤地投入资金和开展建设。同时，加强全媒体体系的探索……进行规划和开展体系建设，准备充分结合新媒体'短、灵、快'和传统媒体具有公信力、专业制作的内容详细而有深度的特点，用新媒体手段采集素材、发布相关信息，用电视媒体进行深度报道，双方优势互补，实现传统媒体和新媒体的深度融合"。③ 此种举措，无疑有较大创新意义和借鉴价值。通过对贵州广播电视台媒体产业融合路径的探讨，可以对目前广电传媒推动产业融合的主要路径有一个相对清晰的了解，即"将广播电视台新媒体部门独立出来，新媒体的制作、播出、运营与现有广播电视媒体分离，按照市场化的方式运作……将广播电视台现有生产能力提升、改造为可以同时面向传统电视

---

① 曹继东：《传统媒体与新媒体的融合路径探析》，《出版广角》2014年第21期。

② 谢家谊、杨楠：《当电视遇到新媒体——浅析广播电视的转型发展之路》，《电视技术》2013年第20期。

③ 谢家谊、杨楠：《当电视遇到新媒体——浅析广播电视的转型发展之路》，《电视技术》2013年第20期。

媒体和新媒体的新型直播体系，促进电视台的整体转型"①。从这两种产业融合路径来看，尽管在有机融合的程度，以及能够兼容多种媒体内容生产和流通的系统建构等方面尚有缺陷，但却在某种程度上推动了资源及传媒内部要素之间的整合、融合。

值得注意的是，无论是以互联网媒体为主导还是以传统媒体为主导所进行的融合，都要强化互联网思维、在符合互联网媒体发展方向的前提下推动，与媒体发展趋势背道而驰，固守于已逐渐过时的原有轨道的所谓"创新"，结果只会耗时耗力、贻误战机，适得其反。同时，二者最终都要涉及传媒自身内部的融合，至于所采取的路径和方法，则可以因地制宜进行确定。例如，可以运用或引进互联网高新技术优化新媒体布局、打通媒体业务流程，且以此为基础来加强相关数字资讯发布和接收平台、商务平台的建构和运作工作。

二、媒体融合发展的文化内容路径

尽管从短时期来看，新技术的应用使得内容及相关创意的复制或抄袭显得特别容易，但从长时间来看，无论是出于产业健康及长久发展的考虑，还是受众群体对于优质传媒内容的更多需求，都势必要越来越加强优质内容的版权保护。传媒发展历史一再证明，不管传媒形态及其内容载体如何变化，优质内容的产出都会一如既往成为知名传媒最重要的竞争优势，只有此种内容得到受众认可，优势地位才能长久巩固。当然，"优质"的一个题中之义，就是这个内容是以受众所喜闻乐见的形式来表现，且其传播渠道和方式方便为受众所接收。但从另外一个角度

---

① 谢家谊、杨楠：《当电视遇到新媒体——浅析广播电视的转型发展之路》，《电视技术》2013 年第 20 期。

讲，尽管受众会在某一个时刻被内容的精致载体所吸引，但如果与该载体匹配的文化内容本身却不精致，那该载体充其量也不过是一个精美的艺术品，无法获得长久的生命力。所以，推进媒体融合发展，专业化的文化内容路径的选择，也是一个值得思考的重要方向，某种意义上，那些文化内容的优秀展现便是推进媒体融合的重要动力。

传统媒体历史较长，对文化内容的处理相对成熟且积累颇丰，处于优势地位，而国家著作权法等的存在，又给此种文化优势以保护，并通过市场交换赋予其经济价值。互联网媒体作为一个新兴产业，处于发展初期，暂时还缺乏历史底蕴的积累，尽管在传播模式等媒体属性方面具有优势，但面对传统媒体持续积累的文化内容优势地位，在其传播所需的文化内容资源得不到满足的情况下，常靠对传统媒体直接或间接的版权侵犯来满足自身需要，无疑加深了传统媒体的反感和两者之间的裂痕。如果两者之间能够建立起某种交易模式，或建构某种对文化内容进行优化配置的长效运作机制，则不仅可以促进资源的合理调配，更可以发挥资源整合的创新属性，进而形成崭新的媒体或文化创意形态。

三、媒体融合发展的技术路径

互联网媒体的发展，一开始就依赖于计算机高新技术和互联网等相关技术的发展和推动；而互联网媒体与传统媒体互相融合时代的到来，也与互联网、电信网和广播电视网的"三网融合"及各种技术改造或升级有关。相关技术的快速发展及传媒产业内部强烈的技术使用痕迹，使得传统媒体和互联网媒体拥有了在同一个数字技术平台上进行产品信息采集、制作、编辑、发行及提供相关服务的可能。从此种角度来看，正是技术的强劲作用，从源头上带动了传统媒体和互联网媒体之间在业务流程、组织制度、人力资源培养等方面的深度再造，并使得两者之间实现较为全面的融合成为可能。

计算机技术、互联网技术和移动通信技术等相关技术的更新换代，以及其广泛普及的对传媒相关产业的技术升级、流程再造活动，直接使得传媒内部各媒体拥有的技术功能逐渐趋同。因此，除非有特殊的受众、市场及内容定位或其他考虑，各媒体之间开展的业务、经营范围等也往往会渐趋一致。这可以从国内知名门户网站或著名传统媒体在相关新闻报道中采用的文字、图片、视频或音频，以及对在线调查和现场报道等技术的趋同运用情况看出。当然，由于不同媒体拥有的资源优势的不尽相同，即便技术应用及功能融合具有趋同性，也并不排除媒体之间展现出与众不同风格的可能。例如，浙江卫视便具有浓厚的江浙历史文化特色，而海南旅游卫视和江苏卫视也分别以旅游和情感类节目著称。

媒体融合的具体技术路径主要可以体现为三种，即政府行政力量主导下的融合、经由市场力量推动下的融合，以及在行政和市场力量的双重作用下的融合。就当前贵州区域传媒发展现状而言，尽管对互联网高新技术的采用大大促进了媒体融合的进程，并促进了传媒产业的整体发展，但由于相关技术与东部沿海发达地区之间仍存在较大差距，且高新技术的引进、相关设备的更新换代和相关人才的培养等系统配套工程均耗费巨大，仅凭借实力相对薄弱的单个传媒难以有效完成此类资源的整合。面对此种情况，党政有关部门应该积极发挥作用、创造环境，并鼓励其他市场力量以更加开放和合理的方式介入其中，参与相关技术资源的优化配置工作，以此为突破口，切实提高本区域传媒的市场竞争力和区域传播力。

四、媒体融合发展的跨界路径

由于东部地区的传媒较为发达，贵州传媒在一定时期内无法弥补此种差距，故应该在发展自身的同时，积极"借船出海"，借助东部传媒传播平台、传播渠道或其他力量，以互相合作或共建等方式来增强自身的区域传播力，开辟媒体融合的跨界路径。

媒体融合的跨界路径并非仅指跨越地区之间的融合，还包括行业等不同领域之间的资源融合。这一媒体融合路径，是对我国行政区划下既有媒体布局的一种突破，也是对不同地理区位和不同领域之间资源的重新调配和优化整合。在现有体制下，往往按照地域或行政管辖地划分而形成不同层级的传媒，并分为报纸、杂志、广电和互联网等不同传媒类型，与传媒市场的实际情况及规律不尽吻合，市场作用的发挥和资源的整合有时不一定能够完全到位，有必要通过制度创新等，更加开放地赋予传媒产业发展自主权。

跨界思维及跨界路径，往往能够产生出乎意料的效果。例如，腾讯公司与移动、联通和电信等移动运营商之间的竞争，便凸显了跨界的优势。作为媒体融合的一个典型代表，腾讯微信兼具的社交工具、新闻资讯窗口、语音通信工具、浏览器等媒介属性，直接跨越了移动运营商的短信和语音沟通业务。它类似于免费使用的特质，更使得移动运营商长期依赖的基本通信费用归零。"运营商在通信互联网时代，辛辛苦苦运营了十几年的移动通信网络，花掉了数以千亿计的资金和上百万的优秀工程师的辛勤劳动，换来的却是被互联网企业的 OTT 无情地骑在头上，渐渐沦为管道，自然是压力巨大。而微信作为 OTT（即互联网公司越过运营商，发展基于开放互联网的各种视频及数据服务业务）的杰出代表，对运营商搭建的传统电信维护和收费模式带来了巨大的打击和冲击。"[1] 由微信的跨界优势对移动运营商产生的直接冲击力，便可以看出跨界思维及传媒跨界融合的优势。

---

[1] 尚文捷：《微信跨界：能否革运营商的命？》，和讯网，2013 年 7 月 3 日，见 http://tech.hexun.com/2013-07-03/155746689.html。

行业跨界融合带来的不仅仅是对某一方业务的冲击，更可能带来双赢的局面。以新闻出版行业对电子商务的跨界为例，作为传统产业的新华书店便在泛媒体化的趋势之下，通过内容产品的多维度立体开发、著作权的许可范围的拓展、以全媒体视角对选题资源的综合审视、全媒体渠道的市场营销和资源整合平台的建构等方式，与京东等电商展开合作，并取得了较好发展业绩。由此可见，不同领域之间跨界融合路径的运用，有助于推动相关产业的发展，并促使资源的配置向最优化方向前进。

除了上述媒体融合的路径之外，还有资本融合路径等。所谓资本融合路径，主要是指通过上市、融资等各种方法来对各个领域可以使用的资本资源进行优化配置，可以化其他资源为我所用，进而促进自身实力的增长和影响力的提升。然而，鉴于传媒所具有的意识形态属性，不管采取何种媒体融合路径，均要坚守思想阵地意识，坚持经济效益和社会效益相统一的原则。

第四节　精准把握媒体融合发展的系统要求

媒体融合是一场脱胎换骨的革命，推动媒体深度融合发展大势所趋、势在必行、行必有效。2018 年，贵州媒体融合发展全面"起势"并迈入"快车道"，各项重点工作特别是县级融媒体中心建设强势突破并进入全国第一方阵，全省媒体转型发展提质增效明显，为全省不断扩大主流价值影响力、打通"最后一公里"奠定了深厚的基础。与此同时，经过一年多实践，全省新闻宣传战线对推动媒体融合发展的认识更深、底气更足、信心更强，从"催着干""推着干"向"争着干""比着干"的转变非常明显，自主转型的内生动力得到极大激发，对走前列、做表率充满前所未有的激情和自信。综观媒体融合发展弯道取直、后发赶超，关键在于强有力的高位推动，在于系统科学的顶层设计和一系列精准打法。

一、"6 个 100%" 倒逼融合，展示了强大的系统优势

推动媒体融合发展是一项复杂的系统工程和整体谋划，需要全面考量、协调推进。贵州创造性地提出"6 个 100%"，即全省各级主要新闻媒体采访力量迁入融媒体中心率 100%，"中央厨房"建设率 100%，移动端首发率 100%，复合型、全媒体新闻采编人员占比 100%，全省宣传思想文化单位接入"多彩贵州"宣传文化云、新闻资源共建共享率 100%，县级融媒体中心建成率 100%。这"6 个 100%"，深刻把握媒体发展进入全程媒体、全息媒体、全员媒体、全效媒体的新特征，既抓融合方案协同，也抓改革落实协同，更抓融合效果协同，极具时代性、规律性和创造性。新闻媒体和县级融媒体中心普遍反映："6 个 100%"要求对媒体转型发展形成了巨大压力，也为各地各单位推动媒体融合发展明确了直观要求，指明了方向，提供了重要遵循。

从实践上看，"6 个 100%"展示了强大的系统优势，取得了明显的系统成效。一是省、市（州）、县三级媒体融合发展全部实现"6 个 100%"。在一定程度上解决了一些基层阵地容易"水土流失"、县级媒体发展基础薄弱、新媒体平台规模不大等非平衡发展问题，推进媒体融合发展系统走向动态平衡。二是主流媒体传播阵地有拓展。全媒体采编平台、新闻客户端、数据中心等重点项目取得进展，实施移动优先战略，基本形成载体多样、渠道丰富、覆盖广泛的移动传播矩阵，用户覆盖大大增加。三是融合新闻生产能力有提高。主流媒体发挥"中央厨房"枢纽作用，推动内容生产从传统线性模式向融媒体全终端生产模

式转变，加强融媒体内容创作，融媒体产品生产的数量和质量不断得到提升，一批全媒体人才得到培养锻炼。四是融合传播技术应用有突破。大数据、云计算等技术运用到全媒体采编平台构建之中，移动直播、H5 应用、无人机采集、虚拟现实等技术在采编制作环节得到较好应用。

二、"抓两头带中间"，以重要领域和关键环节的突破带动全局

贵州采用"抓两头带中间"超常规推动媒体融合发展，在具体实践方略上既注重"全面协调"，又抓住战略重点，努力实现重点突破与整体推进辩证统一。"抓上头"即推动省级党报集团和党刊集团整体合并及融合发展、现象级新型主流媒体打造、全国省级层面首个覆盖整个宣传文化系统的云平台——"多彩贵州宣传文化云"（简称"多彩云"）建设等工作；"抓下头"即推动县级融媒体中心建设；带中间即市级媒体融合形成了严密的有机整体，取得了显著的实际效果。

第一，"多彩云"平台基本完成既定工作目标。2018 年 3 月以来，贵州快速稳步推进"多彩云"平台。"多彩云"是全省宣传思想文化系统最大的"中央厨房"。2018 年 5 月 26 日正值中国国际大数据产业博览会期间，"多彩云"正式上线运行，这是全国省级层面第一朵覆盖整个宣传文化系统的云平台，是贵州宣传文化系统与大数据融合发展进程中一件具有里程碑式意义的大事。"多彩云"坚持以"行政聚合，企业运作"为原则，以数据的聚合、融通、应用为主线，旨在整合全省宣传思想文化系统平台和大数据资源的基础上，建设覆盖全省、统一平台、统一架构、统一资源、统一接入、统筹利用的宣传思想文化数据共享大平台，打造成为全省各级宣传文化系统的跨地域、跨层级、跨部门、跨业务的大数据平台项目。在推动媒体深度融合发展过程中，各地各媒体要高度重视对"多彩云"的建设，突出实现"三大目标"，即：

推进新闻媒体数据整合、协同、开放、共享，与大数据发展深度融合，实现报、刊、台、网、端上的新闻资源共建共享；建立新闻和舆情快速响应机制，支持新闻推送一体化、内容管控一体化、舆情跟踪处置一体化，提高新闻舆论工作效率；推动内容资源的跨平台、跨组织传播，打造千万级的主流新媒体产品，提升贵州对外传播能力。截至2019年8月，"多彩云"基本实现了数据落地、人才落地、技术落地，实现了省、市（州）、县三级宣传思想文化系统数据"聚通用"目标。在"聚"方面：截至2019年10月30日，汇聚了195.7万条数据。其中，实现12家省直宣传文化单位100%接入，汇聚数据74.2万条；实现市（州）融媒体中心接入，汇聚数据70.9万条；实现全省88个县级融媒体中心100%接入，汇聚数据超过50万条。在"通"方面：建成了数据汇集中心、数据治理中心、数据融合分析中心等支撑系统。在"用"方面：实现了资源汇聚、数据大脑、版权服务、稿件协同、传播感知、服务群众等技术功能模块的上线应用，并向全省宣传思想文化单位和县级融媒体中心开放使用。

第二，省级党报集团和党刊集团整体合并融合发展实现"五个到位"。自2018年10月启动组建工作以来，总体工作蹄急步稳、紧凑有序，实现"五个到位"，即机构设置到位、领导班子配备到位、运行机制重构到位、部门职能界定到位、"三定"方案落实到位。坚持一体化原则、媒体融合发展原则、"四全"媒体原则，设置内设机构50个，较原有机构总数减少19个。特别是创新设置并强化"融媒体指挥中心"＋"融媒体采访中心、编辑中心、技术中心"这"1+3"中心的统筹职能，29个业务部门全部归并到"1+3"组织指挥体系，进行统一调度。建立健全三大运行机制，即"季、月、周、日、时"5类选题策划机制、4步传播响应机制、互联互通和共建共享机制。融媒体"中央厨房"的枢纽作用不断显现，初步构建了"5报4云5端7网11刊"

现代传播体系。2019 年 1—10 月，融媒体集团净利润同比增长
43.39%，国有资产保值增值率 109.79%。这些进展，为打造"西部一
流，全国领先"新型主流媒体奠定了坚实基础。

　　第三，现象级新型主流媒体打造稳步推进。省主要媒体扎实推进重
点新媒体平台打造，倾力打造融合精品。"今贵州"客户端与"当代贵
州"客户端融合升级打造"天眼新闻"客户端，获国家版权局原创版
权证书，同步建成"天眼大学"，不断提升区域性影响力。自 2019 年 3
月上线以来，"天眼新闻"客户端下载量超过 150 万次，日活跃用户量
达到 20 万，为县级融媒体中心及相关行业领域开设频道 122 个。在全
国两会期间，"天眼新闻"一炮打响，《要喝没有污染的茶就到贵州来》
《确认过眼神，大数据就是贵州要找的"人"》等爆款作品首发并频频
刷屏。贵州广播电视台打造媒体深度融合创新示范基地、动静学院，动
静 APP 下载量超过 180 万次，日活跃用户量达到 60 万人次，专访"老
干妈"创始人陶华碧的短视频两天播放量超 1.5 亿次。在抖音平台发
布的 2019 年 3 月媒体抖音号月榜中，"动静贵州"以突破 4.4 亿播放量
的骄人成绩，位列全国媒体抖音总榜的第七名。5 月，快手账号"动静
视频"，在一个月内便涨粉至 85 万人。"众望"APP 的用户下载量也达
到了 90 万次。

　　第四，县级融媒体中心建设走在全国前列。2019 年 3 月底，全省
88 个县级融媒体中心全部建成挂牌，经过两个月的调适完善，于 5 月
底全面检查验收合格并投入实际运行。根据调研的情况来看，主要成效
表现在四个方面：一是全媒体矩阵基本建成。全省 88 个县级融媒体中
心已全部建立新媒体矩阵，其中建成微信、微博、网站、客户端、今日
头条号、抖音号等 6 个以上新媒体传播平台的县级融媒体中心达60%以
上。二是受众覆盖极大拓宽。桐梓县融媒体中心移动传播矩阵用户覆盖
40 万人，"娄山关"微信公众号创下全国广电百强榜周榜第 9 位的好成

绩，全媒体矩阵点击率同比增长近 40%；盘州市融媒体中心微信公众号"盘州发布"粉丝 12 万人，在全国县级电视台微信百强榜中 4 月份排名第 17 位；红花岗区"今日红花岗"APP 累计下载量 88 万多次，为该县总人口 65 万人的 135%。三是传播能力有效提升。石阡县融媒体中心推出《贵州石阡：甘溪乡干群同唱〈我和我的祖国〉》，快闪点击量达 60 多万次。2019 年"五一"期间，荔波县融媒体中心抖音号"抖"出了 2 亿次的播放量，50 万人前往荔波打卡。四是功能建设不断完善，桐梓县融媒体中心开通 39 项便民服务，可申请办理 147 项行政业务；福泉市融媒体中心客户端提供网上缴纳水电煤气费、买房租房、交通违章处理等 33 项便民服务。赤水市融媒体中心广泛开展网上网下文明实践活动，开通"一号服务热线"。

第五，市级媒体融合发展下好"先手棋"。坚持合力抓整体提升，对市州融媒体中心建设提标杆、定标尺，做大全省融媒体增量。贵阳市投入 1200 万元建设市级融媒体中心，建立"省市县三级融媒体中心协作体系"，积极推动传统媒体平台和新兴媒体平台在内容、渠道、平台、经营、管理等方面的深度融合。2019 年贵阳市两会期间，贵阳市融媒体中心 5 天时间网络传播量超过 5100 万次。遵义市、黔东南州以深化机构改革为契机，将市级媒体合并组建融媒体中心。

三、积极顺应融合趋势，激发媒体融合动能

提升融合发展的质量和水平，需要深刻把握好移动优先等融合趋势，以此形成提升质量与水平的牵引力，促进融合发展水位的上升。

第一，积极顺应移动化大趋势，牢固确立移动媒体优先发展战略。根据贵州省通信管理局发布的数据显示，2018 年上半年，贵州互联网用户总数达到 3790.04 万户，移动互联网用户达到 3142.32 万户，其中

手机上网用户 3090 万户，占比 98.3%。从全国层面来看，移动互联网时代已经来临，信息传播、信息交流已经呈现出"终端随人走、信息围人转"的新态势，而随着信心技术的持续演进，随着 5G、人工智能、可穿戴设备等新兴技术的不断成熟，移动互联载体必将以更加迅猛的速度广泛应用于传播领域。因此，在推动媒体深度融合发展的过程中，必须始终加强移动优先，实施移动优先战略，充分运用新技术、新手段构建平台完备、载体多样、渠道丰富、覆盖广泛的移动传播矩阵，在新闻客户端、微博账号、微信公众号、手机报、移动电视、网络电台等方面加快形成突破。就这些平台而言，功能相对完备，信息容量大、方便快捷的应用是移动新闻客户端。目前移动新闻客户端的使用频率很高，与用户的黏性较强，推动媒体融合发展，要重点关注移动新闻客户端的打造，并以此为重点，带动其他平台建设。传统媒体要加快深度转型，要充分利用自身权威性强、公信力高、人才相对充足、信息资源丰富、媒体品牌完善的特殊优势，突出自身风格品质，不断强化用户体验，以个性化新闻、精准化推送、黏性化互动实现大量用户的集聚。需要特别说明的是，新技术、新运用更新换代很快，必须紧盯技术前沿，紧跟时代潮流和步伐，抓住新技术运用的"风口"，做好融合传播工作。

第二，重构和再造采编发流程，切实提升新闻产品的生产能力、聚合能力、传播能力。移动互联网时代，强化互联网思维，再造新闻采编发流程成为新闻行业面临的一大现实问题，原有的新闻产品生产流程已经不符合时代的发展和广大受众对新闻信息的需要。重构和再造适应移动优先和融媒体需要的采编发流程，构建一个首尾相接、完整的整合性过程，从根本上改变过去那种被不同介质割裂、不同部门管理造成的支离破碎的局面，形成开放、兼容、多元、承接，一手抓用户集聚、阵地拓展，一手抓内容提升、传播力建设的良好格局，也可以说这是传统媒体以最低成本获取最高效度的自我更新之道。重构和再造采编发流程，重点要按照"中央厨房"的功能定位，在统筹协调上建立总编协调制度、岗位值班制度、部门沟通制度，在组织策划上建立采前策划制度、线索通报制度，在效果评估上建立效果反馈制度、质量监测制度等，确保"中央厨房"与融媒体的采编发网络实现无缝衔接。现在，有的媒体名义上建起了"中央厨房"，但没有一套完备的软件系统，没有改变原来的采编发运行机制，没有实现真正的采编发联动；还有的把"中央厨房"简单等同于编前会、夜评会，或者认为"中央厨房"就是总编室、新闻中心。这样就偏离了"中央厨房"的功能定位。用好"中央厨房"重在建立完善的"四个机制"，即：融媒体指挥调度机制，对内部各平台实行开放式、扁平化、双向可控的系统化管理，以畅通链接渠道、协调组织调度；一体化管理机制，实现"一次采集、多种发布、多层次生成、多媒体传播"；移动端首发机制，把网、端、微作为内容生产、发布的平台第一落点；传播力导向考核机制，根据传播效果跟踪系统适时检测、动态排名、纳入考核。

与此同时，要加大媒体内部体制机制改革力度。努力使媒体内部体制与融媒体生产系统相契合、相适应乃至互相推进，是媒体融合发展取得实际效果的关键。要按照融媒体采编发流程充足机构，不断优化机构设置和人员配备，要从运作模式上不断破除采编部门间相互分割、自成一体的藩篱，破除传统媒体、新闻网站和新媒体采编发环节的壁垒，实现全媒体生产。

第三，高度重视融媒体人才培养，切实加快打造一支数量充足、素质过硬、水平较高的融媒体化集团军。媒体的核心优势是人才优势，建设融媒体，更是要在融媒体人才的培养引进上下足功夫，做足这一核心优势。

一是着力推动现有人员融合转型。经过近年来的培养锻炼，媒体中会使"十八般兵器"的融媒体人才并非是"特种兵"，而是已经形成了一定的数量，但和推动媒体深度融合的需要相比，这样的数量还远远不够。从对新闻单位的调研来看，融合转型最难的不是那些"80后""90后"的"网络原住民"，而往往是那些从业时间较长的记者编辑，或处于各级领导岗位上的负责人。这其中，既有思想观念跟不上的问题，也有业务技能不适应的问题。解决这些问题，既要在培训培养上下功夫，也需要通过专题培训、实战演练、业务研讨、观摩交流等手段，努力实现全员转型，积极引导现有人员通过培训掌握新观念、新技能，逐渐转型为融媒体记者、融媒体编辑、全媒体管理人才，同时也要打通传统媒体和新媒体人才使用通道，推动名记者、名编辑、名评论员、名主持人到新媒体平台上去施展拳脚，鼓励记者开办微博、微信公众号、抖音号，在网络媒体上推出原创栏目、原创节目，成为传播正能量的"网红"。要发挥评奖评先的示范导向作用，在"甲秀人才"评选中更加关注融媒体人才，在贵州新闻奖评选中进一步加大融媒体作品的比例，在组织的重大主题报道"三优"（优秀策划、优秀作品、优秀记者）评选中加大融媒体记者和融媒体作品的数量。

二是着力抓好后备人才储备培养。目前，贵州的高校中，设立新闻学院、传媒学院以及办有传媒专业的学院，都开设了新媒体课程甚至明确了新媒体人才培养方向，取得了一定成效，为新闻战线源源不断地培养输送了一批融媒体人才，但与融合发展实践结合还不够紧密。2017年，贵州部校共建传媒学院的数量由过去的一所扩大至三所，即贵州大学文学与传媒学院、贵州师范大学传媒学院、贵州民族大学传媒学院，为厚植媒体人才优势提供了重要支撑。接下来，贵州将继续用好部校共建传媒学院、传媒大讲堂、卓越新闻传播人才教育培养计划、高校人才培养基地等平台，根据推动全省深度融合发展、培养全媒体人才的需要优化专业设置、课程安排，组织撰写新闻学教材，同时，促进高校新闻院系与新闻单位的对接交流，强化对媒体融合的前瞻研究、趋势分析、实践总结，为推进深度融合提供学理支持。

三是着力完善人才激励机制。探索建立与之相适应的激励约束机制，进一步完善用人体制、优化人才环境。要研究设计更加科学合理的考核评价体系、职级晋升制度、薪酬分配办法，吸引凝聚融媒体内容生产、技术研发、经营管理等方面急需的高端人才。尤其是要建立起一套以绩效考核为基础、一视同仁的激励约束机制，奖勤罚劣、奖优汰劣，促使首席记者、优秀编辑脱颖而出，并与一般人员薪酬拉开档次。

第五节　县级融媒体中心建设打通"最后一公里"

随着媒体融合发展纵深推进，媒体融合的工作重点已经从省级以上媒体延伸到基层媒体，逐步破解如何打通媒体融合的"最后一公里"、连接群众的"最后一公里"、基层治理的"最后一公里"，解决基层阵地"水土流失"等难题，呈现出战略升级、全面深化的态势。扎实抓好县级融媒体中心建设，更好引导群众、服务群众，是强化新闻舆论阵地、提升社会治理水平、加大风险防范力度的有效方法。

经过多年建设发展，贵州县级媒体形成了涵盖报纸、广播电视、新兴媒体等多种形态的传播格局，在基层治理中发挥着重要作用。同时也要看到，面对媒体格局、舆论生态、受众对象、传播技术深刻变革，贵州大部分县级媒体正处于"不清不楚""不温不火""不死不活"的困境。主要表现在：原创内容生产力不高，县级广播电视台自办节目偏少，报刊以内部资料形式出现、自印自看，阅读率低。媒体平台规模不大，县级媒体受众普遍较少，吸引力影响力较弱。新媒体用户少，几百个、百余个甚至几十个用户的情况都有。经营状况不佳，工作运转主要由地方财政承担，近年来纸媒和广播电视台用户大量流失，导致广告分流、收入断崖式下滑。人才队伍骨干不稳，人才引进难、培养难、留住难"三难"问题凸显，一人多岗现象普遍存在。新媒体平台从业人员多采取临时聘用、公益性岗位聘用、借调等方式补充，管理模式也五花八门。这些情况迫使贵州加快推进县级融媒体中心建设，这不是愿不愿意、应不应该的问题，而是形势所迫、大势所趋、生存所需，要求各地、各县必须主动应对、积极应对。

建设县级融媒体中心，要实现"3+1"功能。"3"即是主流舆论阵地、综合服务平台、区域信息枢纽三大功能。实现主流舆论阵地，就是要让县级融媒体中心成为主流媒体方阵中的重要方面军，在宣传党的政策主张、反映群众意愿呼声、传播社会主流价值、广泛凝聚社会共识等方面发挥重要作用。实现综合服务平台功能，就是要让县级融媒体中心成为"媒体+政务+服务"的重要平台，把县域内的居民最大限度地纳入服务范围，要积极承建、参与智慧城市、美丽乡村建设，对接党政部门技术平台，打造"指尖上的政务服务中心"。实现区域信息枢纽功能，就是要让县级融媒体中心成为面向不同社区、村镇，提供全方位、定制化信息的重要枢纽。要适应群众信息需求日益细分的趋势，运用县级融媒体中心的各类传播平台和传播手段，通过开设特定社区、村镇的频道、版块、栏目等，为不同社区、村镇提供针对性强的生活信息，打造受众之间的互动交流平台，既促进社区建设，又争取更多受众、持续增强用户黏性。"1"即是舆情蓄水池功能，就是要走好网上群众路线，集中资源和力量，通过优化服务，畅通渠道，吸引县域内乃至县域外的网民在县级融媒体中心构建的平台上互动交流，把网民的诉求集纳到可管可控的平台上，做到"汇民智、解民忧、暖民心"。这样的县级融媒体中心，就是一个集中县域网络诉求的主要集散地和网络舆情的重要"蓄水池"。

2018 年 10 月，贵州提出全省建设县级融媒体中心的工作目标和进度安排。2019 年 3 月底，全省 88 个县级融媒体中心全部建成挂牌（另有 8 个经开区融媒体中心同步建成），经过两个月的调适完善，于 5 月底全面检查验收合格并投入实际运行，用 8 个月的时间实现了全省县级融媒体中心建设全覆盖。为迅速高效完成目标，贵州采取超常规措施迅速推进县级融媒体中心建设。一是高位推动。2018 年 10 月 19 日，贵州召开全省县级媒体融合发展大会，全面启动县级融媒体中心建设工作，强调全省各级党委、政府要把县级融媒体中心建设作为落实党的意识形态工作责任制的重要内容，从政策保障、项目安排、资金投入等方面提供重点保障。省委领导多次安排部署，多次深入基层实地调研，多次召开推进工作会议。二是高速推进。推动县级融媒体中心建设与市县机构改革同步安排、同步部署、同步完成，明确要求在 2019 年 3 月底以前完成建设挂牌工作。与此同时，明确省四家新闻单位负责支持县级融媒体中心建设，2018 年 10 月、11 月为两个月的自由签约期，2018 年 12 月起，在尊重双方意愿的基础上，由省委宣传部统一安排划片签约，确保 3 月底以前分片完成建设工作。三是高效督促。强化责任落实，采取定时间表、定路线图、定工作量、定责任人"四定"措施，倒排工期、压实责任。强化省级调度，每月召开一次调度会议，开展一次实地调研，每周通报一次进度情况。强化示范带动，2019 年 1 月 20 日，在桐梓县召开全省现场推进会，进一步统一思想，明确共识，提高责任感和紧迫感。四是高频培训。强化人员培训，围绕县级融媒体中心内容建设、"中央厨房"打造、标准规范等，省级层面连续组织县级融媒体中心采编骨干培训班、短视频专题培训班、县级融媒体中心主任初任培训班等 6 期专题培训班，各市州分别组织 2 期以上专题培训班。同时，常态化开展跟班培训、视频远程培训。五是高质验收。制定下发《贵州省县级融媒体中心建设指导手册》，对全省县级融媒体中心建设统一接口、统一标准、统一规范。结合实际，制定 18 项县级融媒体中心检查验收评估指标，省市两级宣传部共组建 11 个验收组，2019 年 4

月 25 日至 5 月 31 日，利用一个多月的时间全面完成清单化验收评估工作。六是高标保障。在 2019 年 8 月对贵州省首批 11 个县许可的基础上，2019 年 10 月集中对第二批 77 个县级融媒体中心颁发《互联网新闻信息服务许可证》，在全国率先实现全省 88 个县融媒体中心互联网新闻信息服务许可全覆盖，在规范运营、发挥作用方面迈出了重要一步。同时，75 个县级融媒体中心完成《广播电视播出机构许可证》换发工作。

推动媒体融合发展，不仅需要新闻宣传战线的深情投入，还需要精准的基本方略和务实的工作方法。贵州着力从融合角度推进县级融媒体中心建设。

第一，统一技术平台织密"一张网"。技术是互联网时代的基因，建设县级融媒体中心要插上先进技术的翅膀，坚持以"多彩贵州宣传文化云"为支撑，以数据的聚合、融通、应用为主线，实现全省县级融媒体中心技术平台统一设计、整体调度、同步推进，避免信息孤岛和重复建设。要统一接入，在数据接口上和"多彩贵州宣传文化云"互联互通，省级平台提供技术支撑、运营维护。要统一架构，在技术数据指标、生产流程架构、信息分发渠道、数据采集分析等方面，与"多彩贵州宣传文化云"建立统一的数据资源结构，最终实现各平台间以及报、刊、台、网、端上的内容资源"无障碍"流动传播，提高新闻舆论工作效率。要统筹利用，打破各地区、各媒体之间相互分割、自成一体的藩篱，统一建立新闻和舆情快速响应机制，支持新闻推送一体化、内容管控一体化、舆情跟踪处置一体化。

第二，整合媒体资源实现"一个矩阵"。1983 年中央印发通知，提出"四级办广播、四级办电视、四级混合覆盖"的广播电视事业建设方针，贵州各县普遍开办了广播电台和电视台，成为目前贵州县级媒体的主体力量。据统计，贵州现有县级广播电视台共 81 家，覆盖近 90%

的县，其中75个有呼号。各地还有62家内部资料性质的报刊，同时还大量开办网站和新媒体。截至目前，各县开办的综合信息网站103个、移动新闻客户端45个、综合类时政微信公众号147个、抖音号27个、综合类时政微博号96个。各县的新媒体运营缺乏统一规划、过多过散。建设县级融媒体中心，首要工作是"充分整"，变分散为集中。县（市、区）党委宣传部门牵头，按照"能整尽整"的原则，归并本地报刊、内部资料性出版物、广播电视台及其所办新媒体等单位，成立融媒体中心，逐步将政府部门、乡镇街道所办政务信息网站和"两微一端"等整合进来，统一办公、统一管理、统一运营，集中力量办大事。截至2019年8月，全省88个县级融媒体中心已全部建立新媒体矩阵，其中建成微信、微博、网站、客户端、今日头条号、抖音号等6个以上新媒体传播平台的县级融媒体中心达60%以上，初步形成分众传播、分类覆盖的格局。桐梓县融媒体中心建成电视、广播、网站、客户端、微信、微博、平台号"七位一体"的融合传播平台，形成以"娄山关"为品牌的移动传播矩阵；观山湖区融媒体中心建成微信公众号、APP、今日头条号、新浪微博、腾讯企鹅号、澎湃问政、抖音号"七位一体"的融合传播矩阵；仁怀市融媒体中心建成电视、广播和今日头条号等组成的"6+N"传播矩阵，实现传播效果最大化，最广泛地引导群众、服务群众。

第三，重构采编发流程"一键通"。以"中央厨房"建设为龙头，在整合媒体机构的基础上，建立总编协调制度、部门沟通制度、岗位值班制度、采前策划制度、线索通报制度、效果反馈制度等，确保"中央厨房"与采编发网络紧密结合、无缝衔接，精品力作不断涌现。2019年全国两会期间，多彩贵州网邀请代表委员通过设在北京的融媒体演播厅，连线万山区、惠水县融媒体中心记者进行现场访谈、实现无缝对接。新华社支持建设的石阡县融媒体中心，通过央视新闻移动网推出《贵州石阡：甘溪乡干群同唱〈我和我的祖国〉》快闪点击量达 60 多万次。2019 年 3 月，贵州在北京马连道茶城开展的茶宣传活动中，现场通过湄潭县融媒体中心 5G 连线该县茶园。"五一"期间，荔波县融媒体中心抖音号"抖"出了 2 亿次的播放量，50 万人前往荔波打卡，把数据流变成了人气流和经济流。红花岗区融媒体中心《一个人的升旗礼》被 5000 余家网站转载，累计点击量超过 2000 万人次。盘州市融媒体中心抖音号"盘州全媒"推出《全面整治农村乱办、滥办酒席不良社会风气，让盘州农村大地景美人富》小视频，推出当天点击量就高达 560 多万人次。在 2019 年数博会期间，观山湖区融媒体中心自采自制的新闻作品传播阅读量累计超过 5000 万人次。

第四，牢牢把握移动优先"一个战略"。实施移动优先战略，推动移动媒体平台建设，形成载体多样、渠道丰富、覆盖广泛的移动传播矩阵。抓住新技术运用的"风口"，按照"一地一端"原则，建设好移动新闻客户端，作出特色、做活用户，进而形成拳头产品竞相迸发的"生态圈"。各地集中力量打造县级融媒体中心客户端等平台载体，着力提高下载量、日活率，县域内受众覆盖面大幅增加。截至 2019 年 8 月，红花岗区融媒体中心"今日红花岗"APP 累计下载量达 88 万多人次，为该区总人口 65 万人的 135%；桐梓县融媒体中心移动传播矩阵用户覆盖 40 万人，阅读量达 5063 万人次，"娄山关"微信公众号进入全国区县级电视台微信公众号百强榜并稳居前 50 名；盘州市融媒体中心微信公众号"盘州发布"粉丝 12 万人，平均每月增粉 1300 多人，在全国县级电视台微信公众号百强榜中，4 月份排名第 17 位；荔波县融媒体中心平台覆盖人数 11 万人，占该县总人口 18 万人的 61%；台江县融媒体中心平台覆盖人数 9 万人，占该县总人口 16.9 万人的 53%。

第五，突破瓶颈建好建强"一支队伍"。媒体不管是增强硬实力、还是软实力，归根到底要靠人才实力。把全媒体人才培养摆在突出位置，打破"高端人才引不来、骨干人才留不住、一般人才干不了"的制约瓶颈，让人才与县级融媒体中心真正融为一体。核心是政策含金量要足。既要事业留人、感情留人，又要待遇留人，各地逐步出台具有一定含金量的政策措施，吸引凝聚融媒体内容生产、技术研发、经营管理等方面急需的高端人才。重点是队伍培养要实。要制定具体工作规划和措施，以提升全媒体采编技能为重点，分级分层、常态化组织开展增强"四力"教育培训，打造政治过硬、本领高强、求实创新、能打胜仗的队伍。

第 七 章

统筹"两论""三宣" 打好总体战

如同所有的工作一样，宣传工作从来不能单打独斗，要善于统筹兼顾、综合平衡，突出重点、带动全局，明确主攻方向，以系统思维打好"总体战"，形象地说，就是要十个指头弹钢琴。寥寥数语，生动阐明了统筹这一战略思想的深刻内涵，对做好新时代宣传报道工作、提升区域传播力建设提供了强有力的指导。同理，区域传播力的提升也从来不靠孤军奋战，面对新时代舆论环境深刻变化，履行新时代新闻舆论工作的职责使命，要求理论、舆论"两论"以及内宣、外宣、网宣"三宣"彻底破除画地为牢的观念，站位全局、找准定位、整合资源、强化协作，出好"组合拳"，奏响"交响乐"，凝心聚力打好宣传报道团体赛、总体战。近年来，贵州始终坚持做到理论与舆论"两论"同频共振，同向而行、同向发力，舆论跟着理论走，理论靠着舆论推，坚持统筹内宣、外宣、网宣，"三宣"联动、同步发力，不断壮大主流思想舆论，使新闻舆论的传播力、引导力、影响力和公信力得到极大提升。从传播的角度看，这是多彩贵州对外形象得到很大提升的重要内在逻辑因素。

第一节　新闻舆论"三变"与打好总体战

当前，新时代新闻舆论工作的内涵外延比历史上任何时候都要丰富，时空领域比历史上任何时候都要宽广，内外因素比历史上任何时候都要复杂，打好宣传报道总体战是适应趋势发挥优势的必然要求。简要而言，有"三变"尤为突出。

一是舆论环境之变。由于信息传播技术迭代更新，新闻形成信息化态势，由此生发的复杂的舆论生态极易导致主流媒体在引导调控舆论方面的滞后与被动。特别是互联网传播的时间优势、传受一体化的社会扩散方式，进一步推动了新闻舆论工作的环境发生巨大变化：新闻传播转入线上与线下交融形式，进而形成现实与虚拟的叠合交错。可以说，以互联网为基础的各种媒体、各种终端不仅进行着新闻资讯的竞争，更有观点的交锋、价值观的较量。互联网以其共时性、共享性，构成复杂多变的舆论场。

二是传播客体之变。新闻舆论工作的对象扩展为新闻、信息以及由此互动生成的舆情，同时这三者的边界在不断消融瓦解。在特定的时空及利益诉求的倒逼下，新闻、信息、舆情往往相互交织，并胶合成复杂的利益表达。在缺乏经验参照的情况下，不能再如以往那样做简单化、机械化、平面化的处理，从而反衬出互联网思维的缺失之困。

三是传播主体之变。新闻舆论工作者不再是单个或单一性的新闻业务人员，而拓展演变为一个跨界的相关职业共同体，主要包括传统媒体和新媒体的从业人员、宣传领域的管理者以及企事业机构的新闻宣传工作者，从广义上说，还包括社交媒体的使用者，甚至是各领域的意见领袖。从演变趋势来看，呈现出 OGC（Occupationally Generated Content，职业生产内容）—UGC（User Generated Content，用户生产内容）—PGC（Professionally Generated Content，专业生产内容）的特点。三种信息生产方式分别与特定的社会环境、媒介技术相关，代表的是不同的信息生产与传播理念。

环境、客体及主体边界的扩大和彼此之间关系的增强正印证了形势之变、形势之新。面对新环境新特点，不断提升传播力，需要我们更加充分认识到新闻传播的多样性、相关性和复杂性，统筹兼顾，打好"总体战"，始终做到全面、有序、精准。

所谓全面，指的是在制定传播策略和执行传播措施时要充分考虑到传播形式的方方面面，考虑到传播形式之间的关联性以及充分考虑到传播环境的复杂性。不能仅关注某一方面，简单化对待某一传播形式，这既失去了"全面"，又抓不住"重点"，思路也不清晰，会造成传播力下降。全面统筹，重点在于解决三个问题：一是解决传播片面化、碎片化、枝节化和模糊化问题；二是解决实现传播目标、传播任务和各类传播形式没有完全跟进的矛盾问题；三是解决传播要么走极端、要么眉毛胡子一把抓的问题。

所谓有序，就是要在善作善成中把握节奏。"总体战"能否打好，能否奏出时代最强音，关键在于时机是否恰当、节奏是否合拍。当前，经济社会发展的大事多、喜事多、要事多，但社会热点难点和受众的关注点也多。如果把握不好、引导不当，就会影响社会舆论氛围、冲淡新闻宣传效果。要按照时、度、效的要求，把握主要与次要、分清一般与重点，区分轻重缓急、坚持突出重点，运用恰如其分的宣传方式，实现宣传效果最大化。对于热点问题、敏感事件，要掌握分寸、控制力道、拿捏尺度，既充分表明党委和政府的立场态度，又切实维护社会和谐稳定。

所谓精准，就是要在从严从实中精准把握落点。宣传工作是在头脑里搞建设，有其自身的特点和规律，需要找准落点。如果找不到落点或者"落偏""落差"，就容易脱离实际走形式、大而化之不落实。打好"总体战"，就是要把多种宣传形式、手段、载体、要求具体化，把目标任务项目化，通过实施一个个项目、建设一批批阵地、开展一场场活动、打造一个个品牌，使宣传工作由虚变实、由软变硬。坚持重在建设、以立为本、踩准落点、步步生根，落细落小、久久为功，这样才能使本书的宣传工作符合人们的认识规律和心理特点，达到效果最大化。

第二节　统筹"两论"同频共振

马克思和恩格斯在创办《新莱茵报·政治经济评论》时明确指出："自己的目的——持续不断地影响舆论。"在党的新闻舆论工作座谈会上，习近平总书记也鲜明指出，"话语背后的力量是思想、是道"。这些论述精辟阐释了理论和舆论之间的特殊联系。作为宣传思想工作的两大重要组成部分，理论和舆论各有特点、各有其发生作用的机理。从实践来看，对各类层出不穷的社会现象、社会问题、社会事件，几乎都是由舆论率先反映出来的。较之理论，舆论对社会存在的反映最为直接、迅速、广泛。然而，没有理论指导，舆论就是盲目的，容易偏离方向。理论对舆论具有重要的反哺作用，能够积极为舆论提供思想范式、学术工具和分析框架，让舆论能够有条有理、有根有据地反映现实、解读现实、推动现实。从理论和舆论发生作用的机理来看，只有强化理论当家、舆论持家、"两论"兴家，在统筹上运用好理论、舆论资源，把理论上的正本清源和舆论的引导协调有机统一，在方法上推动舆论跟着理论走，理论靠着舆论推，"两论"同向而行、同向发力，才能真正发挥科学理论在经济社会发展中的"导航仪"功能，才能让正确的舆论对经济社会发展产生强大的助推作用，成为不可或缺的"助推器"。

为做好学习宣传贯彻党的十九大精神工作，贵州在安排新闻舆论工作的同时，同步安排做好党的十九大精神和习近平总书记在贵州省代表团重要讲话精神的网上评论和理论解读，省主要新闻媒体在重要版面、理论专版、专刊刊发理论文章、言论评论、学习体会等，组织力量撰写"乾兴平"系列理论文章，全省全媒体联动刊播，新媒体全网推送，帮助广大干部群众准确理解新思想、新观点、新论断。在全省开展的"党的十九大精神知识竞赛"活动中，总点击量达 1.9 亿多次，219 万多人次参与手机答题，"两论"紧密配合。知识竞赛推进过程中，各媒体及时刊播党的十九大精神知识要点，帮助群众学习领会；知识竞赛结束后又组织媒体对竞赛中的亮点进行广泛宣传，起到了相互促进的良好效果，在全省乃至全国作出了有益探索。这次实践启示我们：做好新闻宣传工作，提升传播力，必须统筹好"两论"，必须同步用好"两论"。

理论宣传缺位，舆论宣传可能成为各种观念无序交锋、各种观点失序泛滥的自由市场。统筹"两论"要始终坚持"理论当家"。人心是最大的政治，舆论的斗争归根到底是争夺人心。谁掌握了舆论领导权、主动权，谁就在一定程度上赢得争取人心的主导权、话语权。然而，舆论的主导权在哪里？在革命战争年代，毛泽东同志用"枪杆子里面出政权""农村包围城市、武装夺取政权"等一系列重要思想理论，指导中国革命取得了一个又一个伟大胜利。新中国成立后特别是改革开放以来，我们党不断推进理论创新，正确回答了什么是社会主义、怎样建设社会主义，建设什么样的党、怎样建设党，实现什么样的发展、怎样发展等重大课题，并通过理论武装工作和理论宣传教育统一思想、凝聚共识，指导实践、推动发展。党的十八大以来，以习近平同志为核心的党中央回应人民群众的新期待和新要求，抓住重大核心问题，不断推进党的理论创新、制度创新和文化创新，形成了习近平新时代中国特色社会主义思想，对于坚持和发展 21 世纪中国的马克思主义，深入探索人类社会发展规律、共产党执政规律、社会主义建设规律、中国特色社会主义发展规律具有根本性的指导意义。

贵州新闻传播工作的实践证明，只有以理论为依托，舆论才能焕发出强大的生命力，才能真正提升新闻舆论工作的效能。近年来，贵州从发展理念上进行理论提炼，归纳出"多彩贵州"发展新路的理论内涵，从"守住发展和生态两条底线，培植后发优势，奋力后发赶超，走出一条有别于东部、不同于西部其他省份的发展新路"推动新闻传播，取得了良好成效。2018 年庆祝改革开放 40 周年，贵州围绕"改革开放 40 年的西部样本"这一理论主题开展新闻传播，深度挖掘提炼"西部样本"内涵，即"这是一个奋力后发赶超、加快缩小与全国发展差距的样本""这是一个坚守两条底线、正确处理发展与生态环境保护关系的样本""这是一个以开放倒逼改革、全面推进深化改革的样本""这是一个全面推进法治建设、推动社会治理体系和治理能力现代化的样本"，取得了良好传播效应。习近平总书记深刻指出："这是一个需要理论而且一定能够产生理论的时代，这是一个需要思想而且一定能够产生思想的时代。"无论是网下的传播，还是网上的传播，都要充分运用好理论当家的优势，练好思想内功和业务真功，用理论引领舆论，特别是在传播方法上，要避免大水漫灌、强制灌输的方法，要通过讲道理、讲事实、讲故事，纾心结、解扣子，以科学理论指方向、开方子、引路子，引人入"道"、启人悟"道"，达到潜移默化、润物无声的效果。也就是说，"理论宣传不能满足于空洞的说教，必须注重让人们感受、体验、理解和运用，通过直观、贴地气的表达，让党的科学理论生动起来、亲近起来、温暖起来"①。

---

① 双传学：《让理论与舆论同向发力同频共振》，《红旗文稿》2016 年第 10 期。

舆论宣传失语，理论宣传可能成为自娱自乐的独角戏和独角舞。统筹"两论"要始终坚持"舆论持家"。这方面，全国各地有很多生动范例。比如，湖南卫视推出的《社会主义"有点潮"》，突破传统电视理论片模式，用类似脱口秀的形式、讲故事的方式，通过当下前沿的全息投影技术模拟再现"马克思恩格斯在一起"等历史场景，运用穿越再现等手法与历史人物"互动"，让深奥严谨的马克思主义理论可视可读，为干部群众和青年学生打开一扇了解社会主义发展史的窗口，不落俗套，让人耳目一新。贵州在这方面也进行了积极探索。2017年10月19日，习近平总书记在参加党的十九大贵州省代表团讨论时指出：贵州取得的成绩，是党的十八大以来党和国家事业大踏步前进的一个缩影。为深入浅出解读阐释党的十九大精神和贵州省经济社会发展取得的新成就新经验背后的理论逻辑，借助重要时间节点开展理论宣传，党的十九大结束后，贵州省委宣传部即着手开展在"2018年全国两会"平台推出通俗理论读物工作《新时代 新气象 新作为——贵州发展2017》，既结合"五位一体"总体布局、"四个全面"战略布局进行了总论式理论阐释，又结合贵州发展热点亮点进行分论式理论阐释。在2018年全国两会前首批印制了300余本《新时代 新气象 新作为——贵州发展2017》，并在全国两会贵州省代表团住地统一推出，引起了中外媒体记者高度关注，受到了代表委员热烈欢迎，得到了中宣部领导的肯定表扬。美国彭博社记者在阅读《新时代 新气象 新作为——贵州发展2017》后，又专门向代表团宣传工作组同志索要了30余本。部分省外记者也对此书抱有极大的热情，认为"书里有不少关于贵州近年来发展的表述和阐释，拿回去作为写稿的参考，很实用"。贵州省代表团还紧急协调，优先满足媒体记者需要。出席全国两会的贵州省代表委员认为，该书具有很强的政治性，紧跟贵州发展热点、踏准节奏，生动诠释了大数据已成为世界认识贵州的一张新名片，对脱贫攻坚、乡村振兴和全域旅游等主题的阐释深入浅出，图文并茂，具有理论意义和现实意义。中宣部领导在 3 月 18 日的新闻协调会上对贵州组织编写通俗理论读物进行了表扬。贵州组织全省主要新闻媒体所属"两微一端"统一推送"点赞贵州"中刊载的专家点评文章，阅读量 20 余万次。近年来，贵州逐渐探索在重大主题宣传中统筹好理论的阐释工作，推出富有深度、活度、亮度的理论读本，取得了很好的效果。比如，在省第十二次党代会期间推出《守底线 走新路 奔小康——党的十八大以来贵州经济社会发展解读》，在庆祝改革开放 40 周年主题宣传期间推出《多彩贵州 发展新路——改革开放 40 年的西部样本》《缩影：贵州改革开放 40 年》《贵州改革开放 40 年档案纪实》，在2019 年全国两会期间推出《新时代 新气象 新作为——贵州发展2018》。

理论当家、舆论持家，只有同向协力才能实现"两论"兴家。统筹理论与舆论，既是理论问题又是实践问题，必须时刻保持同步，真正实现在定向、定心、定速、定度上保持一致性。

第一，方向上看齐，始终保持定向一致。坚持"两论"兴家，最根本的就是要实现"两个巩固"。坚定正确政治方向，就是要站在正确政治立场，不仅要站稳，而且要不断坚定，沿着正确方向走。新闻传播工作的特殊作用和特殊重要性，决定了各类媒体、传播平台以及传播的各个方面、各个环节都要坚持正确政治方向。无论时代如何发展、媒体格局如何变化，都要保持主流媒体"大江大河水清涟"。

第二，中心上坚定，始终保持定心一致。定心就是心往一处想。同心方能同力，同力方能致远。对理论和舆论而言，这个"心"，就是要时时处处以人民为中心，把增进人民福祉、促进人的全面发展作为根本出发点和落脚点。要牢牢把握以人民为中心的工作导向，打牢人民至上的思想根基，坚持党性和人民性相统一，政治效果、宣传效果和社会效果相统一，遵循"三贴近"、深化"走转改"，时刻丈量同人民群众的关系是否"更近"。要始终秉持为人民服务、增进人民福祉的赤子之心，坚持群众立场、增进群众感情，把人民群众创造的经验和面临的实际情况反映出来，回应人民群众期盼，丰富人民精神世界，增强人民精神力量。一言以蔽之，无论是理论还是舆论，与人民群众之间都不能"隔着一条河"。

对于当前贵州的区域传播来说，无论是理论、舆论，都要胸怀大局、把握大势、着眼大事，为改革发声，为发展鼓劲。要紧密联系发展的成功实践，深入挖掘鲜活素材和生动事例，全面展示全国及贵州五年来各项建设特别是脱贫攻坚、生态建设、移民搬迁、民生改善领域取得的丰硕成果，用贵州经验展现中国理念，用贵州实践阐释中国道路，用贵州风貌反映中国精神。成就传播要注重在准、新、实上着力，"准"就是要领会实践内涵；"新"就是要聚焦创新创造；"实"就是要联系实际、注重实效，把各部门各领域贯彻落实的实践成果展示好，让正能量更充沛。

第三，步调上合拍，始终保持定速一致。理论、舆论犹如车之双轮、鸟之双翼，两者只有步调合拍、速度一致才能产生最大效能。一方面，舆论要始终擦亮双眼，对科学的理论始终保持敏感性，新的科学理论提出后，要第一时间传播党的理论创新成果的精髓要义，第一时间跟进，扩大传播，否则，慢语失语将使理论的作用大打折扣；另一方面，理论也要保持敏锐性，对于舆论中出现的问题，必须及时跟进解读、研究，及时做好富有前瞻性的研讨，为舆论引导工作提供有力的理论支撑。

第四，角度力度协调，始终保持定度一致。在网络传播过程中，单纯为取悦受众往往容易"失向"，盲目介入往往容易"失准"，为吸引眼球往往容易"失真"，为过分渲染往往容易"失范"，为刻意迎合更是容易"失态"。解决好这"五失",关键在于把握好度。定度就是把握好"两度"。做好理论当家和舆论持家的工作,必须把握好角度、把握好力度,精准拿捏好分寸。从角度上讲,角度不同,无论理论还是舆论报道效果都可能南辕北辙。比如对贵州省社会主要矛盾"不平衡不充分的发展"要规范完整表述,不能作割裂式的解读,避免造成新一轮"大干快上"的曲解和误读。比如解读宣传保障和改善民生,要共同反对民粹主义和福利主义,强调人人尽责才能人人共享,不能"寅吃卯粮"。理论当家工作把握好力度,关键是理论研究不能滞后于不断发展的实践,理论宣传不能滞后于人民群众的理论需求,要不断宣传阐释能够反映规律、指导实践、引领人民的理论创新成果。舆论持家工作把握好力度,就要合理把握舆论引导的密度和尺度,比如实施乡村振兴战略是长期任务,不能一拥而上,不能过度拔高,不能说过头话。要因时制宜、因事制宜,精准研判舆情,既不把大事说小,也不把小事说大,区分不同情况和不同内容,掌握好火候与分寸。

第三节　联动"三宣"共聚和声

在"互联网+"条件下做好重大主题传播,要切实做好"三宣"联动。近年来,贵州努力实现内宣、外宣、网宣"三位一体"。在内宣上,用好《省市县乡村五级新闻资源联动共享机制》,对重大主题传播、重大典型传播、重要专栏开设等坚持做到同步安排、统一部署,对重要稿件联动转载,实现传播效果的最大化,共同形成强大舆论声势;在外宣上,积极获取中央主要新闻媒体支持,切实加强沟通对接,认真梳理并提供好重点报道选题、线索;在网宣上,省内各级各类媒体充分用好媒体融合发展成果,制作H5、VR、微视频、微动漫等多样式报道，推出了一大批"动"新闻、听新闻、直播新闻等移动新闻产品，确保网上传播鲜活闪亮，多彩贵州网、当代先锋网、贵州网等省内主要新闻网站和新媒体平台，在首页首屏突出位置开辟专题专栏，集纳中央和省主要新闻媒体的重点稿件和节目，开展了网上访谈、网民访谈、网络征文和知识竞赛等系列活动，深入开展网上传播活动，通过网络直播、网络视频、网上交流等，形成了强大的网上宣传态势。

统筹内宣、外宣和网宣，关键在抓好"联动协作"机制，实现传统媒体和新媒体、地方媒体和中央媒体、新闻舆论部门和政府职能部门的全面联动，分工式引导、立体化协作，突破媒体协作、部门联动和区域协同的瓶颈，通过创新举措，打好重大主题传播战役，营造积极健康向上的良好舆论生态。

第一，内宣外宣结合。树立统筹兼顾的理念，实现内宣外宣融通一体。对内宣传重在发挥新闻宣传的优势，致力于高举旗帜、围绕大局、服务人民、改革创新，致力于为经济社会又好又快发展导向、鼓劲、造势，致力于凝聚人心、鼓舞士气、提振信心、提升活力，致力于引导社会热点、疏导公众情绪、维护社会和谐稳定。对外宣传是新闻传播的延伸和拓展。是对内宣传的放大和张扬。"一要把对外宣传作为分内的事情，与对内宣传一起抓，抓落实，抓出成果。二要按照'大外宣'思路。整合资源，做活外宣，从内部机构的整合、人员的调度、机制的创新、载体的运用、媒体的选择等各个方面。建立灵活高效、务求实效的大外宣格局。三要主攻大报大台，主攻主要版面、黄金时段、名牌栏目，主攻'拳头'产品、精品力作"。①

坚持内宣外宣结合，要树立宽广的全国视野，实现最大区域联动。这一点，近年来贵州作出了诸多探索：一是建立在黔媒体的常态化联系

① 金厚勋：《新闻宣传要统筹好"五个关系"》，《群众》2009 年第 9 期。

合作机制和重大主题实地采访考察机制，主动争取中央媒体支持。为做好贵州庆祝改革开放 40 周年重大主题宣传，深度挖掘贵州作为改革开放 40 年的"西部样本"内涵，贵州连续组织中央媒体做好"壮阔东方潮　奋进新时代——庆祝改革开放 40 年"贵州大型主题调研采访"五百"行动以及"城·村·企调研行""桥瞧贵州四十年""庆祝改革开放 40 周年——民营经济在贵州"等重大主题集中采访活动，各媒体推出了一大批见高度、接地气、有影响力的作品，形成报道合力，凝聚起舆论正能量。2016 年以来，争取中央网信办主办或指导，围绕三大战略行动，分别开展了 3 次脱贫攻坚看贵州、2 次大数据发展看贵州，以及绿色发展看贵州、司法改革看贵州、全国网络名人看贵州等，共十多次"看贵州"系列网络传播活动，网上反响巨大。贵州成为中央网信办支持开展采访活动最多的省份之一，"看贵州"成为贵州对外网络传播的拳头品牌。其中，2016 年"脱贫攻坚看贵州"主题采访活动是中央网信办组织全国首批获得记者证的网络媒体记者开展的第一次"走转改"活动、第一个围绕一个省脱贫攻坚开展的网络主题采访活动，也是迄今围绕脱贫攻坚指导开展的最大规模活动。2017 年、2018 年"大数据发展看贵州"网络主题宣传活动被列为中央网信办网上重大主题宣传和重大议题设置。"看贵州"已成为贵州网上宣传的重要品牌。

二是建立区域联动宣传机制，实现各地优势资源联动。形成"共同策划、联合采访、统一报道、区域覆盖"的新闻宣传合作模式。2017 年全国两会期间，组织《贵州日报》联合湖南、云南、福建、江西等地党报联合推出《湘滇贵代表委员共话"美美与共"》《贵闽赣代表委员共话绿色发展"先行先试"》等专题。推动一类新闻网站多彩贵州网、当代先锋网等联动中国网、光明网、央广网等国内 40 余家中央、地方重点新闻网站共同推广专题和重点报道。多彩贵州网与凤凰网联合打造"两会直播车"，广获网友好评。2018 年全国两会期间，组织《贵州日

报》与 20 多家省级党报推出跨省联动专题报道，网上总点击量突破
3000 万次。当代贵州联合湖北广电长江云推出联动视频访谈，让"农
村产业革命"话题突破地域藩篱。

第二，网上网下互动。树立系统辩证的理念，实现网上网下互动。
"三宣"是系统辩证的有机整体，反映了内宣、外宣、网宣范畴的有机
统一，需要以统筹兼顾的方法进行统摄。要形成全媒协同机制，实现传
统媒体和新媒体联动。标准统一是实现联动的前提，对传统媒体和新媒
体一视同仁、统一管理，把握正确导向、强化宣传纪律，在此基础上构
建全媒宣传新格局。一是全面统筹传统媒体和互联网量大舆论场，协调
各类媒体的内容、载体资源，同步策划刊发，相互推送信息，打好重大
宣传战役，共同做好主题传播；二是探索成立各媒体大编辑部，打造
"全媒产品""全媒编辑""全媒记者"，形成全新的全媒体工作机制，
推动传统媒体和新媒体加快融合发展，实现和声共鸣、同频共振；三是
把握互联网这个主战场，加强网络队伍建设，创建网站辟谣平台，实现
网上信息推送或处置横向联动，掌握网上舆论话语权。

第三，报道发布统筹。近年来，贵州构建多平台、集群化、矩阵化
的政务微博、微信"双微模式"，形成政府部门政委微博群和新闻发言
人微博群"双矩阵"格局，确保市民知情权，提高政府公信力。特别
是用好新闻发布会、"贵州发布"新媒体等平台，加强权威信息发布，
及时作出有说服力的回答。与此同时，坚持借机求显，及时准确把握新
闻发布的重点契机，围绕发布信息深度挖掘，做好权威解读等报道工
作，取得了良好成效。

第四，引导处置同步。围绕社会热点、敏感问题设置议题，主动引
导社会舆论，要让本书设置的议题成为社会舆论关注的话题，才能让该
热的热起来、该冷的冷下去、该说的说到位。特别是不能为取悦受众而
"失向"、因盲目介入而"失真"、为过分渲染而"失范"、为刻意迎合

而"失态"。做好引导，关键是要善于设置议题。"失语就会失权"，不敢设置议题，就是放弃话语权；不善设置议题，就难以提升舆论传播力，担起舆论引导的重任。随着国际力量对比发生新的变化，如何理性认识和回应"中国威胁论""锐实力论"等论调？随着思想观念日益多元多样，面对众说纷纭、众声嘈杂的情况，如何提升社会共识度？随着从严治党持续深入，面对"反腐同群众利益无关""反腐影响经济发展"等模糊认识和错误观点，如何辨析引导？这些都需要强化议题设置。高明的议题设置，往往都是思想、时机、技巧、方法的最佳运用。同时，对敏感舆情，要第一时间发现、第一时间处置，特别是对一些突发事件导致的社会上的信息紊乱，要及时启动反应机制，该分析的就分析、该反应的就反应，不能袖手旁观、隔岸观火，不能拖沓延迟、消极懈怠。

第 八 章

创新做好网上网下重大主题传播

　　主题传播，特别是重大主题传播，是媒体重大的职责任务，也是提升区域传播力的重要途径。能否做好重大主题传播，是检验一个媒体舆论引导能力的重要标尺，也是检验一个地方区域传播力的重要标志，意义重大。简要而言，重大主题传播做好了，相应区域的传播力自然有了较大提升。

　　重大主题传播，是指围绕涉及全局的重大理论观点、重要战略思想、重要决策部署、重要中心工作、重要典型经验等主题，以集中、连续、广泛方式开展的大规模宣传报道活动。从实践来看，要做好重大主题宣传，必须紧扣传播的时代背景。当前，我们正处在信息传播的"三个时代"，即"话语争夺"时代、"互联网+"时代、"悦读快读"时代。其中，"话语争夺"时代是针对国际新闻传播形势而言，围绕国际话语权的争夺更加激烈。"互联网+"时代是针对传播载体和舆论生态而言，大数据、云计算、移动互联网、虚拟现实等新技术大量应用，给媒体格局、舆论生态带来了巨大变化。"一种新的传播媒体普及到5000万人，需要多长时间？有学者统计，收音机用了38年，电视用了13年，互联网用了4年，微博用了14个月，微信只用了10个月。自

1994 年中国接入国际互联网、开启互联网时代以来，信息技术的飞速发展颠覆了不少人的预知和想象，全程媒体、全息媒体、全员媒体、全效媒体的出现，更是标志着全媒时代的不断升级。"① "悦读快读"时代是针对用户而言。舆论传播日益呈现人人传播、多向传播、海量传播的特征，微信朋友圈、微博粉丝圈等成为交流讨论的重要场所，快节奏的生活使得人们更愿意接受快捷形象直观的信息，很多时候，一句话、一张图、一个短视频，往往就是最好的传播。这些都对做好主题传播提出了新要求。

面对这"三个时代"背景，做好重大主题传播，必须使新闻传播与人们的生活习惯、接受心理合拍对路，做到知识同构、情感共振，具体要在六个维度上狠下功夫。一是高度。要求准确把握时代脉搏，代表社会的发展方向。对贵州来说，就是要精准理解和把握中央和省委省政府的战略部署，深刻理解和把握新时代的背景特征，自觉提高政治站位。二是速度。要求更加适应传播特点和趋势，更加追求互联网时代传播的时效性，特别是要建立新闻快速响应机制，在新闻传播中要突出新闻思维的流畅性和灵活性。三是广度。从采写的角度而言，要求采编人员进行全方位深入采写，时间周期长、空间范围广；从参与媒体种类而言，媒体形态多样、采编方式多样；从传播范围而言，传播范围广泛、影响力大。四是深度。要求在深度挖掘上发力，使系列传播具有独特性和深度性。五是力度。要求组织的重大主题传播具有振聋发聩、直击人心的力量，真正能够影响到人心。六是温度。要求本书在策划组织过程中注重温度，让主题传播饱含民生温度，涌现人文情怀，也使报道更具有故事性、情节性。要实现这"六个维度"，需要在重大主题传播过程中，不断加强创新，在实效上下功夫。

① 王丹：《顺应融合大势 做大功能增量》，《光明日报》2019 年 2 月 2 日。

第一节 全国视野+拳头品牌提升传播势能

囿于资源、资金、技术和传播媒介等方面条件较弱，贵州在全国乃至全世界扩大传播影响相对较难。相较于其他传媒发达地区，在打造网络传播品牌方面更需尊重发展规律稳扎稳打，既可以分步骤、分节拍、分层次提升，也可以是一步、二步到位攀升，最终形成颇具国家层面意义的网络传播品牌。近年来，贵州在这方面的作为步骤稳健，尤其是在"多彩贵州"等重点品牌形象的塑造上，持续优化品质，久久为功，为稳步推进区域网络传播项目提升为国家品牌，探索出一些经验。

一、省级网络传播项目与国家网络传播策划紧密结合，主动作为，站位高远，敢于策划地方网络传播项目并争取成为国家网络传播活动内容

"传播力影响决定力，而'势能'造就传播力"。传播力越强，受众越多，社会反响越强烈，正面舆论自然越持久，甚至可产生持续发酵效应，传播成效自然越显著。然而，强劲传播力从哪里来？实践证明，站位高远，敢于策划、打造具有典型意义的网络传播项目，借力国家平台，是省级网络传播提升区域形象的重要路径。2016 年以来，贵州围绕"大扶贫、大数据、大生态"三大战略行动和全省特色优势新兴产业，分别开展了"脱贫攻坚看贵州""大数据发展看贵州""绿色发展看贵州"等 20 余次"看贵州"系列网络传播活动，其中得到中央网信办支持的有 9 次，网上反响巨大，"看贵州"已成为全省对外网络传播的拳头品牌。比如，2016 年 1 月 12 日至 16 日首次"脱贫攻坚看贵州"

活动，60 余家中央、地方重点新闻网站，中央驻黔新闻单位，省内主要新闻单位、网站等 120 余名记者，以及 4 位网络知名人士分成两组、两条线深入贵州 5 个市州、1 个新区的脱贫攻坚典型地区、大数据产业发展基地基层一线，翻山越岭、行走田间采访报道，行程 3000 余公里。截至 2016 年 1 月 21 日，中央重点新闻网站和省外媒体、网站共推出《习近平为何在这里开会，还让他们立下军令状》《牢记总书记的嘱托，贵州干部为脱贫攻坚也是蛮拼的!》等 1200 余篇原创新闻，头条 210 余篇，开设 20 多个网站专题，4900 多家网站转载，新浪微博#脱贫攻坚看贵州#话题阅读量、评论量达 247 万人次，在百度搜索引擎检索到"脱贫攻坚看贵州"相关信息 470 余万条。据大数据分析显示，活动相关报道有效传播近 10 亿人次。

提升网络传播的"势能"，在主题思想设置方面必须有宽广的视野，既彰显地方特色，又站在全国的高度进行类比，把握住"我们最想说的"和"外界最想听的"两个关键点，以宏大的眼光穿透社会万象，以创新的理性思维界定主旨，提炼出正能量、韵味足、思蕴深，富有"多彩贵州"特点又切合全国乃至全世界网络传播热点的主题。

二、不断推动内外齐奏一张网，积极拓展"请进来""走出去"的支撑点，使网络传播真正发挥好"无远弗届"的优势

统筹谋划省内和对外网络传播，借助全国主流媒体和境外媒体，发出贵州好声音。2018 年 10 月 28 日至 11 月 3 日，贵州举办了"多彩贵州有多彩"之"印度媒体看贵州"传播活动，来自《印度时报》、印度议会电视台等多家印度主流媒体代表到访贵州，对贵州大数据发展、文化发展、交通建设、生态建设进行实地采访与体验。这次传播活动以中国改革开放 40 周年、"一带一路"倡议 5 周年为契机，在贵州与印度开展交流合作的良好基础上,通过中国驻印度大使馆邀请组织印度主流媒体赴贵州采访报道,活动为期一周,印度主流媒体代表实地参观贵州大数据综合试验区展示中心、贵安新区大数据产业园、坝陵河大桥、平塘"中国天眼"景区等地,感受贵州发展脉搏,传播贵州精彩故事。中国驻印度大使罗照辉第一时间在推特上发布"印度媒体看贵州"活动消息,亲自向印度等国推介贵州。截至 11 月 12 日,印度各类媒体刊发、转载此次活动相关报道 460 余篇。其中,印度英文第一大报《印度时报》刊登了《"中国数谷"欲直联"印度硅谷"》的深度报道,《参考消息》头版头条进行转载。中央网信办《网络传播》将此次活动列入一周全国网信十件大事之一。2019 年 5 月,贵州再次举办"多彩贵州有多彩"之"印度媒体看贵州"网络主题活动,邀请《瞭望》《经济时报》《政治家报》等印度主流媒体走进贵州,同样取得显著传播效果。

以拓展"请进来""走出去"的广度和深度为支撑点,在网络传播向外拓展特别是向国外拓展的过程中,要注重在区域选择上实现"三个聚焦":一是聚焦与贵州文化旅游产业相关的主要市场或客源地,尤其是周边国家市场,拓展文化旅游网络传播新通道。二是聚焦贵州扩大开放重点区域。三是聚焦"一带一路"沿线,配合全省"开放开发、共建绿色丝绸之路"的工作大局。

三、本土资源与现代叙事紧密结合,在用好用活贵州各方面资源特别是文化资源的网络传播资源上下功夫,努力把本土资源优势转化为对外传播优势

一方面,充分发挥贵州本土文化资源优势,在用好用活对外传播资源上下功夫。文化是最富冲击力和渗透力的要素,是人类社会发展的共

有财富，最容易在不同的人类群体中产生沟通和共鸣。目前，通过对多元民族文化的充分挖掘整理，将传统与现代接轨，将本土与世界融合，贵州已形成了北部长征文化、东南部苗侗文化、黔西南布依族文化、黔西北彝族文化等形态，成为中国乃至世界文化多样性最为突出的地区之一。做好对外传播工作，就是要紧紧扭住贵州"本土"文化资源优势，用深厚的历史底蕴、丰富的文化积淀，门类齐全的文化艺术、技术精湛的传统工艺、蜚声中外的文化遗产、遍布各地的风景名胜等，塑造和展示"多彩贵州"形象。要持续系统梳理得天独厚的特色资源，进一步加强开发和利用，精心打造一批特色外宣产品，不断放大亮点和优势。另一方面，以更为现代的方式表达贵州，传播"贵州叙事"。"越是民族的，越是世界的"，然而，只有成为世界的，"民族的"才更具价值。地方海外文化外宣项目要想"永葆青春"，不被边缘化、不被取代，就必须不断地打造运作，努力追求以更现代化、更市场化的方式表达贵州，尽量以贴近受众的视角描述贵州的山水、历史、文化，让受众充分了解、感受到贵州这片土地的意趣、文化的魅力和自然风光的旖旎。一言以蔽之，用现代化的叙事唱响贵州、展示贵州、宣传贵州。

第二节　主题宣传+采访活动实现传播量井喷

在 2017 年数博会期间，贵州在会前启动"砥砺奋进的五年——聚焦大数据产业发展"之"大数据发展看贵州"网络主题传播活动，组织全国 50 余家网络媒体和彭博社、《华尔街日报》等 28 家全球知名外媒参与，既深入实地感受贵州大数据产业发展实践，又亲临数博会现场感受举办盛况，形成"1+1>2"的效应。在 2018 年数博会期间，开展"壮阔东方潮　奋进新时代——庆祝改革开放 40 年"之"大数据发展看贵州"网络主题传播活动，共组织邀请了 193 家中外媒体、1600 余名记者参与宣传报道，参会记者数量是历届数博会之最。各类媒体、网站、微博、微信、移动客户端总计刊发转载稿件 8.9 万余（篇）次，各渠道平台浏览量超 38 亿人次，实现传播总量井喷。2018 年 8 月，开展"见证贵州改革开放 40 周年——特色新兴产业看贵州"庆祝改革开放 40 周年网络主题传播活动，相关网络新闻达 798 篇（含转载）、论坛帖文 129 篇、报刊新闻 46 篇、微博 297 条、微信 769 篇、APP 资讯 739 篇。新浪微博等话题阅读量超 500 万次，为贵州脱贫攻坚三年行动营造了强有力的网上舆论声势。

创新"主题传播+大型活动"传播方式，在主题传播活动中开展采访活动，组织媒体记者走基层"进园地摘鲜菜"，以路为纸、以地成册、以行做笔、以心当墨，能够极大地提升报道的传播力、影响力。2017 年 5 月 31 日至 6 月 30 日，贵州组织开展了"砥砺奋进的五年精准扶贫驻村行——喜迎党的十九大""双百三同"大型主题蹲点调研采访活动，作为贵州迎接党的十九大宣传开篇之作，组织贵州省各新闻媒体 100 名记者，用一个月的时间扎根全省 100 个村（贫困村、重点村等），与奋战在脱贫攻坚一线的干部群众一同生活、一同劳动、一同见证，参与并记录着波澜壮阔的大扶贫战略行动，采写了一大批有质量、有品质、有温度的作品，积极聚焦了贵州精准扶贫精准脱贫的做法和成效，生动反映了贵州广大群众"滴水穿石"的韧性和实实在在的获得感，推动贵州迎接党的十九大胜利召开的舆论氛围不断升温。

值得关注的是，这次蹲点调研采访的 100 名记者，经过与村里的干部群众交流、接触，共同劳动，发掘并推出了一批先进典型：盘州市主动申请驻村"大比武"、肩并肩演绎一出"打虎还得亲兄弟"的黄家三兄弟，石阡县深溪村养蜂青年姜乾鹏，"从去年 8 月起，穿烂了 3 双鞋"的岑巩县苗落村驻村干部沈峰，戎装几十载、为国为民奉献一生的 92 岁老革命王廷立，19 岁站上讲台、在大山里坚守 36 年的乡村教师韦利槐等先进典型洋溢在报道中，"沾泥土、带露珠、冒热气"，丰富了"脱贫攻坚群英谱"，进一步激发了干事创业的激情和自信。

新华社原社长郭超人曾说："记者要去第一线，用眼睛去看，用耳朵去听。技巧和方法犹如武器，掌握在不同人的手里，发挥的作用亦不同。我们倡导记者要去新闻事件的第一线，用眼睛去看，用耳朵去听，观察现场，捕捉感人的、形象的东西。这些对记者是最基本的要求，有的人却学不了。为什么？因为有的人不情愿到有危险和艰苦的地方去，甚至不情愿到需要付出任何辛苦的地方去。"① 战地摄影记者罗伯特·卡帕说："如果你拍得不够好，那是因为你离得不够近。"唯有"依靠自己的皮肤"实践的温度，感知采访独享的精气神，才能真正激发自我的灵感。试想，如果记者与实践之间形成一道有形、无形的墙，始终徘徊在老百姓的篱笆外头，写出的作品就很难触动读者，很难形成传播力。开展集中采访活动，组织新闻记者走出小天地，进入大世界，要真正用脚底板走出好故事、好新闻，从组织服务工作角度讲，需要把握好以下两方面。

一方面，确保充裕采访周期，避免"蜻蜓点水"。是不是采访的时间拉得越长，采访的效果越好？这不一定，但没有一定的时间保证，要深入感知一个先进经验或先进典型，是很困难的。因为采访技巧、习惯和水平的差异，同样的时间段内，记者采访的成效或许有差异，但再资深的记者，下基层采访也决不可能"蜻蜓点水"就出好作品。换言之，对采访的感悟越深，对下基层采访的时间安排得往往越充裕，采访就越深入。事实上，新闻宣传系统已充分认识到深入采访的重要性，随着"走基层、转作风、改文风"的深入，不少先进典型采访所需的时间均能得到保障，即使在宣传等部门组织的"集团式"采访过程中，也都

---

① 郑鸣主编：《关于记者：郭超人新闻思考》，新华出版社 2010 年版。

安排了相对灵活的时间进行机动式采访，让记者结合自身媒体平台的特点深入挖掘细节和故事，获得更多一手独家信息。

另一方面，强化驻村蹲点，推动"走转改"常态化。采编人员深扎基层一线，用小故事反映大变化、小切口呈现大主题、小视角折射大时代，能够使整个队伍的精神面貌产生新变化，形成更好的气象。因此宣传文化系统要不断完善推动广大新闻工作者走进基层、走进群众的制度化常态化机制，真正提升新闻工作者宣传报道先进典型的能力，提升为民情怀。要把蹲点调研制度化。新闻工作者的位置应当是"在路上、在基层、在现场"，在路上心里才会有时代，在基层心里才会有群众，在现场心里才会有感动。"脚下沾有多少泥土，心中就有多少真情"，要进一步深化"走转改"，确保走得深入、转得彻底、改得实在，使之常态化、制度化、长效化。2017 年 9 月，贵州专门印发《关于推动新闻战线"走转改"制度化常态化　更好服务全省经济社会发展　助推脱贫攻坚的实施意见》，在更高水平、更广领域、更深层次推动"走转改"，把蹲点调研采访以制度形式固化下来，将真蹲实驻范围扩大到各行各业，通过一两年的实践把媒体记者轮训一遍，让一线采编人员融入群众，聆听大地心跳。要打造一批主流媒体名记者、名编辑。紧密结合驻村蹲点和重大主题采访报道，在实践中发现、培养扎根脱贫攻坚一线的骨干记者，并调动新闻宣传系统资源，通过表彰、召开个人作品研讨会等方式，打造一批主流媒体名记者、名编辑，让记者编辑成为"正能量网红"，不断提升一线采编人员的存在感、价值感、获得感、尊严感。

第三节　创新服务+精准推送放大效应

新闻传播从来没有像今天这样迫切需要创新，也从来没有像今天这样具有丰富多彩的创新条件。近年来，贵州新闻战线全方位推进新闻传播组织工作创新，更加注重选题策划，更加注重新闻服务，更加注重传播效果，更加注重网上网下互动，不断推动新闻媒体生产打赢一场场主题传播硬仗，打造出一批"现象级"传播产品。

一、突出新闻背景资料提炼整理

提前组织策划，制作重点选题手册等详尽的新闻背景资料，为媒体提供"弹药"和认知图示，是近年来贵州在重大主题传播总结的重要经验，是打好主题宣传有准备之仗的重要基础工作。2016—2018 年全国两会期间，贵州均搜集整理了《全国"两会"贵州代表团宣传报道重点选题》提供给中央媒体，党的十九大主题传播以及"壮阔东方潮 奋进新时代——庆祝改革开放 40 年"主题宣传"来自长江经济带的报道"等主题传播过程中，贵州均制订了选题资料，供采访人员参考，成为记者的重要线索来源和"掌中宝"。做好新闻背景资料收集整理，要突出这"三化"。

一是问题化，问题是时代的声音，要有强烈的问题意识。在新闻策划中，要着重思考以下问题：贵州实践在全国范围内有哪些亮点？贵州实践背后的动因和深层次内涵是什么？如何策划并最大限度展现这些亮点？如何紧扣重大主题宣传的重要节点，自然突出这些亮点并使实践亮点更具有可接受性？要把贵州实践分解为具体的问题，针对这些问题进行策划，如此才有针对性、才更富有深度。当前，贵州正处于决战脱贫攻坚、决胜同步小康的冲刺阶段，担子重、困难多、压力大，在选题策划中，要突出鼓劲加油，浓墨重彩"亮绩"，要紧扣一条主线，就是要始终聚焦决战脱贫攻坚、决胜同步小康，描绘好"贵州答卷"这条主线不偏题、不跑题，大力宣传贵州的后发优势和美好前景，剖析好贵州扶贫样本，解读好大数据战略，把一个开放创新、后发赶超的贵州形象生动地展示在世人面前。要立足一个视野，把讲好贵州内涵融入中国话题，融入治国理政新理念、新思想、新战略宣传，既讲中国道路、中国梦、中国发展，又讲贵州文化、贵州实践、贵州新篇，提升贵州故事的高端平台设置能力。

二是故事化，采访报道故事化，提升主题宣传的吸引力。习近平总书记说，讲故事，是国际传播的最佳方式。实际上，讲好故事，也是做好主题宣传的最佳方式。只有遵循主题新闻化、新闻故事化、故事人物化、人物冲突化、冲突细节化、细节情节化，这样作出来的主题宣传才更具有吸引力、共情力，才能更加引起受众的共鸣。2018 年全国两会期间，贵州代表每天发言后，宣传报道组及时收集整理发言材料和代表先进事迹，并提炼出新闻点提供新闻媒体，各媒体相应推出了富有故事性的生动报道。如 3 月 7 日全国人大代表郑传玖发言结束后，宣传报道组即提炼"郑传玖：弹正安吉他听正安神曲""郑传玖：朽木可雕""郑传玖：造出世界最好的吉他""郑传玖：让世界聆听中国神曲""郑传玖：一个企业到一个产业的跨越""郑传玖：抱团发展才能占领决胜市场制高点"等新闻点供记者参考；全国人大代表罗鹏发言结束后，及时整理了"在贵州 4 年时间成为中国互联网+物流的王者""罗鹏：货车帮是在贵州推进大数据战略行动中崛起的独角兽企业""罗鹏：全国八成左右公路干线货车、物流企业都是货车帮会员""没有从严治党，哪来宽松创业！""罗鹏：有懂我们的人，才有我们的成长"等新闻点，并建议各媒体以图片（镜头）+标题（好的文字、同期声、特写）+故事的形式呈现。

三是差别化，新闻背景资料收集整理不能千篇一律，要注重差别化、精准化。要针对媒体不同特点设置新闻背景资料，特别是要注重传统媒体和新兴媒体的差别化需求。要针对区域特点设置丰富多彩的选题，既要有宏观选题，也要有小切口的选题，要及时向基层单位和市级以下媒体征集新闻背景资料线索，综合整理提炼切口小、亮点足、典型性强的个性化选题。2017 年全国两会前，贵州新闻宣传组收集整理了《2017 年全国两会宣传报道重点选题线索》，专门将选题线索分为两部分：一是重点选题线索，主要围绕贵州开展"大扶贫、大数据、大生态"三大战略行动，全面深化改革，推进生态文明建设，加快开放发展，推进交通水利等基础设施建设等方面提炼；二是各市州推荐选题，更注重小切口、注重鲜活性，如正安千亿方天然气开发、秀水村"孝亲股"首次分红、铜仁"三惠"医疗扶贫惠民生，同时配发经济社会发展亮点图片下载通道，提供丰富多彩的图片资源。要根据不同的个性化特点搜集整理相关系列的背景资料。为做好"壮阔东方潮　奋进新时代——庆祝改革开放 40 年"主题宣传，贵州专门提炼编印《改革开放 40 年重大主题宣传贵州 100 个重点典型线索》，梳理三个系列选题："改革印记"系列，突出"历史标识"，回顾改革开放 40 年来贵州的标志性事件和发展成果，遴选一批老典型，展示改革开放辉煌历程；"行进贵州"系列，突出"改革进行时"，梳理党的十八大以来贵州全面深化改革取得的成果，充分展示贵州改革发展的积极态势，生动反映各地各部门深入贯彻落实党的十九大精神的实际行动和积极成效；人物（企业）系列，突出"人物（企业）故事"，发掘一批贵州"击楫中流的改革者"，报道一批改革开放的拥护者、实践者、倡导者、推动者，折射贵州改革开放 40 年来的进程和成果。近年来我省涌现的时代楷模、时代先锋、最美基层干部等全国先进典型自动纳入本系列。

二、及时组织媒体与采访对象精准对接

确保媒体与采访对象精准对接，实现双方信息对称，最大限度为媒

体记者提供大量的第一手资料，是推动宣传报道取得实效的重要保障。近些年，在党代会、全国两会等重要会议期间，贵州创新组织采访方式，及时举办集中采访活动。比如，在党的十九大期间，及时组织十九大贵州代表团集中访谈第一场"深入学习领会十九大和总书记参加贵州代表团审议讲话精神"，专门邀请在当日会上与习近平总书记亲切交流的周建琨、余留芬、潘克刚、杨波、钟晶、黄俊琼、张蜀新七位代表带来第一手资料，与记者交流。这次集中采访，不仅推动各媒体推出了一大批生动鲜活的报道，而且奠定了各媒体在整个会议期间的总体报道主题和基调，收到了很好的效果。

三、突出"一点"突破精准推送

充分把握网络传播"以点带面"规律，着力向重点领域、平台、议题聚焦用力，通过全方位推送实现"一点引爆、多点推送、全面带动"，在短期内爆发集束效应。以2018年全国两会贵州宣传为例，可以明晰"一点"突破的重要要求。一是发力重点平台。通过加强与人民网、新华网等高端网络平台的联系，选择其中一个平台发布两会贵州重点报道，借力该平台产生的势能，向各网络平台辐射。3月18日，贵州省委主要领导接受人民网和学习小组联合采访。微信公众号"学习小组"发布专访文章后，人民网总网首页两会专栏、专题推送，吸引20多家媒体转载，全网总阅读量上千万次。此次专访，人民网发挥了主导作用，总网、地方频道齐发力，吸引商业门户和移动新媒体积极配合，再加上首页推封、头条推送等一系列漂亮"组合拳"，助力访谈传播覆盖面广、影响力强。二是聚力焦点议题。提前策划、精心安排，根据代表委员的有关发言，迅速提炼新闻点，组织省主要新闻网站、新媒体深入挖掘报道。"贵州农村深刻产业革命""五步工作法""生态之美"等用词表述，既抓人眼球，又传递重要信心，推动稿件在各个平台迅速扩散并吸引网民关注。网民普遍为贵州近年来的高速发展感到骄傲。从传播情况看，稿件不仅获得人民网、凤凰网、新浪网等媒体和网站纷纷转载，并在各网站首页、两会专区头条等重要位置呈现，还受到腾讯、搜狐等新闻客户端或资讯类客户端积极推送。三是紧抓关键节点。始终紧扣两会议题，在中央领导下团、团组开放日、审议政府工作报告等关键节点，组织中央和省内重点新闻网站、全国知名商业网站集群报道，努力实现规模效应。比如中央领导参加贵州省代表团审议，带动传播热度，人民网、新华社、中央电视台等中央媒体刊发报道，引起全国媒体转载。

"一点"突破确定后，更要大力争取网络推送，实现传播效果最大化、最优化。对上对外大力争取各网络平台集群推送贵州重点报道，形成多元传播、广泛覆盖的宣传强势。一是积极争取全国重要新闻网站和知名商业网站推送。比如2018年全国两会期间，《两张照片三个变化　全国人大代表讲述易地扶贫搬迁后的幸福新生活》《破题"乡村振兴"贵州有"原创解法"》《"展望·新时代"两会代表委员系列专访　余留芬：嫁到大山　改变大山》五篇新闻报道被各大网站转载推送。二是及时安排省内平台同步推送。在重大主题传播中，及时安排省内各新闻单位网站及两微一端、政务网站、党务政务新媒体推送，省、市、县、乡、村五级联动，共推同向声势。三是争取中央重点新闻单位和全国知名商业网站、客户端推送。各网站一起发力，多平台统筹推进，打组合拳、打总体战，实现传播效果最大化、最优化。在重大主题宣传中，要积极争取人民网、新华网等新闻网站、门户网站、新闻客户端推送直播专题。比如2018年全国两会期间，人民网制作贵州重要活动直播页面，在人民网总网及贵州频道首页显著位置进行推送，新华网贵州频道也在两会专题页面中推送直播信息。多彩贵州网、当代先锋网制作直播页面。全国知名商业网站积极参与传播，新浪网贵州频道头条推送直播专题，凤凰网在首页要闻栏目推送"贵州：变革动力绘黔途"专题；腾讯新闻客户端在贵州频道放置直播信息，凤凰新闻客户端在评论栏目头图位置进行推送，全面推送引爆网络。

第 九 章

微传播讲述"多彩贵州"故事

2016 年南海仲裁案结果公布后，人民日报官微只发了一张图片，配了一句话"中国，一点都不能少"，相关话题阅读量达 60 多亿次。2017 年 6—7 月，印度士兵在中国边境"赖着不走"，《人民日报》再发一条官微，还是仅用一张中印边界图，配发一句话"边界，就是底线"，同样引发网友好评如潮，很好地激发了大众的爱国心。

随着"互联网+"时代的到来，综合运用语文、图标、音视频等新技术、新形式，借助多样化、多元化表现手法，能够实现先进典型报道从静态到动态、从一维到多维的升级，满足多终端传播和多种体验的需求，覆盖更多受众，更立体、更鲜活。特别是加强微视频、微电影、微动漫的创作，多生产传播"动新闻"，以视觉、听觉的直观体验吸引受众，令人耳目一新。

第一节 "微传播"释放"多彩贵州"内涵

微传播对贵州区域传播力提升意义重大。就推进"多彩贵州"品牌传播而言，着眼未来，"多彩贵州"品牌传播侧重点应由表及里，向深度拓进，从品牌概念的推出向品牌内涵的挖掘、阐释过渡，使得品牌传播，让更多的人不仅知道"多彩贵州"这个品牌，更能够深入了解贵州因何多彩、多彩在哪些方面，或者说，为什么叫"多彩贵州"而不是其他，反过来进一步加强受众对"多彩贵州"品牌唯一性的识别和核心价值的认可，形成概念制造与内涵阐释的良性循环，将品牌形塑提升到第三个层面。

做好今后"多彩贵州"品牌传播的一个关键，就是要盯住受众群体的变化，充分利用互联网开展传播。特别是，随着移动互联网迅速崛起，微博、微信、新闻客户端及微视频、微电影等"微媒体"如雨后春笋纷纷冒出，以更小的篇幅、更细分的兴趣、更及时的分享、更高效链接的"微内容"大量产生，逐步向政务及社会事务领域扩张，甚至引领整个意识形态领域。必须强化"微思维"，积极利用各种微平台开展"微传播"，提高品牌传播的渗透性，用大数据讲好"多彩贵州"的品牌故事。

作为"互联网+"时代兴起的主流传播，"微传播"说什么、怎么说、何时说，都需要摸索。如果依旧沿袭传统媒体的话语体系，以"我说你听"的单向传输形式，居高临下的说教、刻意拔高的"完美"，强词夺理的"驳斥"，就难以起到积极传播效果。为此，必须在四个方面努力。

第一，顺势传播。从 2014 年开始，贵州在全球化语境中，运用互联网思维连续四年举办系列网络文化传播活动——"多彩贵州有多彩"，向全国乃至世界网友征集"中国梦的贵州故事"。活动秉持"多维聚合"理念，将"走出去"与"请进来"结合起来，2014 年在北京进行推介，2015 年则围绕纪念抗战胜利 70 周年、贵州五大新兴产业等主题，邀请中央新闻媒体微信公众号、省内外知名网站和知名"网络大V"深入贵州采访、采风,累计吸引全国50余家媒体、网站的关注,最终有效传播1千万人次,产生了强大的网络对外传播效应。"多彩贵州有多彩"活动继续创新形式,坚持下去,就能够产生更大传播力。近年来,也一直坚持这些好的经验做法。

第二,矩阵传播。截至2018年6月,贵州已开通认证951多个政务微博、2728个政务微信、85个政务移动新闻客户端,其中,90%的省直民生部门开通了政务微信,形成了省市县三级微信矩阵,并打造了一批示范重点账号,收获了政务信息公开与对外传播贵州的双效应。2019年1月,由贵州省委网信办指导,贵州省互联网发展协会、贵州省网络文化发展协会发布了2018年贵州省新媒体影响力排行榜年度榜单,"贵州省招生考试院""贵州省人民政府网""贵州改革""黔微普法""贵州省公安厅交通管理局""文明贵州""贵州省纪委监委网站""贵州政研""贵州交警""贵州检察"位列省级政务微信影响力排行榜前十名;"贵州省未成年犯管教所""贵州监狱""共青团贵州省委""贵州省公安厅交警总队""贵州省旅游发展委员会""贵州消防""贵州省妇女联合会""贵州省人民检察院""贵州省司法警察医院""黔气象"位列省级政务微博影响力排行榜前十名。作为全国功能较齐全、特色较鲜明、矩阵规模较大的省级政务微信,贵州省网信办"贵州发布"政务微信公众平台影响力长期居全国省级外宣微信公众号前列,被评为全国政务微信优秀公众号。继续大胆探索、不断推动新媒体与政务公开融合发展,推进互联网传播力建设"五位一体"(网站、微信、微博、新闻客户端、手机报)工作,着力打造"指尖上的正能量","多彩贵州"品牌传播就会得到政府传播力更强大的支撑。

第三,聚力传播。网络传播需聚力方显能量。应该进一步创新网络传播工作机制,继续按照整合营销传播理论,打破体制界限、门户之见,发挥市场和公益两方面的作用,以更大的力度协调社会各方力量,包括政府传播力、传媒传播力、社会传播力等共同参与其中，动员省内外商业机构所办的"贵州新目标""城市档案""我们都是贵州人""乐活林城""相约贵州"等"人气"较旺的自媒体微平台，共同助力"微传播"，占领信息传播制高点。

第四，开放传播。互联网是开放的平台，应该进一步加强与全国知名微博、微信公众号、"网络大V"等的联系对接，积极发声，借力高端平台开展网络传播。2018年，贵州紧紧围绕贵州茶产业发展宣传，联合省农委策划开展"我有贵州半亩茶"网络名人看贵州系列活动，通过文字、图片、航拍、直播、短视频等方式，推出了一系列视野开阔、视角独特、形式活泼的博文和媒体报道，向广大网民展现了"贵州茶"品牌魅力，在线上线下掀起特色优势产业网络宣传的新高潮。活动期间，新浪微博话题阅读量近1000万次，屡次位居全国"新时代"微博话题热门榜榜首。再比如，组织全国网络媒体网络名人感知"中国天眼"FAST静旅游体验式集中采访，在全球首次提出并推介"静旅游"概念理念。

第五，创新传播。遵循新闻传播规律和新媒体发展规律，重点在"准""新""微""快"上下功夫，打造与主流媒体品格和气质相一致的移动新闻精品。"准"就是要恪守新闻真实性原则，守护好准确、权威、专业的"金字招牌"，把准方向、把好导向，为用户提供真实客观、观点鲜明的信息内容，做到通俗不庸俗、浅显不浅薄、服务受众不迎合受众。"新"就是要创新内容表达、丰富呈现形式，推出各种样式和形态的移动新闻产品，比如直播新闻、互动新闻、个性新闻、可视化新闻、动新闻、听新闻、大数据新闻、机器人新闻等，做到人无我有、人有我优。"微"就是要多提供短小精悍、鲜活快捷、"微言大义"的信息。在"微"时代，一个表情包、一张图片、一段声音、一个视频，都可以生成传播，甚至搅动舆论场。要善于运用微博、微信、微视频、微电影、微动漫等方式，推出更多微内容、微信息，方便人们利用碎片化时间阅读。"快"就是要抢占第一时间、第一落点，即时采集、即时推送，快速作出反应、迅速送达用户，在传播中抢得先机。现在，一些媒体探索推出直播形态的现场新闻，实现在线采集、加工、展示，带给用户实时体验，效果很好。

第二节　"微创意"擦亮"多彩贵州"名片

"微传播"时代，只有"新闻+创意"才能讲好"多彩贵州"品牌故事、充分释放"多彩贵州"品牌内涵。

例如，"多娃彩妞看贵州"正是微时代下，贵州寻求"合唱"和"多声部伴奏"的一次"微创意"。2015 年全国两会，贵州省网信办创新时政传播方式方法，在微博、微信上推出"多娃彩妞看贵州"系列动漫报道，如《贵州"蛮拼"这一年》《云游多彩贵州》等，"多娃"与"彩妞"，这两位从"多彩贵州"品牌中感性提取的"萌萌哒"动漫形象，将贵州与全国受众之间的距离浓缩到手机屏幕上，仅推出半天就达到了 180 万次的阅读量，收到了很好的传播效果，被评选为 2015 全国两会网络宣传创新奖。2016 年全国两会期间，策划推出《多娃彩妞看两会——多彩贵州　风行天下》微视觉动漫宣传片，上线 24 小时阅读量即突破 300 万次，有效传播 2.4 亿人次，赢得舆论广泛好评点赞。2017 年省第十二次党代会期间，策划推出"多彩贵州——多娃彩妞寻宝记"手游宣传片，将全省九个市（州）及贵安新区设置为多娃、彩妞"寻宝"的十个关卡，采取动漫与实景相结合的方式，在"两微一端"推出两天后阅读量即突破 800 万次，吸引网友参与互动并积极分享。党的十九大期间，贵州精心组织推出"多彩贵州——多娃彩妞寻宝记"升级版，生动展示党的十八大以来贵州所取得的变化成就，上线两日阅读量即突破2000万次，点赞量突破200万。专家评价"小游戏是正能量推送创新地带"，人民网将其作为网信部门运用新技术手段开展网络宣传工作的典型案例进行推荐。"多娃彩妞看贵州"的"微创意"对今后做好"多彩贵州"品牌"微传播"很有启示。

　　第一，以微见著。从主题切入角度看，互联网传播要善于以小切口叙述大主题，脱下"西装"逛逛小巷。从小处着手，变单向、宏大、严肃的传统叙述为多点开花、随时随地、如数家珍的传播。让"多娃彩妞"化身贵州大数据从业者、新时代农民、医疗产业领头人等，使传播贴近民生，政策更易被理解，成就更直观。从内容呈现角度看，在新媒体浪潮中，细节和创意、趣味一起，成为三大重要元素。2017年全国媒体对贵州"绝壁凿渠老支书"黄大发进行了集中报道，两期H5作品很好地诠释了细节的精益求精，一是澎湃新闻的《长幅互动连环画｜天渠：遵义老村支书黄大发36年引水修渠记》，以"大发渠"为主线，通过精巧的画面设计，在充分展示"大发渠"过三个村子、绕三重大山、穿三处绝壁的险峻时，更沿着水渠将遵义草王坝村老支书黄大发用一辈子的时间，领着村民彻底打破了山村干渴的"宿命"、打开脱贫致富之门的作为巧妙地融入画面中，声色俱佳，震撼人心。该作品荣获中国新闻奖一等奖。二是现代快报《传递这本小人书：八旬网红绝壁成就人间奇迹!》（黄大发引水记），这期融媒体作品构思有特色，故事生动，配乐贴切，表现力和感染力强。开启的书柜，画轴缓缓拉开的小人书，再配以实景图，以新颖、细腻的讲故事方式和巧妙设计的动态图技术乃至3D还原技术，再现黄大发带领着草王坝村村民，用锄头、钢钎、锤子和双手，硬生生在大山绝壁间开凿出万米长渠的过程，极大地增强了用户的体验感。这些作品值得在微传播中借鉴和思考：细节设计如何更加精致化，以凸显传播主题和内容的情感温度和深度，提升传播效果，赢得广点赞。

第二，以动制静。一方面，要强调互动性。"微传播"不再单纯向受众灌输信息和单方面提高品牌音量，将粉丝和意见领袖请进门参与互动，与全方位的传播同等重要。"多娃彩妞看贵州"活动就利用微平台特点，策划融入"我给贵州点个赞""向贵州代表委员提问""我有问题问书记省长""摇一摇你跟贵州的缘分"等互动参与方式，让全国受众与"多娃彩妞"充分互动，让人耳目一新、兴趣满满。此外，网友或手机用户还能通过"多娃彩妞看贵州"网页向代表委员直接提交建议，代表委员也实现了与网友的互动，从而可以集纳民智，提高履职水平。另一方面，要突出可视化。不断刷新形式，从受众思维转向用户思维，从作品意识转向产品意识，从灌输模式转向互动模式，以强大吸引力、感染力和说服力黏合更多用户。随着"悦读快读"时代的到来和新兴技术的发展，视觉战略在先进典型宣传报道中的作用日益凸显，各媒体、各平台把"易读"和"可视化"两大要素摆在更加突出的位置，大手笔运用视觉元素，不仅在平面媒体上通过对照片、文字、图标、漫画、联版创意等视觉元素进行综合运用，突出版面视觉冲击力，强化阅读体验，更在于在视频、H5 等轻应用上的大力投入。比如在 G20 杭州峰会期间，《人民日报》的动画《中国风来了！水墨+水彩，来看不一样的 G20》、新华社的航拍图集《G20，杭州再出发》、国际在线的 H5作品《习近平的 G20 时间》，等等，广大网民纷纷转发、频频点赞，点击量都是千万级甚至上亿。仅 2016 年 9 月 1 日至 5 日，G20 杭州峰会全网总点击量就达到 23 亿次，是全媒体作品呈现的精品。在先进典型宣传报道中，各媒体运用虚拟现实（VR）、增强现实（AR）、3D 动画、H5 等手段，推出了一大批现象级新媒体精品。就视频而言，相较于单纯的文、图或图文报道，在吸引受众眼球方面明显更胜一筹。就 H5 而言，作为移动互联网的"Mr. Key"，由于其作为超文本标记语言的简便性和可视化，成为各家媒体报道的标配。比如关于黄大发同志先进事迹宣传，中央媒体充分运用中央厨房优势，先后推出大量 H5 作品，获得好评如潮。在权威机构分析的《黄大发同志先进事迹集中采访报道作品传播情况评估报告》中，排名前十的作品中有四件为新媒体作品，占比 40%，分别为《八旬网红：悬崖峭壁上凿出人间奇迹！今天，一起向这位老人致敬！（视频）》《"渠"从天上来（VR）》《天渠》《哪有什么神仙？这位美国小哥发现：神话是靠"大无畏"铸成的》，这些作品图文并茂、化繁为简、画龙点睛，使人物形象简洁直观。2018 年 11月 12 日、13 日，贵州广播电视台新媒体"动静贵州"专访"老干妈"创始人陶华碧，相继推出短视频《"老干妈"：这件事很重要，我得亲自出来说》《老干妈怎么吃"老干妈"》，通过"老干妈"讲述的创业奋斗经历、企业经营理念、做人做事感悟等，特别是她朴实无华却又道理深刻的话语"我是贵州人，我要为贵州人争光""纳税是每个企业每个人应尽的义务，不要偷税、漏税、逃税，要为国家、为社会作贡献""企业的发展离不开国家的改革开放、离不开各级党委和政府的关心，没有政府的支持，就没有我的今天"等，生动展示了贵州改革开放 40年来经济社会发展取得的巨大成就，展示团结奋进、拼搏创新、苦干实干、后发赶超的新时代贵州精神，把贵州党委和政府全面推进改革开放、支持民营企业发展的信心决心传递到百姓中间。短视频推出后，在"抖音"等移动新媒体平台瞬间引爆网络。两条短视频播放量合计超1.1 亿次，点赞总量近 200 万次，总评论量超 9 万条。

　　第三，以少聚多。微传播需要提高用户"黏性"，努力形成多渠道、多层次传播格局。现在网民每隔几分钟就会忍不住刷新微信朋友圈，刷存在感和曝光度。传播者应转变"信息喂养者"角色，提供容易引起共鸣的行为体验，提供便于朋友圈传播的内容，提供能激发网友生产创意的机会，激发大众参与活力，让传播爆发力量。"多娃彩妞"

系列动漫报道特别精心制作了系列高清图表，通过微信、微博、新闻客户端等多平台媒体融合互动传播方式，激发起贵州网友以及在外贵州籍人士关注家乡的热情，在微信朋友圈争相热转分享。据统计，"多娃彩妞看贵州"系列报道上线仅 12 小时，腾讯微信平台阅读量就达 126.3 万人次，累计阅读量超 300 万人次，互动交流约 30 万人次。

实现以少聚多，要特别注重融媒体传播。随着"一次创作、多种生成、立体传播、持续发酵"的传播格局在媒体中逐渐形成，全媒体呈现逐渐成为常规的传播方式。有研究表明，传播发酵的推动因素中，排名前两位的，一是互联网因素，移动终端的普及和新应用的大量出现，使包括先进典型宣传在内的报道作品呈现评论两百万计的现象级传播。二是全媒体传播手段和形态的相互推升，不同渠道信息的相互流动和影响，形成舆论传播的"裂变效应"。全媒体传播在宣传报道中有很多成功的案例，比如《马克思靠谱》这本书，用生动鲜活的语言介绍了马克思的一生和他的思想，读者评介为"内容很好，不戏说，形式很潮"。同时创作推出年轻人喜闻乐见的说唱歌曲《马克思是个九零后》（另有爵士版），寓意马克思没有过时，引起青年群体的强烈共鸣；推出视频，将每集节目编辑为 5 分钟左右微视频推广，同步生成的广播产品在电台播出；把《马克思靠谱》作为基层讲堂案例，同时作为高效理论读物和思政参考教材。在先进典型宣传报道中，各媒体同样打通报、刊、台、网、端等各类传播平台，将一道道"大餐"呈现在受众面前，让传统平面媒体的先进典型报道发生质的变化。比如贵州省主要新闻单位关于姜仕坤的报道，除了《人民日报》《光明日报》《经济日报》《新华每日电讯》等平面媒体外，人民网、新华网、共产党员网等中央重点新闻网站在首页开设专题，综合运用文字、图片、音视频等方式推出一系列优质产品，所属法人微博、微信等平台邀请姜仕坤同志同事、亲属与网民进行在线交流，对重要稿件进行再编辑再传播，用深度融合省级传播影响。

第四，以情动人。更加注重情感释放。在新闻信息客观性真实性的基础上，更多地借助沙画等艺术手段，巧妙植入报道主题、价值取向，增强表现力和感染力，传播效果显著。到目前为止，在移动互联网时代，先进人物宣传报道的艺术化呈现较为突出、取得良好效果的主要有沙画等形式。新华社创新表现形式，用沙画述说青海省原副省长尕布龙的故事，成为媒体创新表现形式、提高传播力的一个经典案例。贵州媒体从2016年开始使用沙画进行新闻宣传报道，在报道黄大发先进事迹的过程中，推出了《【沙画看贵州】老愚公黄大发，绝壁凿渠初心不改》等沙画作品，取得了良好反响。2018年全国两会期间，贵州媒体推出《世界变化太快，贵州凭什么有一席之地?》等沙画作品，生动展示贵州交通水利基础设施建设、脱贫攻坚、绿色发展等方面的成就，赢得了业界充分肯定。沙画这种由匈牙利的艺术大师弗兰克·卡科所创造的呈现方式看似简单，仅仅用沙子布撒和抹除在白色玻璃背板上呈现出动画效果，但确是融中国画的渲染、油画的厚重等精髓于一体，且随着绘画、音乐和光效的有机结合，打造出"流动的艺术"，以"新潮"的形式给读者强大的感官刺激，产生奇妙的视觉效果，让作品更富有艺术气息，更富有生命力。艺术化的呈现，正在让先进典型宣传报道变得更好看、让人更爱看，以强大吸引力和感染力把更多受众黏合在主流媒体周围。

第三节　"微语言"讲好生动鲜活故事

微传播讲述"多彩贵州"故事，要从语言开始。"文风不是小事"。文风背后是思想，文风体现党风，人们从文风状况中可以判断党的作风。可以说，文风关乎党的形象，关乎党群关系，关乎事业发展。毛泽东同志在《反对党八股》一书中说："共产党员如果真想做宣传，就要看对象，就要想一想自己的文章、演说、谈话、写字是给什么人看、是给什么人听的，否则就等于下决心不要人看，不要人听。"习近平总书记高度重视文风问题，指出文风改进永远在路上，强调发文报文都要言之有物，反对"长、空、假"，提倡"短、实、新"。① 做好微传播，必须坚持不懈、扎实巩固地改文风、写新风，全力抓、全员抓、全年抓，使话语体系、语言风格更加符合群众口味、适应受众接受习惯。那么，我们应当如何正确认识当前微传播的语言表达逻辑呢？

传播"多彩贵州"故事，不仅仅是一个形象认知的传递过程，更是一个情感交流的感染过程，要顺利完成这个过程，必须以语言作为媒介。这种媒介，针对受众的不同，可以是日常话语，也可以是网络话语等。在长期的宣传体系过程中，我们形成了严肃宏大的话语体系，"这一话语体系通常运用理论化、抽象化的文字宣传，以报刊、图书或有声广播、电视作为传播媒介，具有神圣、严肃、深刻的文化意指，规范、精制的形式要求以及正统、道德化的伦理指向"②。这种话语体系，固然有其历史形成的必然性和可取之处，但随着互联网时代的发展，除了这种诉诸逻辑论证的"理性传播"外，还需要加强诉诸情感交流的"感性传播"，采取令受众入脑入心的语言，特别是和年轻受众合拍对路的语言。

在互联网时代，即使是一时不显眼的话题，也能够在不经意间激发"蝴蝶效应"，掀起一次次的舆论热潮。互联网上的受众，亦即先进典型宣传的这一对象群体具有哪些特点？一是年轻化。据中国互联网络发展状况统计调查，我国网民以青少年、青年和中年群体为主。截至

① 刘奇葆：《改文风永远在路上》，《党建》2017 年第 4 期。
② 吴琼：《创新主流意识形态传播的话语表达方式》，《红旗文稿》2017 年第 10 期。

2019 年 6 月，10—39 岁群体占总体网民的 65.1%。其中 20—29 岁年龄段的网民占比最高，达 24.6%；10—19 岁、30—39 岁群体占比分别为 16.9%、23.7%，与 2018 年底基本保持一致，互联网在中年人群中的渗透持续加强。二是草根化。在网民中，月收入在 2001—5000 元的网民群体占比较高。截至 2019 年 6 月，月收入在 2001—3000 元、3001—5000 元的群体占比分别为 12.6% 和 20.8%。2019 年上半年，无收入网民占比较 2018 年底减少 1 个百分点，而月收入在 5000 元以上的网民占比较 2018 年底增长 3 个百分点。据北京大学市场与媒介研究中心调研显示，网民群体中基本没有得到正确的心理引导，部分人会采用睡觉、倾诉、喝酒的方式解压，但仍有 4.4% 的人选择通过自我伤害缓解压力。网民的这些特点，决定了网民的一般性画像为年轻态、矛盾体。从网络舆情的分析看，一部分网民富有梦想、活力、有趣、单纯、创意、个性……另一部分网民则显示出叛逆、郁闷、偏激、猎奇、肤浅、迷惘、摇摆等特性。这些特性，直接导致一般性的语言在网民群体中引起关注难、凝聚共识难、疏导情绪难、传播正能量难。也正因此，在互联网时代，微传播的语言风格必须有两大要求，凸显出两大感受：一是反求诸己，"说服不了自己，不可能说服别人"，自己都觉得没意思的作品，读者肯定不买账；二是外达于人，"不食人间烟火的先进典型报道，注定曲高和寡"，受众、对象的体验肯定难尽如人意。话语因思想而拥有灵魂，因情感而获得生命，因姿态而富有传播力，善于运用生动鲜活的语言表达，要深刻把握好以下几个转变。

理念之变，从"训人"到"化人"。传统的评论写作往往是摆着"训人"的姿态，但训人逻辑，往往留下的是传播教训。"只知道旗帜鲜明，不知道委婉曲折；只知道理直气壮，不懂得刚柔相济；只知道大开大阖，不知道以小见大；只知道浓墨重彩写英雄，不知道轻描淡写也能写英雄；只知道浓眉大眼是美，不知道眉清目秀也是美；只知道严加批驳是力量，不知道点到为止也是力量；只知道大雨倾盆是优势，不知道润物无声也是优势。这都是新闻工作者思路单一狭窄的弊病。"① 从"训人"到"化人"，要求我们摒除太重的"引导"痕迹、太浓的"灌输"色彩以及太猛的"宣传"动作，而是要在保持价值观上的确定性和主导性的前提下，通过多变性、多样性的故事、结构、技术等进行舆论引导。

姿态之变，从"高居云端"到"扎根大地"。选题来源是"顶天立地"。一方面，根据中央和省委省政府的决策部署、工作重点找准选题；另一方面，从社会生活中的热点话题进行遴选。但网络评论在选题、论证过程中找准这两方面的结合点顺势切入时，更应凸显贴近实际、贴近生活，从而摒弃"高居云端"的姿态。正如网友戏称，"你若端着，我便无感"。毕竟只有真正"扎根大地"，方能做到言之有物、言之有理，才能真正生发清新独到之见，形成亲切感人之效。

语态之变，从说教腔调到活力话语。应通过适应互联网用户的可接受度，从说教腔调转换到颇具活力的话语体系。一是在篇幅上由长趋短，以精干为准，改变了人们"以篇幅大小来衡量分量"的习惯。二是在呈现语言的形式上应更为鲜活，突出"短""浅"特色，突破传统写作模式，随感、漫笔、絮谈、杂谈、琐谈等小型网络言论亦是简洁而有张力。三是在语言上狠下功夫，既要"敢说"，更要"会说""巧说"，想方设法将内容严肃的语态以更"软"的语气、更具亲和力的形式向受众娓娓道来，避免使用冰冷刻板的面孔和语气。特别需要指出的是，要善用群众语言，让读者零距离感受、无障碍认知。群众是语言大师，群众的语言最生动、最丰富，最有生活气息，最能打动人，要扑下身子、扎根群众，学群众语言，写清新故事，把有意义的故事讲得

---

① 范敬宜：《媒体的浮躁在于缺少文化》，《紫光阁》2007 年第 11 期。

"有意思",让"闻者众、听者信"。网言网语是网络时代的群众语言，要针对广大网民年轻化、草根化的特点，以平等交流甚至有点呆萌的方式呈现主题。我国首个月球车"玉兔号"的机构控制出现异常时，官微"月球车玉兔"采用拟人方式讲述月球车运行情况，当故障发生时"啊……我坏掉了"的惊讶和故障排除时"Hi！有人在吗"的问候，以清新、幽默、呆萌的语言，激发起广大网民对"玉兔号"的牵挂怀念，实现了入脑入心的科学普及。这样的宣传有力有效，一下子拉近了与网友的距离，消除了与网友的无形壁垒。

"微传播"竞争只有第一没有第二，谁的点子新、吸引力强，谁就有传播力；谁首发多、独家多，谁就会赢得影响力。"贵州省网信办组织曾经评选出100余件有关贵州的优秀'微传播'作品，首次运用互联网思维和技术编辑出版了《贵州省百件"微传播"优秀作品集》，书中扫一扫二维码就能阅读全文、观看视频。从全国首家大数据交易所，到大数据产业博览会，主席点赞鼓励、互联网企业巨头扎堆考察，边远贵州到底凭什么频频向世界发出'中国声音'？《贵州百件"微传播"优秀作品集》似乎给了我们答案。随手翻阅，感受到的都是贵州风采和文化自信。"①

"作为西部内陆省份，贵州在30年前还是网络与信息化的边缘地带。而如今，贵州正逐渐走向中国互联网版图的核心位置。"② 贵州的区域传播力，正在"微传播"中得到爆发。

① 谢念：《大数据点亮"多彩贵州"》，《网络传播》2015年第8期。
② 谢念：《大数据点亮"多彩贵州"》，《网络传播》2015年第8期。

规划与策略

第　十　章

制约贵州区域传播力提升的问题及成因

　　由前面对互联网背景下贵州区域传播力现状的考察来看，有很多问题制约着贵州区域传播力的提升。这些问题具体是什么？又是什么原因导致问题的出现？对此直接进行回应与分析，有助于在实质上推进关于如何提升互联网背景下贵州区域传播力的思索，并可以使得具体应对策略的提出更加有的放矢。

第一节　制约贵州区域传播力提升的主要问题

　　互联网背景下的贵州区域传播力，自我纵向比提升较大，但横向比，仍然落后于国内多数地区，特别是东部发达地区。对其现状的系统考察，实际上已经将相关问题同样系统地呈现出来。在此，本书再从三个大的方面，对制约贵州区域传播力提升的主要问题进行简要概括。

一、区域互联网基础设施建设发展相关问题

　　贵州与互联网等新媒体发展相关的各项基础设施建设相对薄弱，互

联网发展环境还有待完善，直接或间接地阻碍了互联网背景下区域传播力的提升。

一是互联网基础设施建设不足，势必带给相关组织和个人较差的网络体验，使其使用互联网的热情受挫。当互联网使用者的热情受挫后，既进一步影响互联网媒体的口碑，又使互联网使用者的增长更加受到限制。互联网使用者相对较少，其支付的费用不足以承担大量基础设施的建设成本，还会造成相关建设的延迟。因而，贵州互联网基础设施落后和互联网普及率相对较低的状况，可能会形成一种恶性循环，给贵州互联网的长远、健康发展埋下隐患。

据统计，贵州网民中，每月超过一半天数有上网行为，平均每月上网时间达到 24 小时，较 2017 年增长 2 小时，上网已经成为普通民众的生活必需品，与日常生活的联系越来越紧密。工具类、社交聊天、新闻和资讯、影音多媒体、便捷生活等应用领域月均覆盖用户超过 1000 万户。其他应用中，游戏、电子商务等应用的月均覆盖用户较多，社交、资讯、娱乐等依然是应用的主力。微信、QQ、腾讯手机管家等应用的活跃用户分别达 1653.5 万人、1283.6 万人、1032.5 万人。手机淘宝、腾讯视频、QQ 音乐等覆盖用户超过 940 万户。BAT 等领军互联网企业应用领先其他厂商。[①] 互联网日益成为网民获得资讯信息的主要渠道。整体来看，贵州省网民互联网应用使用率普遍低于全国平均水平，上网时间相对较短，且对互联网的实际运用也缺乏黏性，对互联网的依赖程度也较低。

针对互联网基础设施滞后问题，近年来，贵州相继开展了信息基础设施建设三年大会战及"宽带贵州"建设工作，大力推进"互联网+"行动计划、发展大数据产业，相关状况逐渐改善，促进了互联网用户数

---

① 参见贵州省通信管理局：《2018 年贵州省互联网发展报告》，2019 年 4 月。

和网站数量的大幅增长。2018 年，在"宽带贵州"行动计划的推动下，贵州省互联网规模和能力显著提升。互联网宽带接入端口迅速攀升至1571.5 万个，比 2017 年新增 288.2 万个，同比增长 22.7%。其中，光纤接入（FTTH/0）端口新增 342.9 万个，总数达到 1331.1 万个，占全部互联网接入端口的比重从 2017 年的 77% 提升至 84.5%；新增 3512个行政村通光纤，实现行政村光纤网络全覆盖。全省 LAN 端口占全部互联网接入端口的比重由 2017 年底的 14.4% 下降至 9.8%。移动网络覆盖的广度和深度继续扩大，农村地区网络覆盖力度明显增强，全年新增 12000 个 30 户以上自然村实现 4G 网络覆盖。2018 年，贵州新建光缆线路 6.9 万公里，光缆线路总长度达到 96.9 万公里，同比增长7.6%，光纤覆盖家庭规模突破 2500 万。2018 年 1 月 31 日，贵阳、贵安国家级互联网骨干直联点扩容数据加载成功，标志着贵州国家级骨干直联点此轮扩容工程全部完成，网间带宽提升至 180Gbps，总带宽提升3 倍，成为第一批完成直联扩容的省份。[1]

2018 年，贵州省整体网民规模不断扩大，2018 年底达到 1958 万人，普及率较 2017 年提升了 6.1 个百分点，用户规模增长 12.5%，增速连续四年均保持两位数增长。随着"互联网+"不断深入生活，移动互联网应用逐步深入人心，惠及广大民众，带动了整体网民规模不断提升。此种进步的取得，既是政府推动的结果，也与互联网发展的时代要求相关。然而，尽管如此，与东部地区和全国相比，贵州的互联网基础设施及互联网普及率仍然有待提升。贵州省忙闲时加权平均可用下载速率 25.07 Mbit/s，比全国平均水平低 2.99 Mbit/s。截至 2018 年 12 月，贵州省手机网民规模占比达到 96.3%，再创新高，仍低于全国平均水平 2.8 个百分点。[2]

---

[1]　参见贵州省通信管理局：《2018 年贵州省互联网发展报告》，2019 年 4 月。
[2]　参见贵州省通信管理局：《2018 年贵州省互联网发展报告》，2019 年 4 月。

二是贵州的互联网接入情况也应引起重视。2018 年,贵州备案网站总数达到 52088 个,其中,非经营性网站 51952 个,占比 99.7%;经营性网站仅有 136 个。这既有外部原因,也与贵州互联网行业自身存在的一定问题有关。

就外部因素而言,由于互联网接入服务市场的行业属性,使其具有很强的规模集群效应。互联网发达地区的互联网接入服务市场服务器规模较大,所分担的成本,要比次发达地区、欠发达地区少很多。在贵州备案的网站因此往往会倾向于选择费用较低且硬件设施更好、所提供的带宽和网速更优秀的省外互联网接入服务商,这反过来又制约了贵州省内互联网接入服务商的发展。此外,互联网发达地区常常服务水平也较高,即使在同样的价格下,也能够因为更为完善、专业、及时和有效的服务,得到更多客户青睐。

就内部因素而言,贵州省内互联网接入服务商的数量较少,能提供的服务数量有限,相关资源也需要更加有效地整合。由于服务商数量较少,省内互联网接入服务市场的竞争不够充分,服务商的服务意识、服务质量等都有待提高。而从行业发展战略的角度看,"调研发现,贵州移动在互联网接入服务市场主要针对少数政府部门和行业用户,没有将互联网接入业务作为公司重点发展业务。贵州联通在发展接入用户时因受机房供电、接入资源等条件制约,无法大力发展互联网接入业务。"[①]服务商实力及发展规划不足,无疑是贵州省内互联网接入服务及其相关行业发展滞后的重要因素。

三是从贵州 IPv4 地址和域名数量来看,同样需要优化调整。以 IPv4 地址数量为例,全球 IPv4 地址数已于 2011 年 2 月分配完毕,自 2011 年开始我国 IPv4 地址总数基本维持不变。截至 2018 年 12 月,全

---

① 李洋:《贵州互联网接入服务市场发展现状与建议》,《中国电信业》2012 年第 11 期。

国 IPv4 地址数共计 3.39 亿个，其中，贵州省 IPv4 地址数共计 231.2 万个，与 2017 年底相比基本保持不变。贵州省 IPv4 地址数占全国总体的 0.44%，居全国第 28 位①。作为重要的互联网基础资源，IPv4 地址对于互联网的发展至关重要。受限于 IPv4 地址数量，与 IPv4 全球资源相对枯竭的背景有关，但无论如何，势必会对贵州造成实质性影响。再以域名数量为例，截至 2018 年 12 月，我国域名总数为 4800 万个，贵州域名总数仅为 78 万个，其中，CN 域名达到 12 万个。贵州省域名数量的排名相对落后，未尝不与贵州互联网接入中存在的问题有关。CN 域名数量的增长，则是贵州对本省互联网资源结构优化的结果，大大提升了贵州省互联网的整体价值，并促使其向相对规范和专业的方向发展，这对相关工作都是一种启示。

四是从互联网安全形势来看，贵州仍然较为严峻：根据国家计算机网络应急技术处理协调中心贵州分中心监测，2018 年，贵州共处理网络安全威胁 82802 起，包括恶意 IP 地址，恶意域名等恶意网络资源约 25019 个，木马、僵尸程序、病毒等恶意程序 27370 个，网络安全漏洞等安全隐患 25638 个，主机受控、数据泄露、网页篡改等安全事件约 1104 个，其他网络安全威胁 3671 个。② 总体上看，全省互联网基础设施运行平稳，互联网网络流量数据正常，但网络安全防护体系还需稳步建设。毕竟互联网安全存在漏洞或互联网相关威胁得不到有效治理，将势必影响互联网体验，或直接令网民财产等方面的信息安全受到威胁，最终会影响到贵州互联网发展。

五是从互联网企业发展角度看，2018 年，贵州省规模以上互联网企业共 62 家，超过 90% 企业分布在贵阳和遵义。从行业类型分析，以呼叫中心、互联网接入、互联网数据中心为代表的互联网基础业务的企

---

① 参见贵州省通信管理局：《2018 年贵州省互联网发展报告》，2019 年 4 月。
② 参见贵州省通信管理局：《2018 年贵州省互联网发展报告》，2019 年 4 月。

业总数 17 家，占比超过 1/3。生活服务类企业 8 家。2018 年，贵州互联网企业中上市或挂牌交易的企业数据 4 家。截至 2018 年 12 月底，上述企业总市值为 44.1 亿元。① 从总体上看，贵州省互联网企业数量低于福建、北京、上海、广东、江苏和浙江等发达省市，且企业规模偏小、研发投入较少、市值小，互联网收入增速比全国发达省市相对较慢。

二、区域大众传媒品牌建构和融合发展相关问题

报纸和广播、电视等传统媒体，目前仍然占据贵州区域大众传媒的相对主导地位，而互联网等新媒体仍然处于相对弱势。而要在互联网背景下促进传统媒体与新媒体的同步发展，并最终促进区域传播力的整体提升，传媒的品牌建构和融合发展便是贵州目前亟待破解的两个问题。

随着国内传媒市场竞争程度的加剧，越来越多的贵州传媒认识到传媒品牌的重要性，并积极形塑自身品牌。通过努力，一些传媒品牌正逐渐树立并得到受众的认同。然而，就普遍情况看，贵州传媒的品牌存在着层次低、核心竞争力不强等问题。以贵州广播电视台为代表的传统媒体，其品牌形塑总体仅进入第二阶段，即感性渲染阶段，还没有进入第三阶段，即核心价值形塑阶段。以多彩贵州网为代表的互联网媒体，由于创立不久等原因，品牌形塑总体则仍处于第一阶段，即理性说服阶段，正逐渐接近第二阶段。

贵州传媒品牌形塑中存在的问题，势必对其区域传播力的提升造成诸多不利影响。特别是在当今传媒市场竞争白热化且靠品牌制胜的时期，那些拥有更强核心价值品牌的传媒将会在竞争中占据有利地位。贵

---

① 参见贵州省通信管理局：《2018 年贵州省互联网发展报告》，2019 年 4 月。

州应从战略层面对此问题高度重视，以各种有效措施更加切实推动传媒品牌形塑。

与传媒品牌的建构相似，贵州传统媒体与互联网等新媒体的融合也还不够顺畅，还存在着跟不上、不适应，办法不多、步伐不快、效果不好等问题，这又直接影响了贵州传媒品牌的建构、核心竞争力的打造，乃至区域传播力的提升。主要表现在七个方面。

第一，从媒体融合的外部环境来看。如何将中央和贵州关于媒体融合发展的要求落到实处，战略思路还有待进一步厘清，也缺乏互联网新闻资质管理、新闻版权保护及财税、土地、人才等方面具体政策法规的支撑。省互联网发展专项资金、文化产业发展专项资金等的数额不够大，且相关资源总体仍在向传统媒体倾斜，互联网媒体能依托的资源相对较少。随着互联网技术发展日新月异，新媒体内容越来越趋向于视频化、高清化等更加丰富的形式，对基础技术条件要求更高，没有足够资金投入，将影响媒体融合发展的体量、速度和程度。

第二，从媒体融合的路径选择来看。各媒体融合发展的具体路径还不够清晰、认识还不够深入，探索还停留在比较肤浅的阶段。传统媒体业务和新媒体业务"两张皮"现象依然明显，在采编流程、组织结构等方面缺乏有机融合，整体优势没有发挥出来；人才队伍薄弱，缺少具有市场号召力的数字传播平台和清晰的盈利模式。与省级层面一样，各传媒集团内部也呈现出传统媒体传播力较强而互联网媒体传播力相对弱小的局面。

第三，从媒体融合的平台建设来看。主要媒体均已经基本实现自产新闻的多媒介传播，传播方式也呈现为报网互动、台网互动，并配合手机报、移动新闻客户端等达到二次传播或多次传播目的。但是，对于这些媒体融合平台的运用还不纯熟，多次传播幅度还有待提升，没有很好地发挥其及时便捷的功能和社会影响力。

第四，从媒体融合的渠道建设来看。各主要媒体均已打通报纸、杂志、广播、电视与网站、手机报、移动新闻客户端之间的新闻生产链，初步实现了一次采编、多次发布和内容共享，但内容供给还需要进一步加强，在受众覆盖特别是青年受众的覆盖上还有欠缺。

第五，从媒体融合的内容建设来看。由于受技术、地域等因素限制，不同媒体之间内容同质化现象依然较为突出。部分媒体没有很好地结合具体的传播形式，对传播内容进行专业化生产，针对不同受众群体需求的内容精准投放能力有待增强。一些互联网媒体很大程度上还在做传统媒体报道的简单"搬运工"，而没有按照互联网传播规律对报道进行"深加工""精加工""碎加工"，传播效果因而受到影响。

第六，从媒体融合的经营管理来看。尽管一些媒体对互联网媒体组织及其经营管理作出了探索，但停留于小规模、低层次，传统媒体的业务重心尚未转型，组织模式并不完全适应媒体融合状态下的运营。大部分新媒体的内容来自同一传媒集团的传统媒体，日常却与其并行运营，人员不能自由流通，资源缺乏整合。

第七，从媒体融合的人才支撑来看。媒体融合发展对内容生产、技术研发、资本运作和经营管理等有很高的专业要求，贵州的相关人才储备整体上明显不足。完善绩效考核机制，探索媒体融合发展条件下吸引人才、留住人才、用好人才的有效办法，成为当务之急。

三、区域传播系统要素资源整合相关问题

通过对传媒品牌建构和融合发展等与区域传播力提升关系密切的问题的分析，使得影响区域传播力提升的另外一个重要问题——区域传播系统的资源要素整合问题也凸显出来。

依据生态学功能主义的相关视角，"社会的每一个部分都对总体发

生作用,由此维持了社会稳定。根据这种观点,社会非常像人类的身体或任何活的有机体。像身体的各个部分(比如四肢、心脏、大脑)一样,社会的构成部分(比如家庭、商业机构、政府)以系统的方式结合在一起,对整体发挥着好的作用。每一部分也帮助维持着平衡状态,这也是系统平稳运转所必需的"①。换言之,当构成系统的某一部分或某一结构处于失衡状态,就将对整个系统的平稳运转及健康发展产生影响。

因此,无论是基于理论的要求还是现实的考虑,如果要较为宏观地对制约贵州区域传播力提升的问题进行分析,那么本书的研究就不能仅仅局限在单纯的传媒领域,而应该拓展至众多实体性要素或非实体性要素所构成的区域传播复合系统,并对各种要素资源之间的关系、运行规律及优化配置等进行审视。

首先,根据整合营销传播理论,品牌与那些关系利益人之间良性关系的建构,应该是整合营销传播的终极价值及目的所在。在此过程中,利用整合营销传播的相关手段来优化各种资源的配置,进而构建和发展品牌与关系利益人之间稳定而健康的关系则是重中之重。因此,党政有关部门及新闻传播机构等关系利益人应主动或被动整合出关于传媒品牌的相关信息,以之为依据确定对该品牌的支持或认同程度,并通过对经济、文化等相关资源的优化整合或重新配置来实施具体支持。

从这个角度看,正是区域传播系统各要素资源的整合还不够有力,较大程度制约了贵州传媒品牌核心价值的形塑,并影响了贵州区域传播力的提升。

其次,区域传播力的提升,不仅关系到区域传播系统中传媒等实体性要素资源内部的整合,也同时关系到经济、文化等非实体性要素资源

---

① [美]戴维·波普诺:《社会学》,李强等译,中国人民大学出版社 2007 年版。

之间的整合，更关系到实体性要素资源与非实体性要素资源之间的整合。鉴于各要素之间的复杂而紧密的联系，即便是实体性要素或非实体性要素内部的整合，也势必会关系到其他相关要素资源的整合与优化。整合营销传播理论对于传播的双向或多向互动的强调，以及关于从各种媒体形式的协调运用中寻找到最适合自身的整合传播形式，并以此为主导来和其他相应的传播沟通形式有机整合，进而顺利实现自身与受众或消费者等其他诸多市场主体之间稳定而健康的关系的论述，都直接或间接地反映了区域传播系统各要素资源的传播力如何形成合力的问题。

从这个角度看，正是因为区域传播系统各要素资源之间还存在狭隘分割，使得贵州的区域传播模式相对陈旧而缺乏效率，同样影响了贵州区域传播力的提升：在区域内，媒介传播力、政府传播力和社会传播力等的互动程度还不够深入、广泛，"人人都是形象大使"的意识还有待加强；在区域外，引进、转移和扩散其他区域的要素资源，实现自身要素资源升级的成效还比较有限。

第二节　制约贵州区域传播力提升的问题成因

随着区域传播学的发展壮大，关于区域传播力的相关研究也在逐渐增多。较为明确且被公认的一点是，"区域传播是智力密集、信息密集、技术密集、资金密集的资源密集型传媒经济系统"[①]。

构成区域传播力的传媒等实体性要素和文化、经济等非实体性要素，均对区域传播力的提升具有重要影响。但由于不同区域的不同要素的重要程度又有所不同，故分析其对贵州区域传播力的影响的时候，必

---

① 彭宁：《区域传播资源位的分析及启示》，《当代传播》2004 年第 4 期。

须紧密结合贵州实际。具体来讲，本书主要通过对贵州经济区位、经济发展总体状况及产业结构等的分析，审视贵州区域传播力的物质基础；主要通过对贵州文化资源多样性等的挖掘，审视贵州区域传播力的人文土壤；主要通过对贵州区域大众传媒发展状况的分析，包括传统媒体和互联网等新媒体发展状况的分析，审视贵州区域传播力的直接动力。

　　总体而言，通过对经济、文化和传媒等区域传播力重要构成要素的分析，能够对贵州区域传播力资源位有较为透彻而全面的审视，进而形成对贵州区域传播力本来应有水平的基本判断和想象。这种想象与现实表现的对比，十分有利于发现制约贵州区域传播力提升的因素。如果想象与现实表现一致，表明贵州进一步提升区域传播力，培育、开发和涵养新资源应该是重点努力方向。如果想象与现实表现不一致，相互矛盾甚至背道而驰，则证明贵州区域传播力相关要素资源的作用要么未得到有效发挥；要么得到了超常发挥；要么有其他因素在起作用，提升区域传播力的重点努力方向应该在资源的进一步优化整合上，或是在找出超原因、推动其常态化和深化上。

一、制约贵州区域传播力提升的经济因素

（一）贵州区域基本经济状况分析

　　国内外许多地区的实践表明，雄厚的经济实力，是推动区域传播力提升的重要动力。研究贵州区域传播力的提升，必然离不开对贵州基本经济实力的分析。

　　就地理特征而言，贵州是世界上喀斯特地貌发育最典型的地区之一，"位于云贵高原东侧斜坡地带，东靠湖南、南邻广西、西毗云南、北连四川和重庆，是一个典型的'三不沿'地区——不沿江、不沿海、不沿边。同时，贵州属于中国西南高原山地，山地占总土地面积的

94%以上，是全国唯一一个没有平原支撑的山区省份"[1]。地上遍布峰丛、丘陵、洼地等，地下暗河、溶洞等大量存在，自然环境以"地无三尺平"著称，使得交通等相关基础设施的建设因成本高昂而长期滞后，可进入条件较差，极大地阻碍了人流、物流，阻碍了贵州的对外交流，加剧了贵州的封闭性特征，影响了丰富的自然资源、旅游文化资源等的开发。长期以来，由于地理条件等的限制，贵州发展传统经济所需要的内在条件不足，加之可以借助的外力又较为有限，使得过去整体经济水平不容乐观。这种发展的滞后，在工业发展方面尤其表现明显。

21世纪以来，贵州积极发挥自身优势，正努力缩小差距。特别是近几年，贵州按下"快进键"、跑出"加速度"，经济社会发生了深层次、根本性变化。据统计，2018年全省地区生产总值14806.45亿元，比上年增长9.1%，增速高于全国（6.6%）2.5个百分点，增速位居全国第一，连续八年位居全国前列。固定资产投资增长15.8%、农业增加值增长6.8%、金融机构贷款余额增长18.5%，增速均位居全国第一。贵州经济规模连续跃上新台阶，从2010年的4602.79亿元，快速增大到2018年的14806.45亿元，八年时间增大了2.2倍。2018年前三季度实现的经济总量超过一万亿，是2010年全年经济总量的2.3倍。通过促进经济结构转型升级，发展以大数据为引领的电子信息产业、以大健康为目标的医药养生产业、以绿色有机无公害为标准的现代山地高效农业、以民族和山地为特色的文化旅游业、以节能环保低碳为主导的新型建筑建材业等"五大新兴产业"，打造烟、酒、茶、药、特色食品等"五张名片"。基础设施建设取得了翻天覆地的变化，西南交通枢纽地位全面巩固提升，率先在西部地区实现县县通高速公路；高速铁路从无到有，形成贯通长三角、珠三角、京津冀和川渝滇的快速通道；通航

---

① 刘晓辉：《贵州发展休闲农业探析》，《安徽农业科学》2007年第32期。

机场市州全覆盖。建成世界最大单口径射电望远镜"中国天眼"、世界第一公路高桥杭瑞高速北盘江大桥、贵州首个大型水利枢纽工程黔中水利枢纽等标志性工程。可以说，贵州各方面发展都在大踏步前进。

时至今日，贵州各方面发展取得了极大变化。就 2018 年来说，渝贵铁路全线开通运营，将贵阳、重庆、成都这个中国"西三角"的时空距离进一步缩短，贵州全省建成贵阳至广州、昆明、长沙、重庆的高铁，标志着以贵阳为中心的十字形高铁网已经形成，贵阳作为全国十大高铁枢纽的建设目标加快实现：上海—长沙—贵阳—昆明的沪昆高铁连贯东西，重庆—贵阳—桂林—广州的渝贵铁路、贵广高铁贯通南北。高铁客运量突破 7000 万人次、增长 63%。贵阳龙洞堡国际机场 2018 年旅客吞吐量突破 2000 万人次，旅客吞吐量实现五年翻一番，在建设西部地区重要航空枢纽的征途上迈出坚实步伐。贵阳至莫斯科、洛杉矶和旧金山航线开通，标志着贵阳机场洲际航线取得新突破。"十三五"时期，贵州继续加快建设形成"一枢纽十六支"机场布局，为全省持续扩大开放、奋力后发赶超提供更加强大的民航支撑。12 个高速公路项目建成通车，全省高速公路通车总里程达到 6400 公里，阿里巴巴集团发布中国数字经济发展报告显示贵州物流时效提升位居全国第一。据贵州省民航管理局统计，2018 年，贵州全省货物周转量 1196.45 亿吨公里，比上年增长 13.0%，其中公路货物周转量增长 13.7%；旅客周转量 478.94 亿人公里，比上年增长 1.3%，其中铁路旅客周转量增长 32.3%；民航货邮吞吐量 11.80 万吨，比上年增长 10.2%；民航旅客吞吐量 2799.51 万人次，增长 14.4%。

中西部重点媒体纷纷聚焦贵州交通建设。《四川日报》刊发的《从边缘到枢纽　贵州的"高铁攻略"是怎么做的》一文指出，"进入贵州，出行速度骤然加快，高铁动车线路增加带来的，不仅是出行的速度，更是发展的热度"，"行走在贵阳，感受最深的却是火热：高铁开行的火热、旅游发展的火热、高铁商圈城市综合体建设的火热、高铁沿线新型城镇化推进的火热……"《湖北日报》连续刊发文章剖析贵州交通等基础设施建设的经验,《"县县通高速"的贵州密码》一文指出,"到 2020 年湖北省将实现县县通高速,而地处西南边陲、经济并不十分发达的贵州省,2015 年已实现县县通高速,2020 年高速公路通车里程将达 1 万公里,大大超过湖北省"。《贵州何以"富"修路》介绍,2016 年贵州省一般公共预算收入为 1561 亿元,约为湖北省的一半。而贵州继 2015 年县县通高速后,又在加快建设惠及 2630 万百姓的环贵州高速公路,朝着 2020 年通车里程一万公里的新目标奋力冲刺。

以文化旅游业的发展为例。贵州丰富的地理及人文资源,为这一产业的发展提供了优越条件:"广泛分布的岩溶地形在不同自然力的长期侵蚀下,发育形成典型独特、绮丽多姿的喀斯特地貌。贵州西部,海拔较高,高原地形明显,风光秀丽;贵州西南,地面破碎,河流较多,高原原面与河谷之间落差巨大,河水从原面倾泻而下,形成众多的瀑布,著名的黄果树瀑布就是其中的代表;贵州中东部,山峦叠嶂,秀峰林立,各具风姿;整个贵州高原,丰富的河流水系蜿蜒于崇山峻岭,奔腾于深峡幽谷,星星点点的湖泊为贵州风景增添了几分妩媚。在全球气候变暖的今天,在酷热难耐的夏季,凉爽宜人的气候,使贵州成为人们休闲避暑的好去处。"[1] 2018 年,梵净山被列为世界自然遗产、晋级国家 5A 级景区,全省 4A 级景区首度破百。2018 年 5 月 7 日,美国 CNN 官网用大篇幅报道推介贵州风景,并列出九大理由——打破纪录的洞穴、世界上最大的单口径射电望远镜、中国国酒制造商、中国最美瀑布、世界上最高的桥、全世界最大的杜鹃花海、世界上最大的樱花种植基地、"中国南方喀斯特"、大数据和中国第一个虚拟现实主题公园。同年 11 月 29 日,阿根廷最大的新闻门户网站及南美最大 APP 平台 Infobae 用

---

[1] 林乾志:《贵州旅游业发展问题与对策分析》,《贵阳市委党校学报》2010 年第 4 期。

西班牙语刊登报道，称中国贵州结合了千年传统和梦幻般的自然宝藏，是一个有传说、有神话和创造不平凡的地方。

随着经济社会的发展和各项基础设施的改善，贵州的资源优势正逐渐转化为经济优势："旅游业呈加快发展态势。旅游业的龙头带动作用进一步凸显，发展以文化旅游为重点的现代服务业，打造'多彩贵州'文化旅游品牌。"① 2016 年贵州共接待游客 5.31 亿人次，旅游总收入达 5027 亿元，旅游业成为贵州支柱产业；2017 年共接待游客 7.44 亿人次，实现旅游总收入 7100 亿元，接待游客人次位居全国第二，旅游收入跻身全国前三。2018 年，贵州旅游业持续"井喷"，新增 4A 级以上景区 11 家，梵净山成为 5A 级景区，全省旅游总人数 9.69 亿人次，比上年增长 30.2%；实现旅游总收入 9471.03 亿元，增长 33.1%。

据统计，2018 年，贵州第一产业增加值 2159.54 亿元，比上年增长 6.9%。第二产业增加值 5755.54 亿元，比上年增长 9.5%。第三产业增加值 6891.37 亿元，比上年增长 9.5%，增速高于全国水平（7.6%）1.9 个百分点，全省服务业平稳发展，新兴服务业快速增长，对全省经济增长的贡献率为 47.6%，拉动经济增长 4.3 个百分点。

尽管与发达地区相比，贵州的经济基础、总体经济实力及竞争力等仍有较大差距。例如，贵州独有的文化旅游资源还有待深度开发和保护，部分旅游基础设施还有待完善，交通大动脉日益通畅、"毛细血管"却有待进一步打通，"多彩贵州"品牌内涵还需要进一步挖掘、阐扬。"现代服务业、物流业、信息产业还不发达，竞争力和服务人员素质普遍比较低，服务设施趋向于简单化"②。但是，也要看到，随着国内经济和民众生活水平的持续提升，以文化旅游业为代表的贵州第三产

---

① 贵州省人民政府新闻办公室、贵州省统计局编：《贵州概览 2019》，贵州人民出版社 2019 年版。

② 张虹、陈厚义：《贵州产业结构低度化实证分析》，《贵州社会科学》2010 年第 4 期。

业将会面临更大发展机遇。尤其是，贵州的大数据等战略性新兴产业正在领先全国迅速崛起，更在强劲推动经济社会发展的同时，有可能对区域传播力的提升提出更高要求、提供更大支撑。2017 年，国家大数据工程实验室、云上贵州（班加罗尔）大数据协同创新中心挂牌运行，贵安超算中心和贵安生物医学大数据中心正式成立，贵阳和贵安大数据清洗加工基地建成，贵阳大数据交易所会员超过 2000 家。"数字丝路"跨境数据枢纽港启动建设。贵州省成为国家电子政务云数据中心体系南方节点，"云上贵州"数据共享交换体系整体接入国家平台，省市两级政府部门非涉密应用系统 100%接入"云上贵州"，获批健康医疗大数据中心国家试点省，与国家共办大数据统计学院。贵阳市成为全国大数据及网络安全示范试点城市，"中国数谷"建设加快推进。大数据与实体经济融合取得实质进展，大数据电子信息制造业已成为工业经济的第三大增长点。2018 年，贵州 1625 家实体经济企业与大数据实现深度融合，电信业务总量增长 165.5%，电子信息制造业增加值增长 11.2%，规模以上软件和信息技术服务业、互联网和相关服务营业收入分别增长 21.5%和75.8%，成功引进落地科大讯飞、猪八戒网、科大国创、康佳创投、腾讯云计算、马蜂窝等十多家知名大数据企业，继续加大对苹果、华为、阿里、货车帮、朗玛、易鲸捷等 30 多家大数据龙头企业的培育力度。

如今，大数据已成为贵州的一张亮丽名片。2018 年 11 月，《印度时报》点赞贵州，称贵州作为"中国数谷"欲直连"印度硅谷"。文章指出"中印关系下一个大事件可能是在本加卢鲁（即班加罗尔）和'中国数谷'贵阳之间建立直接连接，以在知识领域推进不断发展的伙伴关系。实际上……印度政府也希望加强该国在贵州的存在，因为在IT 领域加强合作是减少印度同中国之间不断增加的贸易赤字的途径之一"。报道还称，贵州省已成为一个具有世界水平的大数据中心。同月，德国之声电台网站关注贵州掀起"数字热"，并指出，大数据已成中国"新金矿"。2018年12月1日G20峰会期间，阿根廷最大的新闻门户网站、南美最大APP平台Infobae在G20特辑上肯定贵州是中国的"绿色走廊"，还是中国的"数据峡谷"。近十年海外媒体关于贵州的报道，在数量上超过了1978年至2007年间报道量的总和，核心媒体中"经济类"话题的增长量最为突出，包括"金融证券""能源开发""经济发展数据"等传统话题，也出现了"信息技术""电子商务""云计算"等新兴话题。这表明伴随着贵州的开放和发展，世界媒体对贵州的认知早已刷新，贵州吸引了外媒越来越多的主动关注。

贵州的发展，对外依存度较大。对贵州而言，开放带来的活力某种意义上比改革还要大。通过进一步塑造好"多彩贵州"形象，大力提升区域传播力，吸引更多外界资源进入、增添经济发展动力，这项工作贵州始终不能松懈。

（二）经济因素对贵州区域传播力提升的制约

由于传媒业的资金密集性质，以及经济资本对于传媒利润的追逐，使得经济与传媒之间的互动关系较为复杂。

首先，从传媒的角度看，某个区域的基本经济实力及经济环境，构成了它的重要生存条件。由于经济水平不同，人们对待不同类型资讯的态度便存在差别，对不同类型的媒体类型便有不同偏好，用于消费相关资讯的时间及相应诱发的购买行为也存在差异，不仅直接影响到传媒在受众目标群体设定、自身内容设计及载体选择、传播模式优化等方面的决策，更影响到传媒对于广告商、赞助商等事关自身发展的重要资源的吸引力。这些资源极为重要，可以直接决定受众所需求资讯的层次，甚至某个区域传媒的规模和类型。上海、广东能够形成具有强大区域传播力的传媒群落，固然与其独特的文化环境有关，但也不能忽视"长三角经济圈""珠三角经济圈"拥有的坚实经济基础为其提供的支撑。

其次，从经济的角度看，在一个特定的经济区域之内，市场信息的传达及人们对于各种必需资讯的获取，均离不开大众传媒。传媒业的兴起及发展壮大，对于区域经济的崛起和腾飞非常有帮助。社会学中系统论的观点认为，由于企业对可能影响自身发展的信息的关注，以及普通受众由于心理和地域贴近性等原因对身边相关资讯的需求，都需要在本区域宏观社会系统之内产生一种专门从事该方面服务的子系统，以求达到整个区域社会的平稳、健康运作。传媒作为一个专门从事资讯流通且被社会认可的行业，便应运而生。在此情况下，即便有其他全国性媒体覆盖该区域，但因其关注的问题过于广泛、缺乏对当地组织或个人关注点的关注，讨论问题也不那么深入，在区域内的影响力总是不如前者。

通过对贵州区域基本经济实力的剖析，我们已经发现贵州区域经济资源相对较弱，这使得贵州区域大众传媒与经济之间的互动也停留在较低水平，而贵州文化产业的规模和发展水平同样相对较弱。"文化产业发展还未脱离'小、散、弱'的总体特征。2012 年全省文化产业增加值占 GDP 的比重为 2.6%左右，而 2012 年全国文化产业增加值已达到16000 亿元，占全国生产总值的 3.1%左右，贵州文化产业增加值占比低于全国比例。"① 此种比例，甚至比同处西部的一些省区市还小。2014 年，贵州文化产业增加值占 GDP 的比重达到了 3.2%。2016 年贵州省文化产业实现增加值285.29 亿元，比上年增长 17.7%，占 GDP 比重为 2.42%，比上年提高 0.12 个百分点，依然低于全国平均水平。

贵州文化产业的"小、散、弱"，既与经济因素相关，也有人为因素使然。原贵州省主要领导曾于 2011 年指出："有一些干部和群众只承认文化的意识形态性和事业性，只关注文化的教化、喉舌、阵地等社会

---

① 宋明等：《加快文化产业与相关产业融合发展——贵州文化产业发展报告》，载李建国主编：《贵州文化产业蓝皮书：2013 年贵州文化产业发展报告》，知识产权出版社2014 年版，第 27 页。

效益，看不到文化所具有的潜在经济价值，难以理解文化在经济发展中的引擎地位和文化在创造财富方面巨大的乘数效应。"① 观念落后，对文化产业发展的重要性认识不足，轻视或忽略传媒的经济属性，更加影响了相关经济投入、财政支持。2013 年，相关统计显示，虽然成立了文化产业发展专项资金，并将专项资金额度由 2000 万元提高到 5000 万元，但对于贵州文化产业发展的嗷薄需求而言，实在是杯水车薪；虽然政府有关部门与银行签约开展战略合作，寻求金融支持贵州文化产业发展，但仍存在不配套问题；一些文化产业投资公司的成立，受限于规模，并没有从根本上改变贵州文化产业投融资困难的实际。而目前从国家到地方已有上百支文化产业基金，基金总体规模上千亿元……②

与此同时，贵州的互联网发展专项资金经两度增加，每年仍只有 2000 万元。从中央到许多省份都有的新闻传播力建设专项资金，贵州则一直没有设立。这些，都拉低了互联网背景下贵州区域传播力本应展现的水平。

二、制约贵州区域传播力提升的文化因素

（一）贵州区域文化资源分析

作为区域传播力非实体性要素的重要构成，文化资源的丰富与否，不仅对受众的文化心理造成直接影响，还直接或间接的关系到传媒、经济等其他实体性要素和非实体性要素的发展。因而，在对贵州区域传播力资源位的分析考察中，对文化资源的相关分析应是重中之重。

---

① 颜肃：《新一轮西部大开发中的贵州文化产业发展研究》，《经济视角（下）》2011 年第 9 期。
② 参见宋明等：《加快文化产业与相关产业融合发展——贵州文化产业发展报告》，载李建国主编：《贵州文化产业蓝皮书：2013 年贵州文化产业发展报告》，知识产权出版社 2014 年版。

1. 亚文化

社会学将文化定义为"人类群体和社会的共享成果，这些共有产物不仅仅包括价值观、语言、知识，而且包括物质对象"①。根据此种定义可知，在一个社会之中，无论是意识形态、语言等非物质文化，还是大众传媒、艺术品等物质文化，均为处于同一社会之中的人们所共享。而正是在此种共享过程之中，不同的人们完成了文化的学习过程，而文化也获得了积累和传播。

按照社会学的观点，文化可以分为数个类型，如符号、价值观、规范、约制、物质文化等。比如符号，便具有将复杂概念与简单概念联系起来，帮助使用者加深对复杂概念的掌握和理解的功能。此种功能使得我们对复杂社会的理解更为方便，也使得不同人士之间的沟通变得简单起来。由于符号类型的普遍性及功能的有效性，在某种程度上正是由于人类创造和使用符号的能力，推动了文化的存在和发展，并有效地建构了我们脑海中的社会形象。

文化的极端重要性，使得我们对其考察时需要秉持更为谨慎、更全面的态度。如果运用不同的社会学研究范式切入对问题的分析，则可以降低考察失误的概率。例如，功能主义的研究范式认为，某个地区之中某个特定文化现象的存在，恰是其充分发挥了应有的社会功能的效果，因而具有其合理性。冲突论的研究范式认为，该地区的某种特定的文化类型之所以存在，多是因为其保护或促进了某一既得利益集团的利益。它们同时认为，在一个社会之中，存在着很多不同类型的文化，或许其特性及效能各不相同甚至相反，但正因为它们代表了相应的利益集团的利益，故而能够存在并获得不同程度的发展。按照冲突论的观点，社会上某一类型的群体往往会制造或迎合某种对其有利的意识形态，以有效

---

① ［美］戴维·波普诺：《社会学》，李强等译，中国人民大学出版社 2007 年版。

维护其通过各种斗争获得的既得利益更加合法化和正当化。

上述研究范式对待文化态度的不同，实质上也从另外一个方面反映了文化的特点，即文化既具有普遍性，又具有特殊性。就文化的普遍性而言，综观当今世界各个正常发展的国家或地区，基本都有对儿童和老人相对照顾等文化特征，同时也基本具有相似的家庭结构和社会组织机构，以及与其对应的文化基础。就文化的特殊性而言，不同类型的文化，既具有某些共同特征，也具有某些差异。这是因为，不同的文化类型必须和相应的社会环境包括物质环境和社会条件相互适应。

指出文化的特殊性，有利于我们对文化属性的进一步深入挖掘，但由此带来的一个问题是：研究者往往在不经意间倾向于用自己的标准来评价其所观察或研究的文化，把与自己价值观冲突的文化视为落后或野蛮，并由此得出不恰当的结论。这个问题的提出具有现实性，因为对贵州区域传播资源的考察，势必涉及文化资源。贵州少数民族众多，文化呈现多样特征，如果不能科学而合理地解决此问题，将势必直接导致研究结果发生偏差。

毫无疑问，应该秉持文化相对性的原则来处理这个问题。所谓文化相对性，就是必须根据文化自身的标准来对其予以评价。换言之，既然研究者不可避免地拥有某种价值观，且在分析其他类型的价值观时也往往无意识地渗入个人的好恶，保持中立将变得困难。那么，我们不妨将研究对象视为一个更大的社会文化系统的某个部分，或曰"亚文化"，以帮助自身相对中立地审视某些问题。

"当一个社会的某一群体形成一种既包括主文化的某些特征，又包括一些其他群体所不具备的文化要素的生活方式时，这种群体文化被称为'亚文化'"。① 由于并非每个社会的群体成员均接纳并共享同一套

---

① ［美］戴维·波普诺：《社会学》，李强等译，中国人民大学出版社 2007 年版。

文化系统，现实社会中，亚文化普遍存在。例如，围绕职业而逐渐发展起来的新闻道德、师德和医德等。社会成员的一生，往往会经历不同的亚文化，并会切身感受到亚文化所发挥的作用。

亚文化的普遍存在，增加了社会文化的维度和层次，使其更加丰富多彩，大大丰富了人们的生活体验，但一些不合理的亚文化的存在，或没有被有效整合进入社会系统并发挥正向作用的亚文化的存在，却往往会影响社会系统的正常运行，并严重影响人们的社会体验度的提升。对文化资源的整合和利用因此十分重要。

2. 文化资源多样性

我国地域广阔，在文化上，不同区域既有中华文化的共同特征，也有明显差异。这是我国文化资源丰富多彩的重要表征。研究区域传播力，如果仅着眼于局部区域，失去了大局意识，往往陷入难以全面和深入考察的陷阱；缺乏背景参照，反过来也势必不能辨清特定区域文化资源的特点。

黄河流域和长江流域在华夏文明的发源、演变和扩展过程中发挥着主要作用，但在长达五千多年的中华文明史中，也不能小觑其他区域文化资源或民族文化资源的影响。后者以前者为主导，并与前者深度融合，既丰富和发展了本区域或本民族文化，又共同为我国文化多源同归的局面作出了贡献。以贵州为例：贵州是云贵高原上聚居着汉、苗、布依、回、满和彝族等 49 个民族成分的多民族省份，其中世居少数民族17 个……贵州是西南古代氐羌、百濮、百越和苗瑶四大族系分布的连接点，又是历史上"驿道所经"之地，历史悠久；贵州民族特色文化源远流长、底蕴深厚、绚丽多彩、特色鲜明……①

贵州各少数民族均拥有特色鲜明的民族文化。它们在舞蹈、歌曲等

① 参见朱万春：《基于特色民族文化的贵州文化旅游发展创新区研究》，《贵州民族研究》2014 年第 3 期。

方面多姿多彩的表现，以及与自然相融的文化态度等，通过移民等诸多方式促进了贵州区域内外的文化交流和融合，从而为中华文明的繁荣作出了应有贡献。

　　从整体上看，贵州的区域文化资源不仅有表现在经典文献中的精英文化，更表现在浸入普通民众日常生活的思想观念、生存方式、处世态度，以及世代流传的风俗习惯之中，貌似不着痕迹，却又隽永而深刻。贵州民俗有"三里不同风，五里不同俗；大节三六九，小节天天有"①的说法，而民俗仅为文化资源的一部分，由此可见其文化资源的丰富。其中，有一些文化资源对贵州社会产生了重大影响，因而有必要加以重点讨论。例如，由独特的喀斯特地貌所孕育的喀斯特文化，以及由于民族变迁所形成的世居文化和移民文化。

　　3. 喀斯特文化

　　人是环境的产物。根据文化地理学的观点，为了更好地在一定的自然环境之中生产和生活，人们势必将养成或习得与该环境相适应的生存方式。此种生存方式的养成或习得，又势必会对拥有此种生存方式的个人或组织的思想、态度、情感和行为等造成影响，并反映在与其相适应的社会文化的形成或演变等方面。

　　贵州人民世代居住并生活的环境，是世界上喀斯特地貌发育最充分、分布面积最大的地区，喀斯特面积占全省总面积的 73.8%，位居全国第一。在自然切割作用下，贵州多山。"古人说，'天下之山聚于云贵'。实际上，贵州还要多分得一些，在十七万六千平方公里的面积上，山地丘陵竟占了百分之九十七。"②

　　贵州海拔高低差别也极大，最高海拔达 2900 米，最低不到 200 米。

---

① 钱理群、戴明贤、封孝伦主编：《贵州读本》，贵州教育出版社 2003 年版。
② 钱理群、戴明贤、封孝伦主编：《贵州读本》，贵州教育出版社 2003 年版。

"高原、山地、山原、丘陵、盆地、河谷阶地，各种形态的地貌，应有尽有。"① 立体的自然环境，带来立体的气候条件与动植物分布。贵州属于典型的湿润亚热带季风气候，温差较小且四季温暖如春；这里的生物种类基本囊括了从热带到亚热带、温带和寒带的动植物，就数量而言相当于整个欧洲，是一个天然的"世界公园"。

由于地质地貌复杂多元，在漫长的历史岁月里，贵州各族人民不断适应并积极改造所处自然环境，形成了"大杂居"和"小聚居"现象。

所谓"大杂居"，即在一个较大地域范围内，有多个民族交错而居；"小聚居"，则是在"大杂居"的环境中，有一些在相对较小范围内成片聚居的不同民族村落。② 这种"大杂居，小聚居"的总体聚落形态，又因为居住地喀斯特地形的不同，可以大致分为三类，即散珠状喀斯特聚落、串珠状喀斯特聚落和片状喀斯特聚落。③ 所谓散珠状喀斯特聚落，主要指位于峰丛之中、洼地之上，被群山区隔显得较为孤立的小型村落，好似散落在喀斯特高原群峰中的珍珠，由此得名。所谓串珠状喀斯特聚落，主要指位于地势相对平坦的峰丛谷底之中，村落民居依照地势而建，聚合如成串的珍珠那样的村落。所谓片状喀斯特聚落，则主要指位于群山之间面积相对较大的平地上建立起来的呈片状分布的大型聚落。

"大杂居"和"小聚居"的贵州各民族生活状态，是喀斯特地貌在社会文化生活上的一种映射，带有鲜明的喀斯特文化特征。

首先，在贵州喀斯特地貌典型发育区，峰丛林立，峡谷深切，地貌崎岖不平。喀斯特峰丛、洼地，位于由峰丛、丘陵等环绕而起的面对相

---

① 钱理群、戴明贤、封孝伦主编：《贵州读本》，贵州教育出版社 2003 年版。
② 参见袁行霈、陈进玉主编：《中国地域文化通览·贵州卷》，顾久本卷主编，中华书局 2014 年版。
③ 参见熊康宁等：《喀斯特文化与生态建筑艺术》，贵州人民出版社 2005 年版。

对狭小的低洼之处，由四周峰丛等高地上长年累月脱落或冲刷而下的泥沙堆积而成，土壤较为肥沃且地形相对平坦，成为人们宜居之所，构成贵州典型的洼地村落。村民的建筑多依地形而建，围绕洼地向四周扩展。但是，狭小的洼地面积势必不能容纳太多的人居住，因而每个洼地所居住的人数较少，其生活及由此而衍生的文化便呈现出"小聚落"的特征。同时，由于每个聚落之间山峰林立，交通受阻，地理环境相对封闭，峰丛、洼地之中的人们与外界的联系也会相对不便，"小聚落"便如大海中的一个个小岛，又有"文化孤岛"之称。

其次，贵州喀斯特文化所具有的封闭性特征，诱发了它的原生态特征。由于交通不便，生存环境较为封闭，"小聚落"之间的文化交流也相对欠缺，乡土文化便不那么容易受到外在文化等外在力量的侵入。换言之，喀斯特地貌带来的诸多不便，隔阻了外来文化的传入，从而使得乡土文化在常常由单一民族聚居的相对封闭环境中，以及以血缘关系为纽带建立的宗族社会关系中得以世代相传，并长久保持一种原生态的状态。在全球文化同质化倾向较为严重的今天，此种文化的特殊性及其原生态便富有极大价值。在国务院公布首批《国家级非物质文化遗产名录》518 项中，贵州有苗族古歌、安顺地戏、苗族蜡染技艺、苗族芦笙舞、玉屏箫笛制作技艺等 31 项入选，数量位居全国前列。贵州是我国传统村落的大本营，国家七部委公布的中国传统村落前四批贵州有 545 个；国家级中国少数民族特色村寨贵州有 213 个，位居全国第一；省级中国少数民族特色村寨贵州有 514 个。中国少数民族特色村寨名录，入选数量位居全国第一。传统村落或民族村寨的数量、质量、当量，在全国都处于领先位次。明代宋应星《天工开物》记载的工艺大部分在贵州民间还有留承。

再次，由于喀斯特的地貌特征，尽管在较小区域内有一些"小聚落"，但在相对较大的地域范围之中，却又有多个民族同时聚居，并彼此能够找到适合自身生存和发展的空间。因而，丰富多彩的少数民族文化，能够在贵州这片土地各自得到保存，其特色往往并不会因时间的冲刷而消失或变形。漫漫历史长河中，也有一些外来文化对当地原生态的文化造成了影响——如王阳明"知行合一"的心学体系，便因其在贵州"龙场悟道"而发端，对贵州文化产生了积极影响。但是，在贵州，本土文化与外来思想文化之间、本土各异的民族文化之间，总能够形成一种和谐共存的相处模式，能够做到互相欣赏和共生共融。此种充分体现喀斯特文化包容性的"千岛文化"现象，在世界范围内并不多见，因而也更具价值。

最后，由于喀斯特地貌广泛发育，并成为贵州各民族赖以生存和生活的物质基础，因而喀斯特文化里面又渗透有尊重自然，以及人与自然和谐共存的血液。例如，贵州各民族的民居建筑，多在喀斯特地貌环境中因地制宜构建而成，建筑风格和文化内涵独特。作为喀斯特文化的一种外在表现状态，是当地人与自然和谐共存的一个例证。

普遍分布的喀斯特地貌，成为贵州文化所依托的重要物质环境，在全球文化趋同化和自然环境破坏严重的今天，日益为人珍视。它既给贵州带来珍贵的喀斯特文化价值，当然也有弊端存在。例如，"山外人少知，视贵州为蛮荒之地；黔人生长于斯，自不觉新奇，又以地处鄙远，贫瘠落后，外出也羞于提及，说起'地无三里平'，也就有愧不如人之感"[1]。由此论述可知，喀斯特地貌环境对当地居住人群的心理状态造成的部分影响。不仅如此，喀斯特文化的封闭性特征，也使得人们的视野受到局限，在一定程度上是缘于当地一些人满足于自给自足的传统而保守的生活方式。因而，对贵州区域传播力的重要构成因素——文化资源，我们要全面考察、审视。

---

[1] 钱理群、戴明贤、封孝伦主编：《贵州读本》，贵州教育出版社 2003 年版。

4. 世居文化和移民文化

在贵州，有包括苗族、侗族、布依族等在内的 49 个民族交错分布。其中，仅世代居住在此的少数民族（以下简称"世居少数民族"）便有 17 个。在"大杂居，小聚居"的分布格局下，各民族之间的文化各不相同，尤以世居文化和移民文化惹人注目。在某种意义上，这两种文化，分别代表着贵州的民族文化和历史文化。

贵州的 17 个世居少数民族，虽然所处地理位置、经济条件、思维方式和社会发展程度有所不同，但彼此之间却和谐相处，形成了一个多元共生的文化综合体。

首先，就其物质文化而言，贵州自古森林茂密，各少数民族与树木之间有着较为紧密的联系。森林资源作为他们世代仰赖的宝贵财富，被广泛地使用在生产和生活的各个方面，并用作换取资金的重要途径，因而人工造林广泛存在。构成各少数民族聚落文化重要景观的民居，多依山傍水，就地取材构筑而成，且每个民族的建筑均有自己的主要特征——如干栏聚落型、石木聚落型、土木聚落型等，加之"大杂居，小聚居"的分布状态，远远望去，错落有致，与当地自然环境较为契合，呈现出一种别样的美感。

世居少数民族的佩饰文化也较为独特。"贵州少数民族佩戴银饰和银饰加工比较盛行。黔东南一带，苗族、侗族均喜饰银器，无论男女，戴用耳环、项圈，妇女并戴手钏。"[1]"一个佩齐了整套银饰的苗女，可以说几乎是用白银将自己'包裹'起来，以多为美，以重为美……一个盛装的苗家妇女，其全身银饰的总重量甚至达一二十公斤"[2]。

---

[1] 袁行霈、陈进玉主编：《中国地域文化通览·贵州卷》，顾久本卷主编，中华书局 2014 年版。

[2] 袁行霈、陈进玉主编：《中国地域文化通览·贵州卷》，顾久本卷主编，中华书局 2014 年版。

其次，就其社会文化而言，贵州世居少数民族在家庭、婚姻和社会结构，以及由此而衍生的舞蹈、葬俗等外在表现方面，均具有鲜明的民族特色。以葬俗为例，"历史上的贵州各族人民，人去世之后主要以土葬为主，但有的少数民族由于特殊的历史和宗教信仰原因，还有极富研究价值的丧葬仪式和安葬的形式。如荔波县联山湾的布依族吊丧舞、荔波县境内三支瑶族的洞葬和紫云县的悬棺葬等"①。这些传统葬俗，反映了不同民族的宗教文化差异，具有深厚的文化内涵。

再以舞蹈等文艺表现为例。这些少数民族在长期的生产、生活中创造了独特的舞蹈形式，均能歌善舞，且传承悠久。例如，"被外界誉为'东方之舞'的大美天成杰作《锦鸡舞》表现了苗族人民温和娴静的性格，体现出人与自然和谐友好的精神状态，凸显着苗族人民古老而绚烂的美感追求"②。类似的优秀文化表现形式具有唯一性，背后是一个个感人的故事或传说，社会学研究价值很高。

再次，就其精神文化而言，世居少数民族多盛行原生性宗教与崇拜，如自然崇拜、祖先崇拜、图腾崇拜、鬼神崇拜等。以自然崇拜为例，出于对大自然伟大力量的敬畏，往往将一些山、水等自然物加以膜拜并赋予其精神象征。

上述代表贵州世居少数民族精神文化的风俗习惯，地域性和民族性特征鲜明，又富含特殊的社会性和敏感性特点，以种种独特的形式浸透在各少数民族的灵魂和血液之中，表现在他们的日常行为及思想文化之中，构成他们各自的文化基因和精神特质，并得以世代传承，因而更具有重要文化价值。

---

① 朱万春：《基于特色民族文化的贵州文化旅游发展创新区研究》，《贵州民族研究》2014 年第 3 期。
② 冯晓宪、舒瑜、彭秀英：《贵州少数民族民间舞蹈数字化保护与开发研究》，《贵州社会科学》2010 年第 3 期。

　　所谓移民，指"具有一定数量、一定距离、在迁入地居住了一定时间的迁移人口"①。在我国各个地方，由于自然灾害或战争等人为因素的影响，曾经发生若干次大规模的移民现象。对贵州影响较大的移民活动，应属明代初期汉族军人及其家属等由江南等地大规模移民至以安顺为中心的贵州中部地区，并建立"屯堡"的集团性移民活动。而今，传承着数百年前军事文化和中原文化、江南文化风采的"屯堡文化"，在许多地方依然保存完好，成为一种特殊的文化景观。

　　屯堡形成的历史背景，是朱元璋为维护大一统而派遣军队和其他民众开发云贵。最初在于军事目的，由于军队的需求，商屯和民屯陆续兴起，共同促进了当地发展。在随后的岁月中，有些人离开屯堡，而有些新来的汉人则加入其中，并随着时代变迁形成了自己的特点。据统计资料显示，"在今安顺、平坝、普定、长顺等原属普定卫、平坝卫、安庄卫的地区，尚有这样的屯堡村寨三百多个"②。这些村寨中的民众，语言、服饰和习俗与周边的少数民族都不同，与其他汉族人也有区隔，彼此有着基本相同的身份认同，即"屯堡人"。

　　首先，就其文化特点而言，明显具有中原和江南汉文化的遗风而又与其有所不同。屯堡先民来自全国各地，由于军队特有的群体封闭性特征，以及客观存在的群体文化优越感、喀斯特地貌所具有的地理封闭性，使得其文化传承相对封闭，聚合并衍生出诸多文化载体。但是，喀斯特地貌的特殊性，以及从事的军事活动的较高风险性，促使他们根据当地自然环境作出了必要的改变，加之随着时代变迁，屯堡人与当地世居民族之间的隔阂逐渐消逝，彼此的文化交流逐渐增多，因而部分屯堡文化特征及其载体亦与"原乡文化"表现不同。

---

① 葛剑雄主编：《中国移民史》第一卷，福建人民出版社 1997 年版。
② 袁行霈、陈进玉主编：《中国地域文化通览·贵州卷》，顾久本卷主编，中华书局2014 年版。

其次，就其外在表现而言，也呈现多姿多彩的特征。屯堡的建筑布局和建筑风格均有中原和江南的风格存在，而其世代传承的语言保留着北方语言体系的特点，服饰也具有中国传统的"宽袍大袖"等特点。作为屯堡文化的重要标志，屯堡地戏的唱腔较为高昂，动作也较为矫健有力，且表演前后均要举行相应的仪式，始终有一种浓浓的文化仪式感缠绕，让人震撼。除地戏外，山歌亦是屯堡重要的群体性艺术活动，内容涉及天文、地理和人间各种悲欢离合，生动活泼，既有江南一带山歌的气息，又蕴含贵州本地的山野之气，具有强大的文化渲染力。

人们在地理空间的移动，实质是一种文化的迁移过程。以屯堡文化为代表的贵州移民文化，具有"五方杂处"的特色。外来移民携带自己的物质文化和精神文化，融入贵州文化之中，随着时间推移和社会变迁，发生着某种程度的改变，与其他民族文化形成一种多元共生、和谐共处且开放性和包容性极强的状态。

对贵州价值巨大的区域文化资源的挖掘和展现，无疑可以为区域之外的人们认识贵州提供一个重要途径，是贵州区域传播力提升及社会整体发展的重要支撑。

（二）文化因素对贵州区域传播力提升的制约

在文化与传媒之间，亦存在较为紧密而复杂的关系。

首先，从文化学的观点来看，任何传媒所表述的内容，不管其形式如何，均富含文化因子，同时也是广义范围中文化的某种体现。尽管在某些情况下，部分传媒所表述的文化内容与社会主流价值观不相一致，或其提倡的文化与社会发展潮流不相匹配。但是，却不能说它没有文化的成分在内，而只能认为其在某种程度上传播了错误的文化并阻碍了文化的良性发展。此外，大众传媒的运作理念及其载体，也均是物质文化、精神文化和制度文化等的某种体现。文化是传媒发展壮大所必需的土壤，扮演着不可或缺的重要角色。

其次，从传媒的角度来看，尽管其所传播的内容浸透了文化的基因，但并不意味着其尽得文化的精髓，也并不意味着所有的文化内容均可以传播。文化发展的时代性与进步性，注定会使其在某个时期产生一些特定的内容，而这些内容也或许会被新的时代进行批判性审视，甚至视为糟粕而舍弃。例如，一些封建时代产生的文化内容，往往会被人们视为糟粕而批判，但是，传媒在决定对这种批判是否传播之时，却需要谨慎审视，并不能因为其产生的特定时代的落后或特定区域的贫穷而全盘否定。事实上，在过往的悠久岁月，一些优秀的文化传承正是诞生在相对积弱的社会环境或个别相对落后地区。即便是所谓糟粕，也属于一种正常的文化现象，有时还会有其独特作用。如一度盛行的黑格尔的唯心主义哲学，虽然被唯物主义哲学所激烈抨击，但即便是唯物主义哲学的代表人物马克思，也曾经从其身上汲取过若干的营养。同样，民族文化作为传统文化的一部分，也从来不是一个纯粹的真理体系，而是多种文化杂糅生长的共生体。传媒在对其进行传播时，也应该持一种批判的态度，进行积极的文化选择，支持优质文化在文化市场之中胜出，促使其适应并推动现代文明体系的发展。

通过上述对贵州文化资源的分析可知，贵州各民族的文化资源极其丰富，令一些省份难望项背，为传媒产业的发展铺垫了肥沃的文化土壤。然而，这些文化存在的一些特点，也同样制约了传媒产业的发展。

第一，从文化对传媒观念的影响来看。喀斯特文化固然是一种历史悠久且值得珍视的文化类型，但又具有某种封闭性和狭隘性特征，往往会作用于人们的精神并在其思想、态度和行为之中表现出来。换言之，地理和心理上的封闭性，以及视野的狭隘性，会促使人们形成一种与世无争的生活态度和慢节奏的生活方式，并往往使得市场经济所需要的开放性效应大打折扣。较为典型的表现，便是贵州一些人"安土重迁"和"小富即安"意识的牢固性。在生活节奏明显加快、市场意识和开放意识日益增强的信息社会，从事新闻传播业更需要与时代契合的开放品质，封闭性和狭隘性，势必会影响到传媒产业发展相关资源的优化整合和从业者的开拓创新。

第二，从文化传承的角度来看。贵州丰富多彩的原生态民族文化，是贵州人民宝贵的精神财富。然而，由于时代的变迁、外来商业文化的侵蚀等原因，导致部分文化面临失传危机，或发生了某种程度的同质化倾向。贵州相关组织和个人为保护和传承民族文化作出了许多努力，例如，"自 20 世纪 50 年代初，在'土改'过程中发现侗族大歌始，在近六十年的时间里，贵州先后组织编撰、出版了《中国民族民间器乐曲集成·贵州卷》《中国民间歌曲集成·贵州卷》《侗族大歌研究五十年》《贵州少数民族音乐》《贵州民族音乐文选》《本土乐话》等一批专著及论文集"[1]，以对少数民族音乐文化等进行保护，并取得了一系列成绩，但开放程度的加深和经济社会的发展，使得民族文化的保护与传承面临更大挑战，这对于经济区位上处于劣势而传统文化环境优势明显的贵州传媒产业而言，无疑是一种损失。

第三，从文化整合的角度来看。在贵州，存在着一些亚文化资源未被有效整合并影响文化产业发展和其他相关发展的情况。总体上，"文化旅游业发展质量还比较低，文化产业与旅游业形成良性互动尚有一段过程，对有的跨区域分布的文化旅游资源各自开发，不仅浪费资源，收益微小，而且也浪费了区域联合、部门联合形成规模文化旅游的大好机会，文化产业进入旅游业的途径缺乏，旅游区接纳文化产业的程度不高，没有很好地找到文化与旅游之间相结合的契合点，多数旅游仍为初

---

① 谌贻琴：《对"多彩贵州"的深层思索和理性认知》，《中国音乐》2010 年第 4 期。

级形态的观光旅游，文化旅游产业链条只停留在'游'的层面，购物、娱乐、休闲、餐饮、住宿、交通等方面还较落后。文化产业主要集中在文化信息传输服务和文化休闲娱乐服务，能产生高附加值的文化创意类企业和涉及服务类企业很少，具有较高技术含量、创新力、竞争力和市场潜力的文化产品也很少。"①

事实上，不仅广义上的文化资源的优化整合存在问题，即便狭义上的文化产业内部的资源整合，也同样需要加强。"全省各地的新闻出版业，产业同构化严重，造成企业规模偏小，布局分散，区域市场分割，资源无法合理流动和有效开发利用，难以形成规模经济效益和节约化经营效益，阻碍了新闻出版大市场的形成和新闻出版专业分工。新业态处于萌芽状态，数字出版总体力量薄弱，品牌效应不强，有贵州地域特色的精品产品少；新闻出版业出版的地域特色的精品产品少，影响小。"②

不仅在贵州，甚至在部分发达国家或地区，也同样存在文化资源的整合问题。这是因为，文化的多样性往往使得不同文化要素之间的属性互相矛盾，导致文化冲突与摩擦。因而，文化整合的必要性，不仅会体现在某些相对有限的文化范围内，还可以体现在较为广阔的整体文化水平上。这要求本书秉持实事求是的观点，对问题进行科学而全面的分析、审视，并力图找到更好的解决办法。

第四，从文化旅游产业的发展来看。传媒产业更是直接或间接受到影响。在第三章对贵州经济状况的分析中，可以看出贵州总体经济基础

---

① 宋明等：《加快文化产业与相关产业融合发展——贵州文化产业发展报告》，载李建国主编：《贵州文化产业蓝皮书：2013 年贵州文化产业发展报告》，知识产权出版社2014 年版。

② 宋明等：《加快文化产业与相关产业融合发展——贵州文化产业发展报告》，载李建国主编：《贵州文化产业蓝皮书：2013 年贵州文化产业发展报告》，知识产权出版社2014 年版。

相对薄弱，而文化旅游产业却异军突起，成为贵州经济发展的重要支撑点。同时，与互联网密切相关的大数据等新兴产业风生水起，显示出强劲的发展愿景。这些产业的兴起，势必会有助于贵州总体经济实力的增长，并对人民的生活有所改善。由于一个地方的经济发展水平直接或间接地决定了受众及其需求资讯的类型，以及可以容纳的媒体数量，因此，也就在一定程度上直接或间接地决定了当地传媒产业的类型及发展空间。区域经济的增长，还可能意味着政府财政对传媒产业支持力度的加大。因此，贵州文化旅游产业及大数据等新兴产业的发展，对于贵州传媒产业的发展有一定的直接促进作用，尤其是大数据产业对传媒产业的发展可能存在巨大的机遇。

但是，贵州文化旅游产业发展现阶段存在的一些问题，如"发展理念创新不够，存在观念缺失……旅游产品缺乏差异性，形式单一，设计庸俗化……工业化、城镇化、农业现代化的冲击……人才资源匮乏，从业人员总体素质不高……资源开发与保护之间关系处理不够恰当"①，"在民族特色文化旅游资源开发的过程中保护意识不够强，资源破坏比较严重。主要表现在文物流失和传统文化传承退化……另外，对民族文化传承人的资助、激励措施不够健全，缺乏长效机制，使得很多特色民族文化面临断代的尴尬局面"②，等等。势必对文化旅游产业发展造成不利影响，进而也可能影响到传媒产业发展。而贵州传媒如果不能抢抓大数据产业发展的机遇，在开放的状态下，则此机遇可能被省外传媒抢去，从而反过来对贵州传媒的发展形成制约。

---

① 朱万春：《基于特色民族文化的贵州文化旅游发展创新区研究》，《贵州民族研究》2014 年第 3 期。
② 朱万春：《基于特色民族文化的贵州文化旅游发展创新区研究》，《贵州民族研究》2014 年第 3 期。

三、制约贵州区域传播力提升的媒介因素

作为区域传播力的重要构成要素，传媒尤其是互联网媒体和融合媒体的综合素质及表现如何，会直接对互联网背景下贵州区域传播力的实际水平及具体表现产生直接影响。传媒综合素质的养成及其具体表现，除了受经济和文化等非实体性要素的制约外，还受到传播者和受众等实体性要素的影响。因而，考察传媒自身因素对贵州区域传播力提升的影响，有必要从更为广泛的角度来进行。

第一，从贵州传媒整体实力来看。贵州区域经济水平相对落后，为传媒发展提供的经济环境和物质动力较弱，贵州传媒产业整体实力在全国的排名不容乐观。以广告营业额为例，"北京、上海、广东多年来广告营业额稳居全国前三位，属于第一梯队；华东沿海地区的山东、江苏和浙江排在第一梯队；华东沿海地区的山东、江苏和浙江排在第 4—6 名，是第二梯队；其他沿海省市和四川为第三梯队；西部地区只能是最后梯队"。① 作为"最后梯队"中的一员，贵州传媒除非得到外来资金的注入，或是区域经济发展能够为其提供更大成长空间，单靠现有自身力量很难取得跨越发展，区域传播力无疑也将因此受到限制。

第二，从贵州区域传媒格局来看。贵州报纸、杂志和广播电视已经走上了产业重组和集团化发展之路，并取得了较好成绩，但如何进一步深化改革、优化整合传媒资源，还有待探索。不仅如此，在贵州传媒重组的过程中起主导作用的多是行政力量，而市场力量相对弱势。传媒产业是一个个环节互联的组合方阵，各个传媒集团内部或相互之间高度分工，进行价值链接。在传媒经济增长的过程中，传媒产品的创意、技

---

① 刘洁、胡君：《媒介产业增长极"孤岛现象"成因及解决路径》，《新闻与传播研究》
2007 年第 3 期。

术、营销等各个环节紧紧联系在一起，形成一个"上游开发、中游拓展、下游延伸"的产业价值链条，对相关的各种企业和产业形成带动效应。[①] 贵州传媒在行政力量作用下存在着一定重复建设现象，且媒体形态和内容部分雷同，不利于真正意义上的产业链和价值链的有机链接，以及其产业带动效应等功能的扩散和发挥；同时意味着，资源的配置或许会存在额外浪费的情形。另外，富有强大竞争力的互联网等新媒体已经出现，并对原来以报纸、广电和期刊为主的传媒竞争格局造成了冲击，但贵州传统媒体的规模及其市场地位尚相对强势，而契合时代的新媒体仍处于相对弱势地位。由此可以看出，贵州传媒资源的内部格局还尚待调整、优化整合能力还尚待提升。

第三，从传播者的角度来看。贵州传媒从业者的相关观念特别是对互联网新媒体的认知还相对落后，不但影响了传媒资源整合的有效性，而且对行政力量的过度依赖也部分抵消了市场机制的运行效果。这使得贵州部分媒体的主要任务，仍侧重于政治任务的完成，或还多侧重于政治方面的考量，而对传媒的经济属性和文化属性重视程度不够，反过来又因发展不足影响了政治任务的完成质量。部分媒体尽管已经有了对外传播意识，但由于缺少资金的支持以及更为有效的传播方法，包括对互联网传播重视不够、对互联网传播规律把握不准等，在内容呈现、信息传播等方面还需要大力提升。

传媒观念的相对落后，还体现在自身硬实力和软实力不匹配，以及相对僵硬的制度对人才发展的制约等方面。就前者而言，贵州主流媒体普遍较为注重自身办公场所、机器设备等硬实力的提升，但对于媒体文化建设、员工新闻专业精神的塑造和巩固却缺乏相应的投资。因而，部分媒体看起来发展较快，在外界看起来还比较"大"，但距离强势媒体

---

① 刘洁、胡君：《媒介产业增长极"孤岛现象"成因及解决路径》，《新闻与传播研究》2007 年第 3 期。

的内涵还有不少差距。传媒从业者专业素质和新闻伦理跟不上硬实力增长，必将制约传媒区域传播力的提升。从后者来看，贵州部分传媒引入了较为严格的企业制度，试图发挥制度的力量对员工进行管理或约束，也取得了一些成绩。但传媒聚集大量知识分子，他们一般具有较强的精神独立性和相对散漫的行为习惯，对于制度所强调的绩效，一般也有自己独特的观点。如果对自己所从事的事业、所属的团队和所处的发展环境较为认同，他们的自我约束往往比相对僵硬的制度措施的约束更好。个别媒体仅注重制度文化建设且实施缺乏弹性，可能会影响从业者的职业忠诚度和本应有的奉献精神，而这势必将同样影响传媒区域传播力的提升。

第四，从传媒内容的角度来看。某个区域文化的特有魅力，使得同处于一个文化背景或文化时空之下的人们，总是更容易选择并接受心理接近性或地理接近性均较强的传媒内容，而此区域的相关传媒便成为最为恰当的传播载体，常常衍生出巨大的受众群体。然而，随着不同区域经济的发展和延伸，以及不同区域开放性的增强，越来越多的传媒出现了传播内容和传播范围的泛化。同时，由于多数受众的温饱问题已经解决，他们尽管仍对本区域信息有较强需求，但对区域外未知事物的关注也在增长，视野和需求变得更为广阔。根据马斯洛需求模型理论，人们的生理需求和安全需求等基层需求被满足之后，往往倾向于层次更高的爱和归属感、尊重和自我实现等较高需求层次，而其满足需要更多的资源和必需的相关资讯。随着民众生活水平的提高，此种需求将成为主流，而具有丰富原生态文化资源的贵州等区域将越来越为人们向往。这使得传媒界发展出所谓"大传播观念"。

由于地理和文化封闭性特征的影响，贵州传媒的大传播观念尚未建立起来，缺乏在更高层次、更大范围参与传媒竞争的意愿与规划。目前，贵州由受众需求导向和文化贴近性导向引发的传媒区域性延伸战略，多由党政部门依靠行政力量推动，而传媒依靠市场力量的自觉行为很少。对外传播的内容，同质化倾向较强，专业化程度不够，对传播规律，尤其是互联网传播规律的把握还有待增强。传媒内容作为区域传播力的重要构成要素，因其可再生性和塑造性较强具有特殊的价值，部分传媒对其挖掘报道的方式不专业或挖掘的深度不够等，势必不利于贵州传媒区域传播力的提升。

第五，从贵州互联网媒体来看。如前所述，贵州传媒产业，目前仍是传统媒体占据相对主导地位，而互联网媒体处于相对弱势地位。作为传媒发展的主要方向和区域传播力提升的重要希望，处于上升阶段的贵州互联网媒体存在的问题也应该引起重视。

近年来，贵州互联网迅速发展，网络正能量传播体系逐渐完善，清朗网络空间逐渐形成。但和东部一些发达省份相比，互联网普及率还是较低。与此同时，网络文化的建构方面也要进一步加强。一些网络"不注重文化底蕴积累，不能将现实世界的文化与网络机制进行有效对接"[1]，还存在低俗之风，混杂其中的谣言、淫秽色情、暴力恐怖和版权侵权等违法违规内容，不同程度污染了网络空间，侵蚀了区域互联网的正向传播力。2018 年，贵州省各级网信部门统筹实施"黔净"网络空间清朗工程，会同有关部门依法关闭违法违规网站 63 家。其中，"妈妈论坛""怡红院"等淫秽色情网站 28 家；"微彩购""七派娱乐"等赌博网站 20 家；侵权假冒网站 8 家；其他违法违规网站 7 家。约谈违法违规网站、账号负责人 65 人次，暂停更新网站 2 家。关停违法违规头条号"贵州教育资讯网"等自媒体账号 470 个。暂停更新微信公众号 1 个、微博账号 3 个。清理下架违法违规移动应用程序 264 个。移送公安机关涉网络谣言、网络敲诈、有偿删帖案件线索 165 件，行政处罚 89 人，刑事处罚 2 人。

---

① 段丽娜、袁晓莉：《网络文娱报道如何抵制低俗之风》，《新闻窗》2012 年第 1 期。

第三节 制约贵州区域传播力提升的其他因素

由于区域传播力构成要素众多，且彼此联系较复杂，除经济、文化和传媒等要素外，肯定还存在其他对区域传播力影响较大的因素。例如，相关行政因素和人力资源因素等。

首先，就相关行政因素而言。由于区域开放程度和观念意识等的不同，不同区域对传媒产业发展的行政干预程度和方式也不同。东部一些地区得风气之先，政策环境相对宽松，行政干预相对较少或较科学，传媒市场开放度高，其传媒的全国竞争力和区域整体传播力也强。相比之下，贵州等西部地区传媒市场机制发挥的力量较弱，行政力量则较强，市场整合资源的能力和活力不足，传媒的竞争力和区域传播力也相应较弱。事实上，贵州区域传播力的提升不仅会受到区域内部泛行政化弊端的制约，而且在开展区域对外传播或实施跨区域媒体扩张的过程中，也会受到其他区域地方保护主义的干预，成本将由此增加。

其次，就人力资源因素而言。从贵州人力资源结构特征来看，与全国有一定差距：2010 年第六次全国人口普查结果显示，贵州常住人口中，具有大学（指大专及以上）文化程度的人口为 1838781 人；具有高中（含中专）文化程度的人口为 2530196 人；具有初中文化程度的人口为 10350718 人；具有小学文化程度的人口为 13680651 人（以上各种受教育程度的人包括各类学校的毕业生、肄业生和在校生）。同 2000 年第五次全国人口普查相比，每 10 万人中具有大学文化程度的由 1914 人上升为 5292 人；具有高中文化程度的由 5665 人上升为 7282 人；具有初中文化程度的由 20639 人上升为 29789 人；具有小学文化程度的由 43557 人下降为 39373 人。但低于全国平均水平（同 2000 年第五次全国人口普查相比，全国每 10 万人中具有大学文化程度的由 3611 人上升为 8930 人；具有高中文化程度的由 11146 人上升为 14032 人；具有初中文化程度的由 33961 人上升为 38788 人；具有小学文化程度的由 35701 人下降为 26779 人）。全省常住人口中，文盲人口（15 岁及以上不识字的人）为 3038527 人，同 2000 年第五次全国人口普查相比，文盲人口减少 1847613 人，文盲率由 13.86% 下降为 8.74%，下降 5.12 个百分点（同期全国文盲率由 6.72% 下降为 4.08%，下降 2.64 个百分点）。[①] 这种情况下，可以用于传媒产业或有志于从事传媒产业的专业人才也处于相对缺乏状态，进而使贵州区域传播力的提升不能拥有更好的人力资源支撑。

这些数据在近年来有了较大变化，据统计，2017 年全省各种受教育程度人口占 6 岁以上人口比重分别为：大专及以上 9.12%、高中 11.21%、初中 36.42%、小学 34.51%[②]，较往年看，仅有小学受教育程度人口占比逐年下降，其余受教育程度人口占比均呈现不同程度的提升，人口总体文化素质持续提高。2017 年，阿里巴巴集团蚂蚁金服发布的大学生就业流向报告显示，贵州在全国大学生流入地排行榜中居第七位，"贵漂"正成为贵州发展火热实践中的一道亮丽风景线。高层次人才达到近 18 万人，比五年前翻了一番。据腾讯 QQ 大数据发布的《2018 全国城市年轻指数》报告显示，贵阳市以 88 的城市年轻指数超越深圳市，一跃成为全国"最年轻城市"。人力资源是最重要的生产要素，人流变化将为贵州区域传播力建设的提升提供根本支撑。

通过上述对贵州区域传播力系统一些主要要素的分析，可以看出贵州区域传播力尽管比以往有所提升，但却总体落后于东部地区和中西部一些省份。特别是在互联网新媒体与传统媒体之间，更呈现实体性要素

---

① 国家统计局：《2010 年第六次全国人口普查主要数据公报》。
② 贵州省统计局：《2017 年人口发展现状分析》。

资源、实体性与非实体性要素资源匹配不合理、传播力状况不平衡的状况。例如，传媒资源及传媒发展所依赖的其他资源仍在向传统媒体倾斜，而互联网媒体传媒资源相对缺乏；在传播力方面，仍然表现为传统媒体在议程设置、新闻框架力、传媒公信力、资讯传播渠道、受众和信源等方面优于互联网媒体。但是，就所代表的发展意义、所产生的影响的可能性而言，传统媒体却又明显不如互联网媒体。此种现象的出现，固然有互联网的发展需要时间的积累和检验等原因，也有传媒发展宏观战略的制定能否与时俱进的问题。

为"联手打造一个全新的媒介景观，以适应我们大国强势崛起、民族伟大复兴的'中国梦'的现实需求"①。2014 年 8 月 18 日，中央全面深化改革领导小组第四次会议审议通过了《关于推动传统媒体和新兴媒体融合发展的指导意见》，媒体融合进入国家战略层面②，而2014 年也被视为"媒体融合元年"。根据《指导意见》，2014 年 11 月，贵州下发《〈关于推动传统媒体和新兴媒体融合发展的实施意见〉的通知》，要求"充分运用新技术新应用创新媒体传播方式，占领信息传播制高点，进一步提高我省主流媒体传播力、公信力、影响力和舆论引导能力"③，并据此采取一系列措施大力推动省主要新闻出版单位的媒体融合工作。

传统媒体和互联网等新媒体作为传媒发展的"一体两面"，本质属性具有共通性，且彼此优势互补。将两者深度有机融合，不仅符合媒体形态演变的规律，而且在技术支撑、内容建设、传播渠道、发展平台和

---

① 方兴东、胡智锋、潘可武：《媒介融合与网络强国：互联网改变中国——2015〈现代传播〉年度对话》，《现代传播（中国传媒大学学报）》2015 年第 1 期。
② 方兴东、胡智锋、潘可武：《媒介融合与网络强国：互联网改变中国——2015〈现代传播〉年度对话》，《现代传播（中国传媒大学学报）》2015 年第 1 期。
③ 中共贵州省委办公厅、贵州省人民政府办公厅：《〈关于推动传统媒体和新兴媒体融合发展的实施意见〉的通知》，2014 年 11 月 13 日。

经营管理等方面也更符合传播规律的要求，更有助于建构贵州"立体多样、融合发展的现代传播体系"①。对此问题的思考和探索，对提高贵州区域传播力至关重要。

① 中共贵州省委宣传部：《关于印发〈张广智在全省推动媒体融合发展座谈会上的讲话〉的通知》2014 年 9 月 28 日。

第十一章

强化互联网背景下区域传播力
提升的战略规划

    2014 年 2 月，中共中央总书记、国家主席、中央军委主席、中央网络安全和信息化领导小组组长习近平主持召开中央网络安全和信息化领导小组第一次会议并发表重要讲话。他强调："网络安全和信息化是事关国家安全和国家发展、事关广大人民群众工作生活的重大战略问题，要从国际国内大势出发，总体布局，统筹各方，创新发展，努力把我国建设成为网络强国。"① 会后，由党和国家最高领导人担任组长的中央网络安全和信息化领导小组正式运转。

    同年 11 月 19 日，首届世界互联网大会在浙江乌镇举办，"来自近 100 个国家和地区的政要、国际组织代表、著名企业高管、网络精英、专家学者等 1000 多人"② 参加了这一国际互联网领域的高层论坛。2015 年 3 月，在第十二届全国人大第三次会议上，李克强总理首次在政府工作报告中提出"互联网+"行动计划……

---

① 《习近平任中央网络安全和信息化领导小组组长》，《新快报》2014 年 2 月 27 日。
② 《外媒：学者称主办世界互联网大会是中国开放表现》，中国日报网，2014 年 11 月 19 日，见 http://www.chinanews.com/gj/2014/11-20/6796607.shtml。

《中国传媒产业发展报告（2015）》指出，2014年是互联网国家战略地位确立的一年，粗放式成长时代已经结束。今天，中国从国家层面到各个不同区域，都以空前未有的目光，重视互联网的发展及其影响，并为如何用好互联网机遇促进经济社会发展、提升包括区域传播力在内的文化软实力等，寻求切实可行的对策。而贵州，也正在与互联网紧密相关的大数据产业发展之路上倾力前行。

根据区域发展的相关理论，不同区域之间在某个时间段呈现出发展不平衡的状态是客观规律，而如果政府调控得当，此种不平衡状态未尝不可以为部分区域的发展提供动力，并进而促使区域之间的平衡发展。因此，针对互联网背景下制约贵州区域传播力的问题，贵州有必要在充分发挥市场对资源配置的基础作用的同时，通过一系列与互联网发展相适应的科学策略的实施，迅速、有效地推动问题解决。已经重塑"世界图景"的互联网，完全可以同样重塑贵州的区域传播力。

伴随人类社会的前行，传播环境、传播理念、传播技术、传播对象等都在持续变化中。如前所述，在今天，抛开互联网尤其是移动互联网迅猛发展对人类社会已经或还将必然发生的深刻影响这一背景，去谋划区域传播力的提升，已经变得越来越没有理论及实践的价值和意义。

第一节　互联网背景下的区域传播战略制定

在互联网时代，不仅互联网传播力建设应该成为区域传播力建设最重要的组成部分，更重要的是，整个区域传播力建设，都应该置于互联网甚至是未来的互联网发展背景下去思考："未来互联网的发展，在应用上，将由现在的商贸领域向制造业领域拓展；在智能化上，将由现在的人网分离向人网一体拓展；在连接上，将由现在的有限连接向连接一切拓展；在服务上，将由现在的产品体验向个性化定制拓展；在使用上，将由现在的'独建自营'向'合作共享'拓展。"①

思路决定出路。区域传播力建设与任何事业的推动一样，最怕盲目，最怕缺乏正确的战略设定，最怕不知道"想要什么""怎样去要"。无论何时，战略的选择、制定始终是基础。战略选择正确，哪怕具体工作有曲折，只要持之以恒，总会取得一定程度的成功；战略选择错误，就只能一错到底。"跟着感觉走"或许会偶有收获，但终究难写大文章。为此，贵州需统筹考虑，将系统地做好相关战略规划、顶层设计，作为提升互联网背景下区域传播力的首要策略。

互联网背景下的区域传播力提升在战略的选择上、制定上，必须把握三个关键。

第一，区域传播力建设具有很强的开放性要求，必须正视互联网的发展及其对世界的深刻影响，毫不犹豫地将其作为战略出发点。绝不能对这一"大势"熟视无睹，依然自顾自去唱传统传播环境的卡拉 OK。对于西部欠发达地区而言，更应敏感意识到，这一"大势"是区域传播力实现"后发赶超"的历史性机遇。如果说在传统传播环境条件下，欠发达地区相较于发达地区长期所处的传播劣势很难逆转的话，那么，互联网的来临，一定意义上则如同设定了一条新的公平起跑线，为这种逆转或者至少是某种程度的改变提供了极大可能，错失良机，将使传播力领域的区域差距更加扩大。

第二，区域传播力建设具有很强的创新性要求，建设过程中对传播规律的尊重，是指要尊重与时俱进的规律而非过时的规律。既然是传播力建设，对传播规律的尊重就必不可少，但规律如同万事万物，也在不断发展变化，不同时代背景、传播环境下的信息传播规律，既有共性，

---

① 刘上洋：《互联网的发展趋势及影响》，《江西日报》2015 年 2 月 5 日。

也呈现不同特点。互联网带来了传播环境的巨变，传播规律同样发生了巨变。如果仍然局限于对传播规律的传统认知，一方面口头在强调其互联网背景；另一方面，却不能及时更新观念，不能将新的、与互联网传播相适应的规律吃透并贯穿于战略制定的始终，企图以传统规律框定的视野去剪裁疾步奔跑的现实，就将事与愿违，导致区域传播能力弱化，陷入"宣而不传"的尴尬。

第三，区域传播力建设具有很强的系统性要求，只有所有工作均在互联网背景下统筹推进，才可能取得传播"制网权"。传播力建设是一项复杂的系统工程，除了传播战略制定，还包括传播平台（载体）建设、传播内容（包括传播品牌）建设、传播渠道建设、传播体制机制（包括传播效果评估机制）建设等多方面工作内容。在互联网背景下建设传播力，必须从开始战略制定时，就将所有这些工作都无一遗漏地置于互联网背景下统筹考虑，让其在总体战略框架中找到各自定位，并形成有机联系，从不同角度支撑传播力提升、获取"制网权"。仅仅是某一项或几项工作具有互联网思维，难以形成合力。可以探索建设区域互联网"传播云"，运用大数据、云计算的成果，服务传播力建设。

第二节　互联网背景下的区域传播平台（载体）建设

区域传播平台和载体的建设，是区域传播力建设的重要环节和内容。缺乏必要的、强大的传播平台和载体，区域传播力提升战略就无法有效落地，甚至区域传播力本身也无从谈起。从根本上，区域传播力之争是战略之争，但从表现上，则常常具体化为平台、载体之争。一般而言，一个地区传播力强，其传播平台、载体必强；反之亦然。互联网背景下的区域传播力提升在平台和载体的建设上，必须把握三个关键。

第一，聚指成拳，刻不容缓地发展区域网络主流媒体，力求在互联网舆论场占据一席之地并不断提高其分量。我国影响力、传播力较强的网站，主要集中在东部少数省、市，其他大多数地方的主要新闻网站基本均附属于当地传统媒体，发展思维、人才结构、体制机制等都与网络传播发展需要不太适应，多表现为"散、小、弱"状态，在互联网舆论场全国甚至全球"一盘棋"的背景下，话语权自然有限。提升区域传播力，必须最大限度整合资源、积聚力量，理顺、创新体制机制，加大支持力度，打造按互联网传播规律办事的区域网络传播"航空母舰"或"旗舰"。

第二，横向渗透，大力推动区域传统主流媒体转型发展，特别是与网络等新媒体融合发展，发挥全媒体传播优势。思考互联网背景下的区域传播力建设，一定不能就互联网而论互联网，网络主流媒体的建设固然是其平台、载体建设的重中之重，但绝非全部。通过若干年发展，各地都培育了一批有不同程度影响力的传统主流媒体，这些媒体在互联网时代不是没有空间了，而是基础优良、潜力巨大，只要及时、果断地将"互联网思维"横向渗透到其今后发展中去，促进其与网络等新媒体全方位融合，实现转型，就有希望将其打造为具有全媒体传播功能和优势的新的传播平台和载体。

第三，开放多元，大力培育宽松、有利于互联网传播市场主体发展壮大的市场环境，逐步形成全方位对外传播格局。以党政为主导，推动互联网主流媒体发展和传统主流媒体转型发展十分重要，但如果仅仅就此停笔，区域传播的力量、区域传播力的提升空间依然有限。2013 年，全国宣传思想工作会议提出要构建"大宣传"格局，调动各方面资源和力量共同开展宣传思想文化工作。综观国内外，一些大型商业网站由于其对技术和市场的天然敏感，以及灵活的体制、机制等，显示出强大传播力。按照整合营销传播理论，在符合国家有关法律法规、确保有序的前提下，如何通过营造宽松市场环境，促进各类与互联网产业、事业发展相关的要素聚集，促进相关的市场主体竞相发展壮大，从而逐步迈向"人人都是形象大使，大家共同对外发声"的理想传播境界，是提升区域传播力的重大课题。

第三节　互联网背景下的区域传播内容建设

传媒工作者常说"媒体竞争，内容为王"。事实上，不仅是媒体传播，整体的区域传播要想吸引受众、获取良好传播效果，内容建设也始终是关键性因素。"工欲善其事，必先利其器。"传播工作所需具备的最重要、最基本的能力之一，就是传播内容产品的生产、制造和提供能力。互联网背景下的区域传播力提升在内容的建设上，必须把握三个关键。

第一，不满足于做传统媒体的"搬运工"，而要适应网络传播特点，做信息"深加工""精加工""碎加工"。同样是传播，因为传播规律不尽相同，传统媒体的传播特点与网络的传播特点也有很大不同，即时性、互动性（开放性）、碎片化、海量、高覆盖等是网络传播的基本特点，稿件的点击率、转发率则是对传播效果最直观的衡量。传播行为的内容和形式互为表里。今天，人们的审美要求越来越高，形式的选择对内容的表现也越来越重要，许多时候，甚至可能会是形式反作用于内容、形式本身就是内容、形式大于内容。好的传播，必然是好的内容与形式的有机结合。简单把传统媒体的内容原封不动"搬运"到网上的做法，在网络发展起步阶段、网站自身普遍缺乏必要内容加工能力的条件下，尚可能有一定传播效果。随着网络的发展，越来越多的网站、特别是商业网站根据网络传播特点，通过对信息的进一步加工和再生产，极大地扩大了信息在网上的可传播性，在原地踏步者，已无立足之地。在传统媒体叫好的报道，不一定同样就有很好的网络传播。互联网背景下，区域传播力建设必须在仔细分析需要传播的内容的基础上，彻底转变思维，最大限度地提高网络化表达水平。

第二，善于制造概念、形成话题，是现代传播吸引眼球的重要手段，互联网时代，这样的传播特性尤其鲜明。写新闻报道，报道内容和对象确定以后，就要据此提炼、归纳出充分反映新闻价值、凸显新闻点的标题，没有标题的报道不可想象。对于所有体裁的文章，标题都是其实现有效传播的重中之重；标题提炼得好、冲击力强，文章就能牢牢抓住受众眼球，提炼得不好，传播效果就会大打折扣。在传播工作领域，概念、话题的制造犹如文章标题的提炼，当宣传内容和对象确定后，概念和话题制造得好，会在传播过程中画龙点睛，极大地提高受众识别度。缺乏概念与话题，少了明亮的眼睛，只是将需要宣传的内容和主题平面地、没有角度地托出，很难提起受众兴趣，取得好的效果，甚至适得其反。当今时代，所谓"注意力经济"持续不衰，而吸引外界聚焦，最便捷、有效的途径，就是要在制造概念上下功夫，不断形成话题、谈资与卖点，刺激受众神经。环顾中外，许多地区和企业的对外形象塑造，莫不由此破题；许多市场化媒体在激烈竞争中的崛起，各种新闻概念与话题因时因势的制造亦是重要手段之一。传统信息传播如此，互联网时代的信息传播更是如此。网上空间无限，网上信息如海之不可斗量，能够从信息海洋中"脱颖而出"，引发网民热议和广泛传播的信息，无不因其主观或客观上是一个利于传播的概念，或能够形成话题，甚而两者兼具。一个区域的对外信息传播，没有好的概念的整合、聚纳，就如同一个人没有灵魂、一篇文章没有主题，杂乱无章，很难赢得欣赏的目光；而不善于不断的制造话题，则如同色、香、味全无的食品，内在品质再好，也不可能激发人的食欲。概念与话题，是互联网背景下的传播内容建设在"我想说的"与"受众想听的"之间寻找到结合点，体现受众意识的两个关键词。作为概念和话题制造的高端形式之一，网上区域文化品牌的打造自然亦显得极为重要。

第三，寓"政治"于网络文化氛围营造中，努力追求以更好看、更现代、更市场化的方式传播区域形象。互联网时代的区域传播，相比于传统传播，尤其拒绝枯燥乏味，拒绝平庸，唯一性与独特性、文化感与亲切感是其内容建设的基本要求，只有如此，相对于别的区域，某一特定区域的对外网络传播才是有差异、易识别的。网络传播内容产品的制作与提供，应该把解决"好看"、解决贴近性的问题放在重要位置，让人能够充分感受到地域生活的意趣、文化的魅力并由衷向往，而不是像一般公文材料、讲话发言，板着面孔说话，欠缺个性，让人望而生畏。一方面，应看到，传播内容要让人激动起来，生产者没有对文化、对所要表达的事物内涵的深刻理解，难以想象。如果仅浮在表面，缺乏对内涵的揭示，"失魂落魄"，产品绝难震撼人心。另一方面，也应看到，满篇"宣传腔"，不考虑网民、市场的兴趣点和接受度，网民看不下去的内容产品，无论有多少深刻的"内涵"，从传播学的角度讲就是彻头彻尾的废品，所传播的信息是无效信息，所进行的传播是无效传播，犹如卡拉 OK、只能自娱自乐。只有从思想观念到具体运作都尽可能地按市场法则办事，真正拿得出能够影响网民的内容产品并成功地进行市场营销，区域传播的"政治"才会更好地实现。而这种对市场、网民的尊重，表现出的是该区域政府与人民现代、开放的心态和行为方式，本身就是区域形象的最好对外传播。

第四节　互联网背景下的区域传播渠道建设

传媒工作者强调"媒体竞争，内容为王"。但有时，又会说"媒体竞争，渠道为王"。两种看似矛盾的说法，是从不同角度表达：内容建设和渠道建设犹如硬币的两面，对媒体的生存与发展都很重要。而内容建设与渠道建设之间的这一辩证关系，同样存在于整体的区域传播能力建设之中。市场经济条件下，打通、掌握产品交换的渠道，是产品价值实现的必要手段和前提条件。内容产品的价值，必须通过一定渠道的输出才能实现。没有好的传播内容，再好的传播渠道也只能处于"饥饿"状态，无从发挥作用；而没有好的渠道，再好的内容也只能锁在深闺空自叹息。相反，有了好的内容，渠道的引入和建设就会变得相对容易，因为资本天生是逐利的、渠道从产品的市场售卖中能够分利；有了好的渠道，好的内容的传播就能得到市场的强劲支撑，实现良性循环。按照传播质量最优化、传播覆盖最大化的原则，建立、整合渠道资源体系，是区域传播能力建设的重要课题。互联网背景下的区域传播力提升在渠道的建设上，必须把握三个关键。

第一，促进区域网络主流媒体成长壮大，并与新媒体融合发展，既是传播平台建设，也是最重要的渠道建设。在所有传播渠道中，媒体传播渠道直接面对公众进行信息传播，传播力最为强大，说传播规律，必然绕不开媒体规律。一个区域，如果通过努力，逐渐推动网络媒体发展壮大，具备较强影响力，并在传统媒体与新媒体的融合发展上找到切实可行的路径。那么，该区域就不但拥有了较好的传播平台，更重要的是，依托这个平台，并区分其不同优势与特点，给予必要的政策支持，最大限度激发其参与对外传播的积极性，就会畅通一条条自主掌握的对外传播渠道，使得更多主观希望传播的信息进入公众视野。媒体传播力最强势的表现，在于其是否能够有强制阅读和接收功能，因此，尤其要注重基于互联网，探索研发有客观强制性和诱导消费能力的传播渠道。"打铁必须自身硬"，没有自主掌握的传播渠道资源，传播就会受制于人，就很难在传播竞争中取得必要的话语权，很难在关键时刻特别是在发生舆情事件时发出自己的声音。

第二，以开放的眼光做开放的事业，善于"借船出海"，嫁接外界的网络传播渠道为我所用。互联网是个极度开放的空间，互联网事业是个开放的事业。传播行为和传播效果都不能在封闭的状态下完成和实现，面对全国甚至全球"一张网"，封闭起来搞"传播"更不可想象。在立足长远，充分发挥好自主传播渠道的作用的同时，要把目光投向更丰富、传播力更为强大的外部渠道资源，通过科学研究分析，综合判断哪些外部渠道能为我所用，哪些内部传播资源、传播渠道能够与外部传播渠道进行嫁接，共创双赢、共同服务于区域传播能力建设。在此基础上，分门别类建立起覆盖国内外重点传播对象区域特别是这些区域主要网络媒体的渠道资源库，在开展不同传播活动、实现不同传播目标的过程中，避免盲目性，有针对性地发挥不同传播渠道的价值和作用。

第三，大力提高全社会的对外网络传播意识，培育"人人都是网络传播使者"的社会氛围。建设传播力，仅仅依靠所谓正规的媒体传播渠道还是远远不够的。一个社会，是由林林总总各色人等、各种各样的单位和组织共同构成的，一个区域的形象，也是由区域内的人与单位、组织的形象共同构成的，需要每一个区域成员共同建树、维护。每一个区域成员都是区域传播的渠道、窗口与形象代表，个体信息的传播叠加、集合，最终就成为群体、区域的信息传播。必须通过多种多样的形式，大力培育全社会的形象意识和网络传播意识，让人们不但学网、懂网，更善于运用网络塑造区域形象，对外传播有益、良性的区域信息，使得人人都扮演好"网络传播使者"和"形象大使"的角色。一些社会、经济主体参与传播活动的意愿很高。同时，熟悉市场，运用市场手段调动经济、社会资源包括渠道资源的能力强，点子、创意也多，可加大社会化、市场化运作方式引入力度，充分发掘、争取一切可以发掘的传播渠道，吸引更多体制内外渠道资源投入区域传播工作。

第五节　互联网背景下的区域传播体制机制建设

区域传播力提升战略制定后，要将战略一步一步落到实处，化为传播平台（载体）建设、传播内容建设、传播渠道建设等的具体成果，最终实现传播力的大提升，还需要有一系列的体制机制做保障。只有根据传播环境、传播规律等的变化，结合区域传播的战略目标和阶段性实际需要，通过相应体制机制的不断建立、健全，战略才不至于成为束之高阁的"蓝图"。互联网背景下的区域传播能力提升在体制机制的建设上，必须把握三个关键。

第一，能够有效推动网络传播在传播领域发挥越来越重要的作用，并保证其未来的持续发展。如前所述，在今天，互联网已经表现出越来越强大的传播力，在传播力建设中，如果忽视互联网发展这一大的时代背景，必将事与愿违。区域传播体制机制的建设，应该充分满足时代的要求与需要，不仅能够映照网络传播的现实情况、尽可能推动网络传播力的释放，而且，还应该贯穿超前意识，能够准确研判、把握趋势，瞄准未来，为网络传播能力的可持续提升提供强有力的引导和保障。

第二，能够使网络传播与网络安全、信息化等工作有机联系，共同构建良性的"大传播"环境。网络传播力既是传播力的重要组成部分。同时，也是互联网关联事业、关联产业的重要组成部分，与网络安全、信息化等其他的互联网关联事业、产业共同构成为一个有机整体，彼此之间相互影响，都不可能相互脱离而独立存在。一个区域的网络安全没有保障，最终就很难建立起足够强大的网络传播力，即使取得了一些进展与成效，也极易因安全保障的缺失而毁于一旦。同样道理，如果区域的信息化程度不够高，传播力尤其是网络传播力，自然就会缺乏必要的硬件、软件支撑。反之,网络传播力也能够通过一定的形式反作用于网络安全与信息化,能够一定程度上折射出网络安全与信息化水平。网络传播只有与网络安全、信息化等共同构建起良性的"大传播"环境,建强传播力的基础才能得以夯实。

第三,能够有益于熟悉互联网传播规律的人才的培养,造就一支传播领域的强大"网军"。人是生产力中最活跃的因素。互联网背景下的传播力是否能够得到有效提升,归根结底取决于相关人力资源素质是否能够适应时代需求。除了加强对外宣干部、新闻发言人的相关集中培训,贵州还应推动互联网思维、外宣意识、新闻发布意识培育等方面的课程成为党校和行政学院的常规课程,推动在各个层面对干部进行基本省情的培训。

第十二章

优化整合贵州区域传播力系统要素资源

　　区域传播力的提升，不仅关系到区域传播力生态系统中传媒等诸多实体性要素内部资源之间的整合，而且也同时关系到经济、文化等非实体性要素资源之间的整合，更关系到诸多实体性要素资源与非实体性要素资源之间的整合。鉴于实体性要素与非实体性要素之间复杂而紧密的联系，即便是实体性要素或非实体性要素内部资源的整合，也势必会关系到其他诸多相关资源的整合与优化。整合营销传播理论对传播的双向或多向互动的强调，以及强调从各种媒体形式的协调运用中寻找到最适合自身的整合传播形式，并以此为主导与其他相应的传播沟通形式有机整合，进而顺利实现自身与受众或消费者等其他诸多市场主体之间的稳定而健康的关系，等等。也直接或间接反映了区域传播力各系统要素之间的紧密关系。为此，本书同样将贵州区域传播力各系统要素资源整合机制的建立健全，作为贵州区域传播力提升的重要策略之一。

　　由整合营销传播理论相关内涵可知，整合营销传播表现出了战略和战术两个层面的重要目标。其中，从战略来看，整合营销传播侧重于强调对整个组织结构相关资源的全面整合和优化配置；从战术来看，整合营销传播则侧重于强调通过不同传播手段和不同的媒体表现形式，来对相关资源进行协调或整合，并使其达到相对一致的强化效果。为了更好地探究互联网背景下贵州区域传播力系统要素资源的整合路径，本书在相关探究中，同时将传媒现实发展的具体情况与上述两个层面的目标有机结合。当然，考虑到部分要素的特殊性，本书会在论述中给予重点观照。

第一节　相对有限资源整合与整体传播效能提升

构成区域传播力系统的诸多要素，其实质也是传媒生态的重要组成部分。所谓传媒生态，主要"是无数相关生态因子组成的复杂系统……充满适应与不适应、平衡与不平衡、共生与竞争、退化与进步的矛盾运动"[①]。与自然生态系统一样，传媒生态系统内部各要素之间同样存在着较为紧密的联系，并且通过不断的冲突和协调过程来推动该系统的演化进程。作为该系统的重要组成部分，传媒资源及其所依赖的各种其他资源，不仅可以有效配置自身资源并保持传媒生态系统的有效运作，而且可能在彼此合作和互动之间增加自身价值或激发新的资源位产生。然而，如果各系统要素自身或彼此之间的资源配置出现问题，便会给传媒生态系统的正常运行带来许多负面影响，更可能会严重制约传媒产业的发展及其传播力的提升。在贵州传媒生态中，各个资源位之间应突破狭隘的区位限制，摒弃相对陈旧而缺乏效率的传播模式，采取较为恰当的资源位匹配战略，与本区域其他资源位之间充分互动与合作，并在对其他区域资源位的引进、转移和扩散之间实现自身整体资源位的升级和区域传播力的提升。

由于传媒自身属性的特殊性，也使得构成传媒区域传播力的相关资

---

① 彭宁：《区域传播资源位的分析及启示》，《当代传播》2004 年第 4 期。

源位具有相对独特的性质。一般来说，他们往往具备下列特征：由于传媒公共属性所衍生而出的稀缺性、由于传媒产业人力资源密集和技术密集特性所引发的频率较高的资源更新速度、由于传媒产业资金富集属性所引起的资金高投入特性，以及由于文化属性所衍生的意识形态敏感性等，都使得传媒区域传播力相关资源的调配和使用往往要受到国家的指导与管理，而其运营也容易受到技术更新和人才流动等的影响。这些要素的改变，势必将对其运营模式和传播力提出新挑战。

区域传播力各要素及其所依赖的资源优化整合，可以通过对相对有限资源的整合与开发，达到相对无限的利用效果。当然，在利用传媒生态学视角对传媒区域传播力各资源位进行审视时，还要注意研究以下诸多方面的关系，即一方面，要研究传媒系统内部结构的联系；另一方面，要研究传媒与其生存环境之间的联系，诸如经济环境、政策法制环境等。尽管在政府力量和市场经济力量的推动下，贵州传媒市场已经初步形成了层级不同、形态各异且有互补趋势的发展格局。但是，由于传统媒体和互联网媒体内部及彼此之间的组织结构尚待优化、内容同质化等的存在，也使得传媒资源的配置及其产出之间不成比例，而其积极性和主动性尚待发挥，直接制约了贵州区域传播力的提升。

在全球范围内，传媒市场已经成为规模庞大、社会影响巨大、利润回报颇为丰厚的重要市场，且随着各国主要传媒巨头之间竞争与合作程度的加深，还在进一步发展。过去数十年，由于改革开放程度的加深和对传媒经济属性的开发，国内传媒市场同样得到了快速发展。我国从国家层面到各个地区，在对外联系日益紧密的情况下，存在着改善自身对外形象，把握更大国际、国内话语权，提升自身区域传播力等方面的需要，但自身传媒实力与国际传媒巨头相差甚大，因而，加强资源的重新整合和优化调整，在发展壮大自身的同时提高区域传播力已经成为国内众多区域和传媒的重要选择。

同样，贵州传媒如何调整思路、更新理念，将资金、技术和人力等有限资源进行优化配置，借助市场和政府"两只手"的力量强化自身发展优势，直接关系到本区域形象的改善及话语权的掌握，因而是一个现实、紧迫而重要的问题。

第二节　区域传播力系统要素资源整合的范围与内容

构成传媒区域传播力的相关要素资源的涵盖范围很广，如前所述，可以分为两大主要类型，即实体性因素和非实体性因素——实体性因素主要包括作为信源的信息传播者、作为信息接收者的受众和作为传播渠道的传播媒介；非实体性因素则主要包括其支撑要素，如该区域的文化、经济、传播体制和技术等要素。其中，区域传播力的实体性要素，不但在较大程度上制约了非实体性要素中技术要素，还与其一道，共同影响了区域传播力的高低与否。非实体性要素中的各个组成部分亦常互相影响，并会对实体性要素形成冲击。例如，经济发展水平便会对文化产业的发展形成直接影响，并直接或间接地对传播者和受众的传播观念、传播手段或接收观念、接收途径等造成影响。

基于区域传播力各构成要素之间较为复杂而紧密的联系，对其进行的整合，更侧重于对其关系进行优化调整并达到和谐统一的最优状态，而并非指简单的组合。同时，由于"整合是对某一事物内在结构或对其内在与外在的关系加以调整，都会使事物改变原有的形态和性质，从而创造出新的事物"①，因而，整合的过程也蕴含着较强的创新价值。

---

① 　李彪：《台湾传媒产业发展与集团企业策略分析——东森媒体集团个案》，台湾中山大学，2005 年。

传媒区域传播力构成要素相关资源的整合，之所以具有较强的创新价值和变革、发展意味，是因为经过优化整合，使得资源之间的衔接和运作达到了某种最佳状态，并可以在有限的条件下达到相对无限的效果。这不仅可以使同样的资源相对以前或其他传媒的对应资源拥有更大的优势，而且可以通过此种优势的不断积累，巩固自身在传媒市场之中的优势地位，进而谋取由更强的区域传播力所带来的话语主导权和社会影响力，并实现经济效益和社会效益的有效统一、双重收获。因此，对于贵州而言，正视自身区域传播力的现状，努力寻求其相关要素资源的优化调整路径并赋予切实的实践，是提升自身区域传播力的较为务实和可取的态度。

区域传播力相关构成要素资源的整合，首先关系到一个整合范围的问题。对此问题的探讨，可以借鉴相关学者的论述："传媒内部资源整合可以分为传媒资源的相邻扩展、传媒资源的领域跨越和传媒资源的重组等三项内容。传媒资源的相邻扩展是指传媒发展到一定的规模和具有一定实力后，根据原有核心产业的发展需求，完全依托传媒的资源优势进入与核心产业相关的行业。传媒资源的领域跨越是指传媒发展具有相当规模后，进入新的、陌生的行业领域，电广传媒涉足展览业、房地产业即是实证。传媒资源的重组则是对传媒原有资源基于新的现实而重新调整结构。"[①] "传媒的外部资源整合是传媒将内部资源与外部资源有机联系起来加以整合，从而使传媒资源配置更为合理。外部资源整合包括两个方面：吸纳外部资源，并将之转化为内部资源与别的从传媒共同利用双方的相关资源。前者主要是指传媒的并购，后者主要表现为传媒间的联盟。真正的传媒并购行为目前并不是很流行，但按文化产业发展的必然规律，传媒只有在市场并依市场的规律运作才可能发展壮大，因而

---

① 李彪：《台湾传媒产业发展与集团企业策略分析——东森媒体集团个案》，台湾中山大学，2005年。

传媒的并购也是一种必然趋势。"①

上述对传媒内部与外部资源整合的相关论述是较为合理的。区域传媒资源与区域外相关资源的整合，既有利于传媒自身资源的高效率利用，也有利于自身实力的增长与区域传播力的提升。传媒内部资源之间的整合，则多是指若干传媒内部各系统要素的整合。由于传媒资源所涉及的要素与传媒区域传播力构成要素之间的高度重合，为本书借鉴此类资源的整合范围提供了有力支撑。

鉴于此，本书对贵州区域传播力相关构成要素资源的整合范围同样可以分为两种，即区域内相关构成要素资源内部之间的整合，以及区域内相关构成要素与贵州区域外的相关要素的整合。前者主要是指贵州区域内部实体性要素和非实体性要素之间的组合——主要分为实体性要素资源之间的整合、非实体性要素资源之间的整合，以及实体性要素与非实体性要素之间资源的整合。实体性要素资源之间的整合，往往是指将信源、受众和传播媒介等资源之间先前存在的衔接缺陷等弊端加以调整并进行有机的优化组合，进而使得各要素之间的资源配置更为合理的过程；非实体性要素资源之间的整合，也主要指将文化、经济、技术等要素资源之间先前存在的弊端加以修正，并设法使其彼此之间的资源流动更有效率的过程；实体性要素和非实体性要素之间的整合，多指实体性要素资源对非实体性要素资源的有效吸纳与有机融合。后者主要指贵州区域内构成区域传播力的相关要素与区域外相关要素的匹配与合作，并以此为途径提升自身区域传播力的过程。

贵州传媒区域传播力各构成要素资源的整合，是传媒产业进行结构调整、铸造自身核心竞争力，进而在传媒市场占据优势地位、发展壮大

---

① 李彪：《台湾传媒产业发展与集团企业策略分析——东森媒体集团个案》，台湾中山大学，2005 年。

的直接要求，更是互联网等新技术发展的内在要求。就技术要素而言，传媒产业的重大变革，往往由相关技术的发展和变革所引起，而互联网技术的兴起及其重大发展更是直接证明了此种论断。不仅如此，由相关技术变革所带来的传媒生态的变化，更是直接作用于其他要素身上，并直接或间接地对传媒区域传播力的提升造成影响。在受众的需求和技术的推动作用下，媒体融合日益成为一种发展态势，而不同媒体之间传统上那种鲜明的形态和经营等方面的区隔正在慢慢淡化。基于高新技术带来的超强渗透特点及多数受众对此趋势的肯定态度，以及区域之外诸多传媒巨头的觊觎，更是推动了此一发展态势。但是，行政力量对于本区域传媒的保护，又使得来自外在力量的种种压力被部分抵消。可以预见，在未来一段时间之内，同种媒体或不同媒体之间在区域内外的合作将是一个典型的发展方向。

传媒的核心竞争力是传媒在激烈的市场竞争中占据优势地位并取得话语权的重要凭借。传媒内容的日益同质化，往往会使传媒失去自身崛起的重要支撑点，但是，核心竞争力的培养、形成及巩固，却可以使具备此种素质的传媒具有较为强大的竞争优势，并可以抗拒时间的冲刷。当然，它的形成也并非易事，而是对自身科学定位，或是对传媒内部组织结构和内容、人力、技术和资金等资源优化整合的结果。从某种意义上讲，核心竞争力的形成过程浸透着人为的因素。综观国内各大传媒集团核心竞争力的取得，多体现为经由核心团队的运作，通过相关核心内容和服务的提供来取得核心受众的过程。因此，传媒核心竞争力的取得不仅仅是内容或服务的体现，还应包括卓越的组织和行动能力，这不仅与传媒内部设备、技术和资金保障等物质要素所提供的支撑有关，更与相关制度设计息息相关。

传媒区域传播力资源整合的内容涉及多个方面和多个层次。一般而言，主要包括人力资源、技术资源、文化内容资源和广告资源等方面的整合。

关于人力资源的整合。由于人力资源是所有资源之中最为珍贵且最具创造性的资源，故对其的整合也是区域传播力相关要素资源整合中最具价值的内容。但是，人力资源的多边形及其可伸缩性，使得对其的优化整合较具难度，且需要有相关配套的制度和政策的支持。同时，具有活力的组织文化和较具吸引力的薪酬必不可少，因为它可以促进组织成员之间凝聚力的提升和工作积极主动性的增强。在传媒市场激烈竞争的情况下，对人力资源的塑造和争夺，以及对其的优化组合，直接关系到传媒市场竞争力的高低和某区域传媒传播力的表现状态。

关于技术资源的整合。不仅涉及高新技术人才资源的整合，也涉及传媒相关技术的整合。前者与人力资源的整合密切相关；就后者而言，单个传媒技术的应用或许效果不够明显，但若是多个相关技术组合便可能发挥出强大效果。例如，互联网技术、移动通信技术和计算机相关技术的发展，便催生了大数据技术的盛行；而大数据技术在传媒产业的创新应用，则势必可以强有力地提升传媒区域传播力。更有时候，一项新技术的运用，可以对一个产业造成根本性影响。例如，激光照排技术的应用，直接改变了传统报纸的印刷形式，而腾讯公司微信软件的使用也直接对移动通信业务形成强烈冲击。由此可见，各种技术资源的整合及在整合过程中所激发的新的技术因素，可能直接使相关传媒业务更新换代，更可以为传媒产业升级提供充足的动力。特别是在互联网没有传统意义的行政区划限制的情况下，经由技术的优化整合而提升自身传播力无疑是一条快速而易见成效的捷径。

关于文化内容资源的整合。目前在国内传媒市场，受竞争激烈、规避风险等因素的影响，一旦某一传媒出现一档较具竞争性的栏目，常常其他传媒就会纷纷效仿，造成许多资源浪费，以及同质化和无序化建设，更会引起受众的视觉疲劳和审美厌倦，从而危害传媒产业的整体发展。传媒内容同质化现象的日益严重，使珍贵而独具特色的贵州民族文化更为珍稀，对区域内相关文化资源进行有机整合和深度开发并转化为自身的内容优势，进而通过科学的市场运营来将其转化为传播力，是贵州传媒迫在眉睫需要思考的重要内容。

关于广告资源的整合。作为传媒经济收入的主要来源，广告资源在一定程度上扮演着生命线的角色。对一个传媒而言，广告资源的分散或流失，特别是重要广告客户的流失或变动，往往会对其经营和发展造成重要影响，甚至在某个特殊时期造成不可承受的损失。因而，贵州传媒要设法对区域内外的重要广告资源进行优化整合，并使其为自身区域传播力的提升提供动力。

第三节　区域传播力系统要素资源整合的着力点

区域传播力系统要素资源的整合，不能见子打子，更不能各吹各的号，各唱各的调，而是要坚持系统思维，找准着力点。对于贵州来说，这个着力点就是通过深度挖掘，充分释放"多彩贵州"内涵，扩大内涵式传播，推动区域传播力更上新的台阶。

近年来，"多彩贵州"在全国乃至全世界范围内推动贵州的知名度、美誉度得到极大提升。特别是贵州大力开展旅游文化宣传，经过多方面的共同打造和多年的培育，"多彩贵州"作为一个旅游品牌已经产生了广泛影响，这一品牌越来越深入人心，越来越响亮，既"叫好"又"叫座"，但要适应贵州经济社会发展大踏步前进和品牌发展新的需要，必须在新的起点上不断拓展和丰富"多彩贵州"的品牌内涵，既要进一步挖掘与展示贵州旅游资源，又要全面展现贵州经济社会发展的亮点成效，逐步形成外界对贵州的全方位认知，进而形成系统形象识别。

"多彩贵州"品牌"十二五"规划曾将"多彩贵州"品牌的内涵定位为"多元、和谐、原生态",将"原生态"定位为"多彩贵州"的核心价值,认为"多彩贵州原生态的特性涵盖贵州自然风景、民族文化和物产,具有市场化、产业化的价值,体现了多彩贵州品牌价值的比较优势和竞争价值,也是品牌产业化运作的根本基点"。事实上,在打造品牌的第一阶段,这样的定位有其历史的合理性,在世人不了解、不熟悉贵州时,需要有一个形象的直观描述。但是在持续长远的发展中,如果仅仅局限于对现象的描述是不够的。"原生态"低空所形成的"事件锁定"已然形成,它有可能成为贵州文化旅游创新发展的内置性陷阱,应当及早预见和设计冲出陷阱的预案。① 有的专家指出,原生态传递给大众的是一个模糊的印象,它在将保存良好的生态环境、保存良好的民族文化等信息传递给大众外,也将"原始的""落后的""不变的"等负面信息传递给大众。

一个区域在变迁和进取中积淀的价值认知,其实就是一个自我发现、自我认知的循序建构。"多彩贵州"品牌的彰显,需要一个长期的过程,需要贵州不断充实品牌内涵,释放品牌张力,并按照传播的客观规律长期推广。从目前来看,"多彩贵州"品牌内涵的释放,需要从专注"视现象"逐步转移到努力刻画"心灵史",从现时状态的"表征瑰丽"拓展到历史场合的"复杂美丽",从对民族文化的"碎片式搜集"、萃取和展示转入系统呈现、内在逻辑的解读,重点挖掘好以下内涵。

一是深入挖掘贵州的多彩文化内涵。贵州是古代几大族群迁徙流转之地,各族人民依山而居、傍水而栖,和睦相处,"一山不同族,十里

---

① 参见麻勇斌:《"多彩贵州"品牌内涵挖掘和赋予创想》,贵州省多彩贵州文化产业发展中心编:《品牌·八年 2013 年度多彩贵州品牌研讨会论文集》。

不同风，百里不同俗"被誉为"文化千岛""民族生态博物馆"。歌舞、建筑、节日、工艺等多姿多彩、类型丰富，在全国乃至全世界都独具一格，是贵州文化资源独一无二的文化瑰宝。特别是贵州少数民族群众能歌善舞，素有"能说话就能唱歌、会走路就会跳舞"之美誉。世界非物质文化遗产侗族大歌，是一种多声部、无指挥、无伴奏的自然和声，被认为是"清泉般闪光的音乐，掠过古梦边缘的旋律"。源起于北宋、流行于贵州黔西南州的"八音坐唱"，被誉为"声音中的活化石"。苗族飞歌、嘎百福歌、白族踏歌、土家族山歌，传递着对美好生活的向往。锦鸡舞舞步轻盈、曼妙多姿；《阿妹戚托》被誉为"东方踢踏舞"、反排木鼓舞被誉为"东方迪斯科"。截至 2018 年，贵州有 545 个村寨列入中国传统村落保护名录、位居全国第二，213 个村寨入选中国民族特色村寨，堪称原生态民族博物馆。苗族史诗《亚鲁王》《仰阿莎》，布依族《古歌叙事诗》，彝族《吱嘎阿鲁传》，博大厚重、传颂千年。傩戏、花灯等地方戏种风格独特，特别是安顺地戏被誉为"戏剧活化石"。联合国教科文组织指出，人类社会从文化的多样性中汲取力量。而多样性文化的"充满活力"和"安定有序"，恰恰是文明进步与文化发展最为厚重的积淀。民族文化的共生共荣，培育了各民族对自身文化的自豪感，塑造了各民族各展所长、相互交融、携手共建多彩家园的共同愿景，这是贵州民族团结与和谐发展的深厚底蕴和强大动力。

如今的贵州，通过对多元民族文化的充分挖掘整理，将古朴与现代接轨，将本土与世界融合，形成了北部长征文化、东南部苗侗文化、黔西南布依文化、黔西北彝族文化等形态，要深入挖掘贵州多彩文化内涵，推动贵州红色文化、民族文化、山地文化、传统文化、阳明文化、"三线"文化在当今时代的创造性转换和创新性发展，实现"多彩贵州"品牌的内涵式成长。

二是深入挖掘贵州的多彩生态内涵。近年来，贵州的绿水青山越来越被世人所知晓向往。从多彩的生态来看，贵州素有"公园省"之称，苍山如海、万峰成林，既有乌蒙山、武陵山、云台山等磅礴大山，也有"大珠小珠落玉盘"的山丘小岭；飞瀑流泉、河湖交错，既有黄果树瀑布、马岭河峡谷、乌江画廊、威宁草海等名川大湖，也有九曲回肠、蜿蜒流转的清溪小河。2016年，贵州组织十万人在全国率先开展的旅游资源大普查，截至2017年9月，全省共普查登记旅游资源单体8.2万余处，其中新发现占60%以上，新增康体养生、乡村旅游、红色旅游、山地体育类资源1.1万处以上，尚未开发的资源达到5.1万余处；收入各类综合旅游资源3200余个，其中世界级7个，国家级871个；探明72个县（市、区）温泉资源单体264处，优良级资源达77处；在极贫乡镇地区新发现资源单体共1314处，占全省新发现的资源单体总数的2.5%。随着清新的空气、凉爽的天气、绿色的生态已经成为现代社会人们的追求，"冬天去海南、夏天游贵州"已经成为新的时尚。特别是随着贵州在西部地区率先实现县县通高速公路，进入高铁时代，通航机场实现全覆盖，贵州在开放中彰显着生态魅力。这也充分说明，关起门来以封闭的思维和方法传播"多彩贵州"，既费力而效果又有限，只有敞开胸怀和大门，以开放的视野努力探索开放的规律，运用开放的方法和手段，大胆走出去、请进来，整合一切能整合的资源，借梯登高、借势发力，才能创新发展。

三是深入挖掘贵州的多彩经济社会发展内涵。贵州强力推进大扶贫、大数据、大生态三大战略行动，亮丽名片越印越精致、越多彩。比如，贵州制造不断超越。国酒茅台市值破万亿；老干妈风靡全球，每天生产230万瓶；贵州造"山鹰"高级教练机达世界先进水平；国内首台极地型全地形车助力南极科考；贵州钢绳标准上升为国际标准……特别是贵州桥梁"世界之最多"，堪称"世界桥梁博物馆"。国外一个名为"那些最高的桥"的权威网站，梳理了一份世界大桥高度排行榜。

榜单中前 100 名的桥梁，有 80 多座来自中国，而这 80 多座中国桥梁中，又有 40 多座来自贵州。有网友戏称："一个专门收集全世界桥梁的网站，现在硬生生地变成了贵州桥梁介绍网了。"目前，贵州桥梁数量达到 2 万多座，几乎包揽了当今世界全部桥型，"世界路桥看中国，中国路桥看贵州"。比如贵州茶产业发展。南方有嘉木，黔地出好茶。贵州是世界古茶树起源地之一，茶圣陆羽称赞贵茶"其味极佳"，宋代诗人黄庭坚赞美贵茶"味殊厚""春味长"。近年来，贵州全省茶叶种植面积、投产面积、总产量、产值均居全国前列。这些年，贵州坚持创新驱动，大力推进供给侧结构性改革，新兴产业发展方兴未艾，改造提升做强特色产业，推动化工、冶金等资源型企业转型发展，促进航空航天、智能终端、高端数控机床、新能源汽车等装备制造业和军民融合产业发展壮大。精密铸造、无人机、特大型桥梁、绿色农药等技术达到国家或世界领先水平。建成世界最大单口径球面射电望远镜等国家级创新平台。贵州还全方位扩大对外开放，协同推进国家大数据（贵州）综合试验区、国家生态文明试验区、国家内陆开放型经济试验区建设，积极融入国家"一带一路"倡议、"长江经济带"、"珠江—西江经济带"等大战略，着力打造贵安新区、贵阳综合保税区等国家级对外开放平台。"多彩贵州"风行天下是贵州跨越发展的最好诠释，也是开放创新的中国的生动缩影，这也是释放"多彩贵州"品牌内涵的最有力支撑。

第四节　区域传播力系统要素资源整合的策略

与东部发达地区相比，贵州区域传播力构成要素资源一部分相对匮乏，而另一部分又相对占据优势。根据贵州传媒所处的实际社会环境，对其区域传播力各构成要素整合的策略可以分为三种：行政主导型策略、市场主导型策略和混合型策略。

第一，所谓行政主导型策略，主要是指在资源调配中，政府及其有关职能部门发挥支配作用的策略。由于大众传媒的所有权属于国家，故政府在相关传媒资源调配，特别是在一些重大资源的调配上扮演着核心角色。改革开放之后，随着市场经济的发展和传媒经济属性的凸显，那些原本处于隐藏状态，由传媒内部或传媒之间对相关资源的争夺所引发的矛盾也逐渐被激发出来，势必也需要政府的引导。特别是部分传媒过分关注经济效益而忽视传媒的公共属性及民众的社会效益，更需要政府及其相关部门妥处。

行政主导型策略在调配相关资源方面具有重大优势。例如，它可以通过国家财政途径直接提供资金进行"输血"，还可以通过政策的倾斜，以及促进相关配套工程的实施来提供巨大支持，从而在某些时候对传媒的发展起到决定性的作用。在政府强力介入下，传媒产业往往能够克服其依靠自身力所不能克服的问题。例如，多彩贵州网的成立和发展，便是党政有关部门支持的结果，而其已经取得的业绩是进入该网的各网站先前所不敢想象的。

在政府的行政杠杆作用下，传媒的资源整合进程可以相对平稳和连续，但此种策略的实施也有其弊端。例如，部分资源会存在重复配置和无效配置的状况，达不到资源的最优化利用。还有，资源的整合常常变成简单的组合，传媒体制和运作机制不能得到根本性变革，会在一定程度上阻碍资源的顺畅流动，造成很多不必要的障碍或困惑。

第二，所谓市场主导型策略，主要是指市场在传媒区域传播力构成要素资源的分配中起着支配性作用，并主要通过市场化的手段对相关资源进行有效配置的策略。相对于行政主导型策略，市场主导型策略并不主要依据政府的指令或计划行事，显得更为温和和灵活，涵盖的范围更为广泛，渗透性也更强。但是，充分发挥市场对资源的优化配置作用，需要一定的条件。例如，相关产业政策更为开放，相关制度的制定和落实更为完善，能够为传媒产业的发展奠定并营造较好的社会环境。此外，与市场作用的发挥匹配，以维护市场的公平竞争为前提，同时主要侧重于对资源整合能力的培养，政府对本区域传媒合理的支持仍然必不可少，以为其参与竞争奠定较好基础。换言之，在市场经济的运作之中，区域大众传媒的发展必须具备一定的规模实力，也能够在相对完善的市场氛围中，更好运用市场途径进行资源的整合。

第三，所谓混合型策略，主要是指在区域传播力相关资源的调配中，政府因素和市场因素均扮演着重要作用的策略。在此种策略中，往往由传媒集团按照市场经济相关规律及受众的相关需求来对自身产业主体进行建构，而政府亦积极配合，提供相关引导和服务，在政策的制定、法律制度的实施、纠正违规或不法竞争行为等方面，为其营造较好的运作氛围。此种策略具有"双保险"的独特优势。这是因为，传媒不仅有经济属性，还有意识形态属性。在市场经济下固然需要重视前者，而面对外来文化和意识形态入侵亦不可忽视后者。不仅如此，传媒的公共属性，往往诱发"外部性效应"，即部分传媒倾向于通过具有"负外部性"的内容产品谋取不当利益——借此可以将部分生产成本转嫁给公众和社会，从而获得相对较多的利润。对此，如果纯粹使用市场经济手段，往往使那些具有"正外部性"的内容产品无法被有效生产或处于供应不足、质量不够优质等状态，甚至导致市场失灵；而政府及时对其进行矫正，可以有效规避有关风险，大幅增加相关改革成功的可能性。

混合型策略除可以使传媒产业的发展更加稳健且社会效果更加显著外，还具有其他特色。例如，它不仅可以克服行政主导型策略所易发生的长官意志，减少主观臆断容易带来的非理性的盲目，又可以克服传媒因追求纯粹的市场利益而置社会公共利益于不顾的情况的发生，因而可以使传媒资源的利用更有效率，政府的指导作用和传媒的市场主体作用均可以得到最大程度的彰显。特别是在贵州区域互联网媒体的初步发展时期，混合型策略有利于快速拉近贵州在这一领域与其他区域之间的差距。

作为一种创新性的重要行为，贵州区域传播力相关资源的优化配置应该从一种更为宏观的视角来进行，必须对整合的范围、内容和方式有理性认识，以正确把握发展方向，建构规模优势等区域优势，实现有效规避风险和跨越式发展的目标。

第十三章

在互联网背景下建构贵州区域大众传媒品牌

通过前面对贵州区域内传统媒体和互联网媒体传媒品牌的分析，可知贵州传媒品牌存在的部分问题制约了其自身核心价值的塑造和品牌的提升，并影响了贵州区域传播力的提升。

整合营销传播相关理论认为，品牌与那些利益人关系之间良性关系的建构是整合营销传播的终极价值及目的所在，而在此过程中，利用整合营销传播的相关手段来优化各种相关资源的配置，进而来构筑和发展利益关系人与品牌之间稳定而健康的关系则是重中之重。在互联网背景下，营销与营销传播已经达到整合状态，且整合营销传播中的所有环节均处于信息互动之中。作为一种战略规划，整合营销传播中的每个组织均可能会自觉或不自觉地从事营销传播的相关事宜，而处于统筹或协同位置的管理部门也自然成为整合营销传播中的重要角色。当然，如果整合营销传播过程的各个环节未达成某种良性互动，那么该组织与品牌之间的关系稳定性便会受到影响，而品牌的价值也将会受到削弱。占据优势地位或支配地位的政府等品牌利益关系人应该主动把上述诸多关系利益人的支持整合起来，整合成品牌资产并使其优质化。

此种以品牌为主要导向的整合营销传播理论，拓展了整合营销传播理论的传统范围，在竞争白热化、产品同质化现象严重的今天，具有现实的思考意义。例如，多彩贵州网传媒品牌的建构，本身便是直接对贵州一直努力推广的"多彩贵州"品牌的一个塑造行为。这些品牌建构已初现成效的传媒，通过对贵州自然风景和人文景观的不同形式的传播，将"多彩贵州"品牌所蕴含的内涵转化为各种受众喜闻乐见的文字、声音、图片或视频等，让其形象更为饱满和鲜活起来，从而形成传媒品牌与区域传播品牌的互相促进，共同提升了区域传播力。较具影响力的传媒品牌，便是将自己与其他竞争性媒体和渐趋同质化的内容区别开来，并被受众、广告商等所欣赏的强大武器，不仅对于传媒自身事业的发展有着重大作用，更能够通过对其作用的发挥来推动其他相关品牌的建构和优化。

第一节　区域大众传媒品牌建构的战略目标

　　一般情况下，传媒品牌的建构过程历时较为久远。特别是那些在世界范围内享有盛誉的传媒品牌，都是一代人或数代人辛苦努力的结果。尽管互联网时代的到来，使得此种品牌塑造过程可以大幅度的缩短，但仍然需要长时期的努力。为了使品牌建构的相关工作稳妥、有序并持续地强力推进，根据自身竞争优势等因素来设定某个较为理性的目标——目标定位，是较为必要的。彼得·德鲁克认为："要了解一个企业，必须首先知道它的宗旨，而宗旨是存在于企业自身之外的。事实上，因为工商企业是社会的细胞，其宗旨必然存在于社会之中。"[1] 按此观点，明确传媒自身的目标定位，对于其相关微观业务的运作及宏观战略的达

---

[1]　转引自［美］L. L. 拜亚斯：《战略管理：规划与实施——概念和案例》，王德中译，机械工业出版社1988年版。

成有着重要的作用，且由此而产生的活动会对社会有着较为重大的意义或影响。根据第五章之中对于传媒品牌塑造不同层次的划分，可知传媒尽管在不同的阶段会有着不同的目标，但其各目标之间却存在较大的相似性。

首先，获取最大数量优质受众的忠诚是传媒所欲达到的首要目标。根据传媒的二次售卖理论，传媒企业先将其所生产的内容产品售卖给其目标受众，而后再将该目标受众群体及其版面空间、时间售卖给广告商和其他相关赞助商。经过此种双重售卖过程，传媒完成了自身内容产品价值的增值。但是，如果其所生产的产品得不到相关受众群体的青睐，或其目标受众群体被其他传媒所吸引，则其对广告商等赞助商的吸引力将会大幅下降，而其所获得的收入也将会大幅下降，甚至可能会直接陷入生存危机。由此可见，受众忠诚度对传媒的重要影响力。

在互联网背景下，受众忠诚度如何，对于传媒的影响力度更是大为增加。这是因为，在互联网背景下，随着各种自媒体的兴起，传媒可为广告提供的容量变大，而其广告市场资源则变化不大，各个传媒特别是传统媒体可以分享到的市场红利正在缩小。在相关高新技术的辅助下，传媒的发行量、收视率和点击率可以得到更为精确的测量。由此意义上讲，受众的关注就意味着经济效益，对于互联网媒体而言更是如此——因受众的点击而产生的流量，是直接被视为广告费用或流量利润分成的重要依据。因此，对于贵州传媒而言，无论是目前相对占据优势的传统媒体，还是发展潜力巨大的互联网媒体，不管其品牌建构到了何种阶段，对于受众群体的重视和对其忠诚度的强化时刻不能放松。

其次，力争获得国内传媒市场的优势地位并发挥更大的社会影响力，同样是贵州传媒必须树立的重要目标。这是因为，由于商品品牌与其内容质量、风格之间具有较强的关联性，相关受众群体也会自然将其品牌与内容有机地联系起来，以此为依据进行相关传媒的使用选择，而广告商等赞助商也往往会将传媒品牌视为投放广告或提供其他支持的重要依据。在受众群体和广告商群体的双重促进下，一般传媒均有打造强势市场品牌的冲动。然而，传媒市场的品牌又可以分为"市场主导者品牌、市场追随者品牌和市场补缺者品牌。所谓市场主导者品牌就是指传媒在市场中占有绝对优势，拥有较大的市场份额，在市场竞争中处于领先地位"。① 同时，也由于"市场份额排名第一的企业利润通常是排名第二企业的两倍，是排名第三企业的三倍"等因素的刺激作用②，一般占据市场主导品牌的传媒企业便会成为"马太效应"所引发的各种积极效应的受益者。

贵州传媒目前之所以在国内传媒市场中处于相对弱势地位，其传媒品牌的弱势是很大原因。为了获得更多受众的注意力，得到由"影响力经济"所发挥的加成作用，贵州传媒业应该更加重视传媒品牌的塑造，通过塑造强势传媒品牌，形成受众、传媒、品牌与经济效益、社会效益等各种影响力的良性循环，并为自身区域传播力的发挥奠定坚实的基础。

再次，建构并强化自身的核心竞争力，也应该是贵州传媒品牌建构工作所应该努力追求的目标。所谓核心竞争力，是指"企业组织中的积累性知识，特别是关于如何协调不同的生产技能和整合多种技术的知识，并据此获得超越其他竞争对手的独特能力"③。作为传媒核心价值与精髓的内在表现，以及传媒市场竞争力中最为重要的素质构成，核心竞争力的获得，可以使传媒获得区别于其他传媒的特殊优势，进而可以在竞争激烈的传媒市场中维持并提升自己的相对优势地位，抢先获得有利于自身发展和传播力进一步提升的诸多难得机遇。

---

① 马二伟：《试论传媒品牌运作的战略目标及其实现途径》，《新闻界》2008 年第 5 期。
② 马二伟：《试论传媒品牌运作的战略目标及其实现途径》，《新闻界》2008 年第 5 期。
③ 马二伟：《试论传媒品牌运作的战略目标及其实现途径》，《新闻界》2008 年第 5 期。

第二节　区域大众传媒品牌建构的路径

贵州传媒品牌的建构，不仅有助于受众忠诚度的巩固和广告商的青睐，更有助于传媒产业的发展、核心竞争力的建构和市场优势地位的获得，可以为区域传播力的提升及贵州整体社会的发展提供动力。因而，贵州传媒应该紧扣发展目标，制定一系列措施来强化和巩固自身品牌的建构。

一、传媒品牌基石的奠定

整体而言，传媒的主要业务可以分为内容生产和渠道建设两大部分。随着传媒市场的扩大和互联网时代的到来，互联网媒体自身传播渠道的便利性、传播范围的无限性等媒介属性凸显。从理论上讲，任何传媒都获得了在全球闻名的机会，因而渠道对于传媒的重要性并不再如以往那般重要。相反，由于传媒内容对于目标群体的划分及相关优质受众群体的培育等极具重要性，且传媒各业务操作环节均需要相关类型或品质的内容的支撑。故在一定程度上可以说，传媒内容质量优劣对传媒品牌形塑成败的影响是决定性的。换言之，高质量的传媒内容是传媒品牌形塑活动的重要基石，同时也是传媒价值核心竞争力得以形成的重要源泉。

反观那些在世界范围内具有较大知名度，且其品牌核心竞争力较强的传媒集团，无不是对内容精益求精的追求者。因此，不论是在贵州区域内品牌建构相对占据优势的传统媒体，或是刚从事自身品牌运营的互联网媒体，如果欲在国内和国际传媒市场中占据相对优势地位，并表现出相应的传播力，那其对优质内容的追求就不可停止。鉴于贵州传媒目前在国内传媒市场的相对弱势地位，从某种程度上来说，它的内容建构工作还任重而道远，必须采取具体措施促进跨越式的发展。在国内传媒内容日益同质化的情况下，充分将其丰富多彩且较为独特的民族文化结合传媒特点进行再加工，进而取得相对市场优势。

二、传媒品牌特质的彰显

在传媒类型较为丰富、传媒市场容量相对有限、传媒市场竞争日益激烈且传媒内容日趋同质化的情况下，品牌便成了受众和广告商得以区分媒体的不同类型、不同质量和不同影响力的重要凭借。对于受众而言，特定的传媒品牌直接代表某种特质的内容产品，就好比在英国，《太阳报》代表通俗新闻，而《泰晤士报》则代表着高端品质的新闻一般。对于广告商而言，不同品牌的传媒则意味着不同的购买群体，而那些品牌优质的高端报纸的读者无疑更具有购买力。这样，具有不同需求的受众和广告商便可以根据品牌来寻找其心仪的传媒产品，并通过其来完成某种特定的目标。这说明了品牌特质及其导向作用的重要性。

绝大多数传媒品牌形塑的成功，都要归结于其相对优质的内容产品和服务。在同等的条件下，部分传媒品牌的胜出是有一定规律可循的。例如，中央电视台的时政新闻更富有权威性，东方卫视的经济新闻报道较为独到，而湖南卫视的娱乐新闻和江苏卫视的婚恋节目则吸引力更大。上述各个媒体虽然表现不同，但都呈现出较强的个性。也从侧面说明了品牌特质彰显的极端重要性。

由于特定的传媒品牌可以在受众心目中产生某种附加值，或者暗合某类受众群体的价值观，因而从受众的角度来塑造品牌形象应该具有可取性。不同的受众群体既具有某种共通性，也具有某种特殊性，要求传媒在划分目标受众群体时考虑受众的此种特质。但从另一个角度讲，虽然不同受众或受众群体之间存在较大的差异，但又充满着某些共同属性。这些共同属性不仅包括对色情、暴力等负面内容下意识的关注，同时更包括对真、善、美和爱的追求。从社会文明的演化进程来看，人们对后者的追求占据着主导地位。部分媒体却以直接或间接的手段来制作并传递大量"膻色腥"资讯，以尊重受众需求为借口来行漠视受众主流需求之实，不仅带坏了行业风气，更造成了强烈的社会负面影响，给传媒品牌带来了较为沉重的打击。

此外，部分传媒过分关注受众群体的特殊性，并大肆强调不同受众群体的市场分割。忽略了受众整体属性的影响，往往路径越走越狭窄，并最终以失败而告终。不仅导致自身传媒品牌建构进程受阻，而且容易给其他传媒以错觉，进而部分堵塞了此种建构路径，因而负面影响较为严重。

通过上述论述可知，对传媒品牌特质的彰显，尤其要注意包括其目标受众群体在内的目标市场的共性与个性的结合。那些在国际传媒市场取得经济效益和社会效益双丰收，并以此成功建构起相关品牌的影视作品，有哪一部不是将受众的特殊性与共通性予以有机结合的。

此外，传媒品牌特质化的彰显，与自身素质相对较高且有较强性格特质的传媒工作者也息息相关。富有个人魅力的传媒工作者，能够将自身特点与其所处频道、栏目或媒体属性相互结合，常能够形成传媒相对鲜明而受众也较为认可的风格。在电视上，那些主持人才华横溢且又魅力独特的节目，往往能够成为某个电视台的代表性品牌节目，并进而可以使该品牌内化为整个电视台的风格，带动本台相关资源的整合。表现在广告领域，则是一些著名栏目的广告收入，便可以抵得上甚至超过其他普通电视台的广告费用。

传媒的特质化属性如果欲内化为传媒品牌的优势，那就往往需要将其某些属性和优势以符号化的方式来表达，进而建立起传媒品牌与符号之间的紧密关联，并赋予该品牌以某些积极的联想内容。例如，那些富有个人魅力的栏目主持人等，便往往会成为其所在传媒品牌存在感较强的符号，其言行举止、所作所为，会引发人们对品牌的各种相关联想。

传媒品牌的符号化过程，往往有 CIS 系统的引入。"以统一化的图形和文字符号形象来加强视觉识别效果，建立起高度同一性、独特性、可识别性的企业形象识别系统，区别于其他企业并明确无误地表达自我，从而将主体形象深植于公众心目中。CIS 分别由理念识别系统（MI）、行为识别系统（BI）、视觉识别系统（VI）构成。"[①] 一般而言，MI 主要是从传媒的宏观规划及其具体的微观行动中浸透着的基本行动理念来建立，BI 一般从传媒从业人员的个人操守及单位的相关规则制度和文化氛围来建立，而 VI 则一般从鲜明的形象标识——即富有鲜明特色的符号化的形式来建立传媒的符号识别系统。这可以从凤凰网动态化的凤凰标识，以及中央电视台极具辨识度的商标符号看出。

传媒品牌特质的彰显，也与传媒在市场战略中所实行的差异化的市场定位等因素密切相关。贵州传媒如果欲建构起独特优势，从策略上，势必要对不同受众群体的需求特质、竞争对手的特点及其优势等传媒生态环境进行客观评估，对竞争对手的优势进行规避或吸纳，再通过差异化的市场定位途径来彰显自身优势，并将其以可识别的传媒品牌来展现。

三、传媒品牌的市场化运作

品牌作为传媒自身精神风格和文化价值内涵的表现，直接体现了其

---

① 胡忠青：《从受众心理角度看传媒品牌个性》，《新闻界》2006 年第 1 期。

某种优势特质，并可以通过赋予并建构起受众与该品牌之间的联想，来满足受众和广告商等各种群体或个人的需求，推动优势市场地位的获得。但是，如果欲使品牌获得市场的认同并进而转化为自身优势，还需要对其进行市场化的运作。

在市场经济时代，传媒品牌的市场化运作可以贯穿其建构的各个阶段。品牌的设计，便要通过差异化的市场战略，努力寻找市场相对空白点、自身独特优势与受众实际需求之间的平衡，并将其内化在传媒品牌战略之中。不仅如此，还必须运用市场化的途径来对相关资源进行优化配置，以进一步打造或夯实已经初步建构起来的品牌；同时，对品牌进行一系列营销活动，以扩大品牌的社会影响力及其内在特质的可辨识度。

传媒品牌的营销需要其在保持适当规模的营销网络的基础上，利用各种市场活动将品牌符号与受众的认知相结合，并进而激发其自身所需要的想象。一般而言，传媒品牌的影响同样要经过对受众和广告商等群体或个人的理性认知、感性渲染和核心价值的凝聚等数个阶段，以将自身的某种情感或价值观与该品牌进行有机的连接，并进而在言论示范或行为效应方面对该品牌进行支持。

当然，传媒品牌特质的彰显还有其他市场运作途径，在此不一一赘述。

第三节　区域大众传媒品牌的形象延伸及价值拓展

传媒品牌的建构，意味着传媒在竞争日益激烈且同质化倾向日益明显的传媒市场中可辨识度和无形资产大为增加，但如果不及时加以维护，其品牌价值和可辨识度也会有下跌的风险。换言之，如果在传媒品牌确立后就放松了对其的关注和维护，那品牌价值往往会有被浪费的可能，更或许会错失传媒向其他领域延伸或扩张的可能。

在对传媒品牌形象进行维护时，对其内容和相关服务品质的创新、提升和强化尤为必要。作为传媒核心竞争力的重要组成部分，传媒的内容及服务在部分程度上决定了传媒的风格、品牌美誉度和市场号召力。对该方面资源的倾斜，直接决定了品牌价值的可持续增长能力。同时，另外一个较为现实的相关问题，即品牌相对稳固期与其初始发展期之间在各个方面的差异。"一个传媒品牌在生长过程中，周围环境在变，竞争对手在变，受众的价值取向也在不断变化。进入稳定期的传媒品牌，其受众需求可能与初始定位产生了距离，这就要求传媒品牌针对新情况，采取新措施，以巩固传媒品牌的地位。"[1] 由此可见，传媒对于自身品牌形象的维护，还要在仔细评估市场环境具体变化的基础上进行。

为此，传媒可以在"两个紧密关注"上努力。一是紧密关注受众最新需求并大力挖掘受众潜在需求，以符合时代脉搏的某种特色来不断赋予传媒品牌以新的价值。此种赋予，不能是杂乱无章的，而应该是系统的，且紧密围绕其核心价值、为打造其核心竞争力服务的。二是紧密关注传媒品牌建构过程，并针对其中所出现的问题，及时结合受众和市场等的反馈意见进行修正或补充，以促进传媒自身的良性循环、实现品牌价值的不断提升。

传媒品牌具有无形的资产价值，且具有可延伸性和拓展性，互联网时代的到来，使得此种特性可以得到更大程度的发挥。在做好传媒品牌维护的基础上，要在形象延伸及价值拓展和维护上发力。一般而言，互联网背景下的传媒品牌形象延伸及价值拓展可以通过以下数种途径延伸。

首先，互联网相关技术、计算机技术及移动通信技术的发展，推动

---

① 李军林：《试析传播媒介的品牌化经营》，《现代传播》2003 年第 6 期。

电信网、广播电视网和互联网"三网融合"平台的发展和拓展。基于上述各种技术对于传媒内容不同形式的加工和挖掘，以及"三网融合"平台所提供的各种便利，传媒品牌获得了在不同媒体形式上传播和施加影响力的可能；而传媒对互联网媒体及其相关技术领域的把握和利用，也有利于自身品牌的延伸和覆盖面的精准化扩展。世界知名传媒集团无不善于利用各种技术所建构的平台来实现自己的价值。国内报刊和广播、电视等传统媒体也纷纷通过视频新闻、IP 电视、网络电视和网络电子书等方式向新媒体平台延伸，并完成其自身品牌的延伸和价值拓展过程。

其次，在成功树立起自身核心品牌之后，可以充分发挥品牌的辐射作用，展开相关子品牌的建设工作，并进而使母品牌和各个子品牌之间形成一种系统而和谐的关系，取得品牌经营的规模效应。国内知名的上海报业集团、浙江日报报业集团、南方日报报业集团等，便借此实现了品牌价值的提升和自身实力的增长。

再次，传媒品牌形象的延伸及其价值的拓展，也可以凭借产业链和价值链的延伸拓展来进行。由于传媒流通过程同时也是价值的流通和创造、衍生过程，故传媒的产业链同样也是一条价值链。由于传媒产业的特质，该产业链并非是一条泾渭分明的直线结构，而更可能呈现为网状或链式特征。在互联网时代，传媒的内容一旦被生产出来，便可能通过报刊、广播、电视和互联网等多种媒体渠道进行立体式的流通和传播。不仅如此，传媒也可能跨越产业和行业类别，进入房地产、主题公园和金融投资等领域。目前，此类跨行业的品牌延伸主要分为两类。"一类是专业化媒体向相关产业的品牌延伸。专业化媒体大多具有明确的品牌定位与鲜明的品牌个性，品牌延伸主要围绕核心业务进行，技术转移性较强，比如 21 世纪报系开发的 21 世纪中国经济年会等财经公关产品，其在品牌命名上均显示出与 21 世纪报系一脉相承的血缘关系。一类是综合性的传媒集团所采取的跨行业的延伸模式，延伸领域包括广告、发行、印务、旅游、制造等行业。"①

传媒产业的跨界拓展活动，改变了传媒以往依赖广告资源的单一获利模式，而以更为多样的方式将市场其他领域的资源整合进入自身实体之中，完成了传媒品牌形象的极大延伸，以及其价值的最大化。

当然，传媒品牌形象的延伸及价值拓展需要在较为审慎的情况下进行，并要在实施过程中注意对相关风险的规避。例如，并非所有的母品牌都适合进行子品牌的衍生。在进行品牌的延伸和价值拓展之前，需要对母品牌的准确价值进行客观评估、对其使用的市场范围和受众群体进行科学观测，以确定品牌和市场之间的契合度。同时，对品牌的延伸度也要有合理的预测和把控，找准母品牌和子品牌之间的连接点，以便母品牌的价值可以较好地转移到子品牌上。此外，还要有一个较好的对母品牌与子品牌等多种品牌进行优化管理的制度措施，以便更好地发挥品牌的规模效应。更重要的是，随着互联网时代各种要素的快速更新变化，传媒需要在客观把握自身品牌周期的基础上，准确评估各个时期的发展态势，巧妙运用公共关系等手段，将各种相对优势内化到品牌优势之中，完成品牌的价值刷新和良性循环。

---

① 张红梅：《传统媒体的品牌延伸路径、特征及风险规避》，《当代传播》2011 年第5 期。

第十四章

大数据赋能"多彩贵州"传播新动力

从互联网到"互联网+",中国互联网的发展处在一个重要的转折点上。现在有一种提法:我国的互联网发展进入下半场,从跑马圈地的"上半场"转入精耕细作的"下半场"。无论这种说法是否贴切,但一个现象尤其值得关注:随着互联网时代的发展,流量红利正在消失,大数据红利的价值正在凸显。就区域传播的角度而言,大数据的飞速发展,把我们生活的时代由"信息时代"带入"数据时代",也逐渐为区域传播插上了隐形的翅膀,甚至有业界专家指出,大数据正在并将一直在呈现方式、生产流程和生产理念等方面对新闻生产产生巨大影响,今天的新闻传播和内容生产,谁占有大数据谁就拥有未来。

近年来,大数据成为世界认识贵州的一张亮丽的新名片。从2014年到2018年,"云上贵州"风起云涌,一朵接一朵的"祥云"陆续飘了起来。贵州先发声、赶快路、抢高地,这一昔日工业时代的跟随者,在中国西部不断地挖掘着"钻石矿"、生成着"智慧树",被批准建立全国首个国家级大数据综合试验区,数博会升格为国家级博览会,建成"云上贵州"系统平台,列为国家电子政务云数据中心体系南方节点,贵州变成大数据时代的同行者,甚至领跑者。目前,在全国各地,谈大数据必谈贵州，谈贵州必谈大数据。万维网创始人蒂姆·伯纳斯-李说，"数据驱动的新闻代表着未来"①。国家级大数据综合试验区的建设，也将推动贵州在实现数据驱动新闻方面先行先试。这为贵州的区域传播力提升带来的，不仅仅是计算传播的实践更迭，更为传播的本体重构、方法拓展和价值提升等方面带来深刻影响。

第一节 大数据与新闻传播创新

20 世纪 80 年代，美国未来学家阿尔温·托夫勒在《第三次浪潮》一书中就提出了"大数据"这一概念，并赞颂其为"第三次浪潮的华彩乐章"②。2011 年 5 月，麦肯锡全球研究院更是提出"大数据时代已经到来"，并在报告《大数据：创新、竞争和生产力的下一个新前沿》中强调，"数据，已经渗透到当今每一个行业和业务职能领域，成为重要的生产因素。人们对于海量数据的挖掘和运用，预示着新一波生产率增长和消费者盈余浪潮的到来"③。2013 年，英国大数据专家维克托·迈尔-舍恩伯格、肯尼思·库克耶在著作《大数据时代：生活、工作与思维的大变革》中富有前瞻性地指出，大数据带来的信息风暴正在变革我们的生活、工作和思维，大数据开启了一次重大的时代转型。自大数据这一概念提出以来，国内外对大数据的关注度与日俱增，近年来，随着大数据发展和媒体融合的推进，大数据对于传播的影响备受关注。

以"大数据"为主题搜索中国学术期刊网全文数据库，发现 2011

---

① Gray, Bounegru, Chambers, eds., *The Data Journalism Handbook*, O'Reilly Media Inc., 2012: 6.

② ［美］阿尔温·托夫勒：《第三次浪潮》，朱志焱、潘琪、张焱译，生活·读书·新知三联书店 1983 年版。

③ 蔡翠红：《国际关系中的大数据变革及其挑战》，《国际经济与政治》2014 年第 5 期。

年"新闻与传媒"门类下涉及"大数据"的研究文章仅有 1 篇，2012 年研究文章增长至 24 篇，2013 年增长至 317 篇，2014 年增长至 789 篇。2015 年开始，这一数据一直保持在高位，其中 2015 年 1303 篇，2016 年 1366 篇，2017 年 1395 篇，2018 年 1253 篇（数据统计到 2018 年 11 月）。简要梳理学术界对大数据与新闻传播的研究，主要集中在五个方面。

一是大数据之于新闻传播的价值。喻国明教授认为，大数据并不仅仅指向数据规模的海量，大数据的真正价值，更是在于数据的全面。大数据分析的价值和意义就在于透过多维度多层次的数据，以及历时态的关联数据，找到问题的症结，直抵事实的真相①。对此，陈力丹教授也认为，大数据新闻报道不同于传统新闻报道的简单数字交代，而是展示了一种从宏观到中观的层面对于社会某一方面的动向、趋势的动态的把握。陈昌凤教授认为，大数据推动新闻传播，主要体现在新闻形态的创新和新闻内容的创新两个方面，这是非常可贵的，将推动新闻传播从技术形态的融合，进入到产业化的融合，再进入到内容的迁徙和融合。全燕教授认为："大数据技术的应用使传播呈现出一种全新的格局，在这一技术背景下的传播是一种由专业组织机构在网络场域中进行专业操作的传播活动。基于人类使用互联网信息的挖掘与分析，组织机构对网络公共事件'网络文本特征或人群网络行为进行数据描述'实现数据可视化。而真正意义上的大数据传播，是组织机构依据获得的资讯和对人群网络行为特征的描述和把握，实施精准的靶向信息投送，实现大众传播难以实现的精准传播效果。因此，从总体上说，依靠大数据进行的传播，本质上是一种组织化的传播。然而大数据传播绝非仅仅是一个技术性事实，受大数据带来的科学范式与实践范式的革命性转变，传播不仅

---

① 喻国明：《从精确新闻到大数据新闻——关于大数据新闻的前世今生》，《青年记者》2014 年第 36 期。

产生实践的变革，也发生哲学意义上的转向。"①

二是数据新闻。这类研究主要包括数据新闻基础理论研究、数据新闻案例实证研究等方面。这类研究的代表关键词有数据新闻、数据可视化、可视化、数据分析等。特别是数据新闻，学术界进行了诸多研究。喻国明等认为："数据库新闻是指 21 世纪初记者们尝试从政府公开数据库或媒体自身数据库寻找数据挖掘新闻专题的新闻报道方式。早期的数据库新闻只是对于原始数据的初步整合，报道依然是文字为主，数字为辅。"② 祝建华则将计算机辅助新闻、数据库新闻和数据驱动新闻统合划归到数据新闻发展的第二阶段，认为这三种新闻类型强调数据分析，注重通过数据寻找采访线索和确凿证据。③

三是大数据传播与传播应用。这一方面的研究主要集中在网络舆情、精准传播、媒介素养等方面。从网络舆情的角度看，李惊雷认为："网络舆情以社交媒体为平台呈现出来，其具体可见的构成要素则为网民们的各种表达。从大数据的角度来看，大数据既可以将网络舆情具体而客观地呈现出来，又可用大数据的思维方式判断舆情中的不确定性因素即风险点。"④ 从媒介素养的角度看，众多学者认为，随着信息化技术的广泛使用，新闻思维方式也相应发生改变。"数说"新闻离不开数据素养，主要体现在对数据的敏感性、数据的收集能力、数据的分析处理能力、利用数据进行决策的能力、对数据的批判性思维。

四是大数据传播与智媒体发展。在大数据时代，传统媒体如何转型

---

① 全燕：《大数据技术背景下的传播转型及其异化风险》，《南京社会科学》2018 年第 6 期。

② 喻国明、李彪、杨雅、李慧娟：《新闻传播的大数据时代》，中国人民大学出版社 2014 年版。

③ 参见祝建华：《从大数据到数据新闻》，《新媒体与社会》2014 年第 4 期。

④ 李惊雷：《社会风险和大数据：舆情管理模式建构的依据和支持》，《新闻爱好者》2017 年第 11 期。

发展，新媒体环境下如何更好地延伸拓展应用。学术界和理论界聚焦媒体融合发展进行了详细论述。同时对媒体形态进行了前瞻性的展望。官建文从媒体技术的角度提出这样的论断："未来的媒体应该是智媒体，具有感知能力，能够提供多方面、多层次、个性化、小众化信息服务。现在的普通互联网将发展成智慧互联网，建立在智慧互联网之上的媒体，具有智能是无疑的。"① 郭全中指出："从发展的角度来看，因时代背景出现的全媒体、融媒体等只是一种过渡概念，它不可能代表传媒业的未来。而互联网媒体将是未来一段时间内的主导媒体形态，其中智媒体将成为互联网媒体的未来主要形态。"②

五是大数据传播与新兴技术。部分学者和业界专家聚焦大数据技术及发展思维对传统媒介生产及操作思维方式产生的革命性变化，进一步探讨技术环境变革下媒介的优化策略。王国裕等专家前瞻性地提出，把数字多媒体广播（Digital Multi-Media Broadcast，DMB）作为广播电台节目数字化的标准之一，以 DMB 技术为载体，将其从单一的电台业务模式发展为一个基于广播方式的多媒体信息传播平台，并形成与通信系统的互补。③ 付玉辉着眼于大数据技术发展对传播文化观念和治理模式的影响，指出："随着信息传播技术和网络水平的不断提升，人类在文字、方位、历史和交往等方面的数据化程度不断提高，这为大数据思维模式和管理模式的生成创造了可能性。而在大数据的技术、网络、市场和产业的基础之上，还将必然衍生出大数据传播的文化观念和治理模式。"④

---

① 官建文：《媒体·融媒体·智媒体》，《传媒》2015 年第 8 期。
② 郭全中：《智媒体的特点及其构建》，《新闻与写作》2016 年第 3 期。
③ 参见王国裕、张红升、卞璐、冯雄、朱志国、张旭：《DMB＋，新一代数据传播技术》，《重庆邮电大学学报（自然科学版）》2017 年第 5 期。
④ 付玉辉：《大数据传播：技术、文化和治理》，《中国传媒科技》2013 年第 5 期。

第二节 用优质平台激发传播聚变

根据国际数据资讯（IDC）公司监测，全球数据量大约每两年翻一番，预计到 2020 年，全球将拥有 35ZB 的数据量，并且 85% 以上的数据以非结构化或半结构化的形式存在。大数据是以容量大、类型多、存取速度快、应用价值高为主要特征的数据集合。散落的数据，单独看，每个都很微小，但当它们聚集起来，就能释放大数据的无穷魅力。近年来，贵州着力打好大数据"聚通用"攻坚战，通过打造平台聚集内容和用户，产生数据的聚变。比如货车帮公司——中国最大的公路物流互联网信息平台，针对公路货运痛点，打造了覆盖全国的公路物流互联网信息平台，通过实现"空车"和"货源"相匹配，为中国年节约燃油价值 500 亿元。货车帮建立了中国第一张覆盖全国的货源信息网，连续两年入选科技部火炬中心发布的"独角兽"企业榜单，成功实现战略重组为行业巨头满帮集团，成为全国最大的大数据物流平台。

平台媒体化和媒体平台化是近年出现的新趋势。一方面，拥有海量粉丝的商业网络平台发展舆论功能的冲动十分强烈，涌入新媒体领域跑马圈地，成为主要信息入口。另一方面，传播平台是核心传播资源，如果不掌握在主流媒体手中，就会受制于人，内容做得再好，也难以快速广泛地触达用户。因此，主流媒体要集中优势力量，打造自主可控、传播力强的新型传播平台，将生存发展权牢牢掌握在自己手中。

一方面，打造"多彩贵州宣传文化云"，汇聚庞大数据。发展大数据，首先要有数据。近年来，贵州以中国电信、中国移动、中国联通三大通信运营商和富士康、苹果、阿里巴巴、华为、腾讯数据中心为核心，汇聚一批国际级、国家级、行业级数据中心。2018 年 4 月，腾讯正式宣布在贵州"挖山洞"养鹅，筹备近两年的"AI 生态鹅厂"——腾讯贵安七星绿色数据中心在贵安新区完成项目主体建设，预计年内投产运行。该中心总占地面积超过 50 万平方米，隧洞面积超过 3 万平方米，是一个特高等级绿色高效灾备数据中心。马化腾在 2018 年数博会上演讲时说：腾讯未来要把最重要的数据放在贵州。2018 年 5 月，苹果 iCloud（中国）贵安数据中心项目奠基仪式举行，苹果公司宣布在贵州建立亚洲最大的数据中心——苹果 iCloud（中国）贵安数据中心，这个中心将是苹果公司在中国提供最佳 iCloud 用户体验的关键，也将帮助苹果公司为用户减少网络延迟并提高可靠性，从而提高苹果公司在中国提供的产品和服务的整体速度和可靠性。作为苹果公司在中国建立的第一个数据中心，该项目将 100% 由可再生能源供电。苹果公司全球副总裁、大中华区董事总经理葛越说，贵安数据中心将成为 iCloud 在中国的核心。还有"中国天眼"数据中心。位于贵州平塘的 500 米口径球面射电望远镜"中国天眼"，是世界上最大的单口径望远镜，正在昼夜不息地接收着宇宙深处的神秘信息，而科学家们要破解其中的"密码"，所需的数据和运算量却大得惊人，仅"中国天眼"初期计算性能需求就在每秒 200 万亿次以上，存储容量需求达到 10PB 以上。面对如此巨大的信息量，贵州的"中国天眼"数据中心精准完成着一项项超级计算任务。依托贵州国家大数据试验区超过 30 万台服务器的强大计算能力，存储和分析"中国天眼"采集的太空数据。预计未来十年，"中国天眼"射电望远镜数据中心数据存储量将达到 100 PB，计算能力将达到 1000 TFLOPS。科学家们认为，贵州的大数据产业让中国"天眼"更加深邃和智慧。

作为国家级大数据综合试验区，贵州在聚集大数据方面作出了先行探索。贵州充分运用这些优势，2018 中国国际大数据产业博览会期间，"多彩贵州宣传文化云"上线运行，完成"多彩贵州宣传文化云"数据交换与共享平台、数据采集平台、数据大脑（人工智能平台）、"中央厨房"等核心基础平台的建设，成为全国省级层面第一"朵"覆盖整个宣传文化系统的"云"平台。同期上线的"多彩贵州云"客户端，初步实现了对省级报、刊、台、网、端新闻内容的实时采集传播。截至2018年7月底，全省省级宣传文化系统已接入13家单位、15个应用，共汇聚1482个微信公众号、文章661466条、32个微博账号、70864条文章数据、网站稿件2137471条、图片数据6490149张、视频数据约32 TB。

根据规划，"多彩贵州宣传文化云"的建设以"行政聚合，企业运作"为原则，将以数据的聚合、融通、应用为主线，在整合全省宣传思想文化系统平台和大数据资源的基础上，建设覆盖全省、统一平台、统一架构、统一资源、统一接入、统筹利用的宣传思想文化数据共享大平台，打造全国首个覆盖全省各级宣传文化系统的跨地域、跨层级、跨部门、跨业务的大数据平台项目。接下来，贵州将深入推进"多彩贵州宣传文化云"建设，努力完成七大任务：推进全省宣传文化系统数据整合、协同、开放、共享，推动宣传思想文化工作与大数据发展深度融合；通过一体化采编、大数据分析等技术系统支撑，实现报、刊、台、网、端上的新闻资源共建共享；建立新闻和舆情快速响应机制，支持新闻推送一体化、内容管控一体化、舆情跟踪处置一体化，提高新闻舆论工作效率；推进公共文化服务与科技融合发展，加快公共文化服务数字化建设，提升公共文化服务能力；推动内容资源的跨平台、跨组织传播，打造千万级的主流新媒体产品，提升贵州对外传播能力，进一步讲好贵州故事，传递贵州好声音；通过网络汇聚民意民智，提前预知社会矛盾，预判舆情走向，提高社会治理的主动性和公共决策科学性；整合建好网上问政平台，依托互联网开拓践行群众路线新渠道。

打造拳头传播平台，实现传播聚变。好的传播平台，既是"蓄水池"，驱动人们在同一平台上聚拢，让散落在互联网上的碎片信息汇聚在一个"内容池"之中；又是"输水管"，在信息生产者和需求者之间，建立起连接渠道，让人们知道去哪里寻找信息。因此，不少业界专家认为，媒体发展，特别是新媒体的发展已经进入了"平台时代"，建设强有力的传播平台势在必行、行必有效。目前，一些有条件的媒体已着手建设自主平台或联动共建平台，着力破解对商业平台的过度依赖。比如，《人民日报》打造移动新媒体聚合平台"人民号"，已吸引超过5000家主流媒体、党政机关、优质自媒体入驻；新华社搭建移动化在线式新闻生产平台"现场云"，已有超过2500家媒体和机构入驻；南方报业传媒集团的"南方号"、湖北广播电视台的"长江云"都在立足于打造区域性的传播平台。2018年以来，贵州重点支持贵州日报报刊社"天眼"新闻客户端、"动静"新闻客户端、"众望"新闻客户端等平台，力争打造2—3个省级现象级新媒体平台，进入全国新媒体平台第一阵营、省级新媒体平台前列。

第一，精准定位，突出宽视野。建设传播平台，首要的要求是"声远"，在众声喧哗中唱响贵州好声音。而"声远"，首要在于精准定位。要突出宽视野定位，突出传播平台的区域性乃至全国性价值。比如，"天眼新闻"客户端以现在的"今贵州"客户端为主体，整合"政前方"等微信公众号资源，坚持以时政类新闻内容持续供给为主，力争打造成为在西部省份具有显著优势的"天眼"品牌。比如"动静"客户端，以客户端为旗舰，以"动静贵州"微信公众号、"动静贵州"抖音号等多样化产品为核心矩阵，以权威、责任、敏锐为定位，以视频为特色，努力将"动静"客户端打造为在本地具备强大影响力和公信力、在周边省区具有一定传播力和引导力的新闻资讯传播平台，让"动静"成为家喻户晓、享有美誉的传播品牌。

第二，变"相马"为"赛马"，突出厚基础。在互联网由"跑马圈地"转向创新发展的背景下，打造强有力传播平台，"白手起家"往往难以取得预期成效。贵州专门组织召开了打造省级重点新媒体平台遴选论证会议，对重点打造的平台进行现场论证，优中选优。在拟重点打造的传播平台中，"天眼新闻"是贵州日报当代融媒体集团主办的以时政新闻资讯为主要内容的新闻客户端，是贵州日报当代融媒体集团推进媒体融合发展的核心平台，已初步形成集高度、广度、鲜度、温度、融度为一体的全媒体发展格局。2018 年全年，"今贵州"下载量为 100 万，2019 年上半年点击量 10 万+的新闻产品十多篇。目前，"动静"客户端已经有 180 万下载用户，日活跃用户达到 60 万；"动静贵州"微信公众号有 28 万用户；"贵州新闻联播"微信号有 10 万用户。同时，贵州广电还有"贵州卫视""非常完美""詹姆士的厨房""百姓关注""微兔 GOGO""阳光 952"等一批百万级用户的新媒体品牌，其内容也将相继入驻。贵州广电融媒体中心即将携 100 万以上用户、过千万粉丝再次发力，提升打造"动静"客户端。"动静"将力争用一年时间做到300 万下载用户。

第三，汇聚"众人之智"，突出"蓄水池"功能。"几个世纪以来，人们一直将图书馆看成是唯一的知识库，但数字化的内容正在逐步且不可逆转地改变着这个观念。最初用来在专业人士之间传送数据和计算机程序的数字媒介很快就变成了全民共享的万维网，经过大约十年时间就永远改变了人们看待信息以及访问它们的方式……加上电子邮件和即时信息的普遍使用，我们就得到了一个即时连通的世界，这个世界具备了通过巨大的跨全球社会网络建立生产性联系的可能性"①。从互联网即时联通的特点出发，互联网平台传播的一大优势，就是能够激活潜藏于各地区、各部门公众的强大生产力，汇聚每个人的见解并尽可能变成真

---

① ［美］伯纳多·A. 胡伯曼：《万维网的定律——透视网络信息生态中的模式与机制》，李晓明译，北京大学出版社 2009 年版。

知灼见。这是一个优质平台的巨大机遇，也是一个优质平台必须承担的责任。"天眼新闻"将推动全省 9 个市州及贵安新区共 88 个县市区在"天眼新闻"APP 开设频道发布新闻信息，在集中统一平台上进行信息生产，打造诸如"今日毕节""今日余庆"等信息发布平台，由"天眼新闻"后台实现内容统一管理发布，打造强势宣传传播平台。"动静"客户端向外将发挥现有对央视发稿、与国际视通（海外 100 多个国家和地区、1700 多个电视频道、700 多个移动互联网平台）签约的优势，不断拓展新的发布渠道与平台，重点推进海外渠道、高端平台、央媒；向内将不断深耕本省各级各类渠道，提升影响力，建立稳定的用户关系。充分利用广电优势，实现大屏小屏互动、频道网台互通、传统优势媒体与两微一端新媒体矩阵的一体化、融合化发展。

第三节　大数据时代的专业化传播

对于区域传播而言，大数据是一种技术、一种资源，更是一种工具、一种方法。对于媒体而言，大数据正在引发一场新的革命。美国福特汉姆大学教授保罗·莱文森曾将媒介分为三种：旧媒介、新媒介、新新媒介。其中，"旧媒介就是互联网之前的媒介，包括广播、报纸、电视、电影、杂志，其特征是自上而下的控制；新媒介是指互联网第一代的媒介，发端于 20 世纪 90 年代，例如电子邮件、电子报纸；新新媒介是指互联网上的第二代媒介，发端于 20 世纪末，兴盛于 21 世纪，例如脸书，推特、YouTube、微博之类，其主要特征是没有自上而下的控制，信息的消费者也是其生产者，用户产生内容"[①]。可以说，大数据

①　［美］保罗·莱文森：《新新媒介》，何道宽译，复旦大学出版社 2011 年版。

的发展为新闻传播的方式提供了更多的丰富性，大数据驱动下的新闻传播也被视为一次新的范式转向。这种转向，要求我们拥抱大数据、深耕大数据，推动新闻传播更加专业化。

一、人机协作的愿景瞭望

自动写作技术公司 Narrative 的出现，曾经触动了整个新闻界。运用 Narrative Science 算法，这家公司将撰写一篇新闻稿件的时间降低到了大约 30 秒。Narrative Science 往往基于这样的写作模式：先是通过强大的搜索引擎整理出海量的高质量数据，然后以文章题材为指向遴选写作风格、提炼写作模式，最后按照原作者提供的词汇来组织语音、组成完整的语句。其中的原作者，主要是指"由资深记者组成的团队，他们负责创建一系列报道题材的模板，同 Narrative 技术工程师密切合作，使计算机能够从不同'角度'来识别相应数据"。Narrative 联合创始人兼首席技术官克里斯蒂安·哈蒙德认为，"未来机器生成的新闻将占到媒体新闻的 90%，并且在未来五年之内，这样的新闻有可能获得普利策新闻奖"①。

随着大数据和智能化水平的提高，机器人写稿逐渐进入大众视野。国内媒体也纷纷试水给予大数据分析的智能机器人写作。2015 年 11 月，新华社推出机器人写稿项目——"快笔小新"，用以服务体育部、经济信息部和中国证券报，主要任务是自动撰写体育赛事稿件和财经稿件。2017 年，南方都市报社、凯迪网络和北京大学计算机科学技术研究所三方宣布联合成立智媒体实验室，并研发出写稿机器人——"小南"。"小南"2017 年 1 月 17 日正式"上岗"，并推出第一篇共 300 余

---

① 中涛：《连线杂志：未来新闻 90% 以上将为电脑化新闻》，腾讯科技，2012 年 5 月 3 日，见 http://tech.qq.com/a/20120503/000271.htm。

字的春运报道。2017 年春节，人民日报社首次尝试运用人工智能，语音机器人"小融"通过人民网及"两微一端"等平台与网友互动。目前，第一财经的"DT 稿王"、今日头条的"张小明"、腾讯财经的"Dreamwriter"等，也在发挥着重要作用。

面对这一转变，业界褒贬不一。有人指出，大规模使用写稿机器人，将大量挤占工作岗位，且写稿机器人往往刻板僵化，缺乏独立思考能力，适用面窄，且没有情感。有的则认为，写稿机器人对于媒体来说，并非取代记者编辑，而是更好地解放了新闻生产力。

事实上，写稿机器人的变化，正在而且也将更加明显地为媒体带来这样的改变：一是新闻生产力大规模提升；二是媒体从业人员更能将精力集中思考更深层次的问题，更加注重情感诉求的挖掘；三是新闻记者的核心竞争力将更加注重新闻创作中的人文价值。关于在于理性看待写稿机器人和大数据人工智能，以积极的心态拥抱新技术。一方面，要充分认识到机器人写作的不足。以目前的情况来看，写稿机器人在"归因""举证""应景"三方面存在不足，这种不足，短期内乃至相当长一段时期内是较难突破的。"归因，就是描述现象后，分析这些现象的一些脉络，思考究竟是哪些东西导致这个现象；举证，就是提出一个观点后要找几个例子；应景，是指描述完一个过程之后，需要把握画龙点睛的是什么，如何用恰当的词语对此进行贴切的描述。"[1] 大量复杂、跨界、有深度、情感细腻的新闻生产仍需要人类记者。另一方面，要充分认识到人机协作的必要性。"数据只有为人类所用才有价值。未来，在各个垂直领域将出现若干超级智能。这个过程中，人机协作是必然趋势。未来的新闻稿背后也许会站着一个人类记者和一个机器人记者，透过不同的视角看世界。"[2]

---

[1]　耿磊：《机器人写稿的现状与前景》，《新闻战线》2018 年第 1 期。
[2]　耿磊：《机器人写稿的现状与前景》，《新闻战线》2018 年第 1 期。

二、数据新闻的采集分析和生成

数据新闻（Data Journalism）因大数据而生，往往采用可视化的方式进行新闻报道，用数据分析新闻、挖掘数据背后的信息。近年来，数据新闻成为网络新闻传播的重要趋势。

运用数据来分析新闻，挖掘数据中所隐藏的信息，采用可视化方式来报道新闻，将成为今后网络新闻领域发展的主要趋势。从表现形式看，数据新闻主要有三种，即数据可视化、图解新闻和数据地图。从采集分析形式看，数据新闻也可以分成三种类型：调查式数据新闻（Investigative Data Journalism，IDJ），这是数据新闻的最高层次，也可以说是数据新闻中的深度报道；即时式数据新闻（Real-Time Data Journalism，RDJ），直接运用算法程序呈现；常规式数据新闻（General Data Journalism，GDJ），通常以数据集（Dataset）作为新闻报道的起点，进而梳理阐释议题。抓好数据新闻，主要是把握好四个重点：

一是智能化搜集。运用最新的人工智能技术，通过网络爬虫获取实时信息，然后进行内容特征词的抽取计算，快速提取发现新闻线索，再通过多渠道验证和排重等，排除无效内容，判断消息真伪，从新闻时效性和真实性上提升内容质量。目前的大数据采编系统中基本可实现这一功能。比如当代贵州期刊传媒集团采用的"媒立方"系统通过大数据采集可实现对海量互联网信息的快速综合搜索，以此提供有害信息的及时发现预警、互联网热点新闻的智能推荐以及社交账号的高效实时监测等。

二是大数据分析。一方面，是对数据进行提取分析，将数据库中汇集的大量非结构性、无目的的数据进行分类，进而能够发现一些传统新闻无法发现的新闻素材。另一方面，对媒体的报、刊、台、网、端以及微博、微信、客户端等新媒体平台进行本地的或跨区域的传播分析，呈现原创内容转载和传播路径的全景视图等。

三是模板化生成。原理如同机器人写稿。贵州媒体在这方面的探索起步较晚。一些媒体所采用的"中央厨房系统"能够提供初步的模块化生成，通过全视界新闻热点自动检测和研判，确保选题切中社会热点和读者关注。自动搜索抓取相关主题的海量新闻报道，自动加入创作轴，为记者适时提供详尽的主题延展和新闻背景参考，帮助记者提升稿件质量和创作速度。

四是传播效果评估。美国管理学大师德鲁克说："没有测量就没有管理。"传播效果的评估是充分展现大数据优势和功能的重要工作之一。"传统的传播效果评估只能简单地观测受众的表面行为，无法走进内心，不能确切地知晓受众真正想了解的新闻信息。而在大数据时代下，对可以受众的消费情况加以分析，使传媒机构了解传媒对象的需求，为之后的新闻传播提供便利，打下坚实的基础。利用这些与受众行为有关的大数据，可以对受众的喜好进行细致的划分，从而使新闻从业者为受众提供更为精准的信息服务。"①

第四节　用主流价值纾解"技术焦虑"

互联网经济是注意力经济，有国外研究机构统计，智能手机用户每人每天要看 150 次手机，除了睡觉，平均每六分钟看一次。如何占有受众的注意力，是互联网条件创新传播所面临的重要问题。大数据、智能算法等技术的使用，大大提升了信息传播的效率和精准度。因此，有人

---

① 冷雪梅：《大数据与新闻传播创新》，《新闻研究导刊》2017 年第 1 期。

认为，在博取眼球、争夺流量上，当下已经进入了一个"比拼技术的时代"。

然而，"大数据技术背景下的传播是利用数据和算法缔造的一种组织化传播，在其一系列转型的背后蕴藏着深层次的异化风险。首先，传播本体的数据化和智能化导致人在传播中的主体性原则被消解，产生主体焦虑。其次，传播方法整体发生量化转型，算法传播产生三大异化风险，分别是算法歧视、算法透明度问题和传播仿真问题"。① 在比拼技术的过程中，往往衍生出了"技术焦虑"，具体体现在两个方面。一是"流量焦虑"，为了在海量的信息中获取大众的注意力，一些媒体唯点击率、流量和粉丝数，网络上跪求体、哭晕体、吓尿体等浮夸自大的文风频现，偏激、夸大的文章一度风行。这种文风虽然主要出现在商业网站和自媒体账号，但也有向主流媒体蔓延的迹象。这种文风，不仅唐突了读者，也丧失了传播价值，污染了舆论生态。二是"算法焦虑"。从技术使用的实践上看，精准推送、推荐阅读虽然大大提升了送达率和阅读量，但也在一定程度上助长了虚假信息、低俗内容的传播。

鉴于此，一种观点认为，技术是中立的，算法没有价值观。事实上，算法虽然表述为一种大数据背景下的技术应用，但依然存在潜藏于技术之下暗含的价值成分。"在算法主宰的搜索引擎的世界里，算法无法提交不受价值观影响的搜索结果。这些搜索结果代表用户对信息是否有用进行不间断判断，通常会进一步加强对某些问题的'既有看法'，而对那些与人们现有观点格格不入的问题，则会运用'过滤气泡'（Filter Bubble）的剔除功能，排除所谓噪音。"② 事实上，算法也是价

---

① 全燕：《大数据技术背景下的传播转型及其异化风险》，《南京社会科学》2018 年第 6 期。

② 全燕：《大数据技术背景下的传播转型及其异化风险》，《南京社会科学》2018 年第 6 期。

值表达，技术也有价值属性。尽管技术作为工具存在，但怎样使用算法、通过算法推荐什么内容，背后体现的正是技术使用者的价值取向和传播观念。比如当下最热最红的就是网络短视频，已经成为新的"主流媒体"。据统计，网络短视频用户目前超过 3.5 亿，其中抖音、快手等平台媒体的活跃用户数过亿。新华社调查发展，超过 8000 万青年每天看短视频，很多人沉溺其中不可自拔。在短视频平台上，"精选"的内容才能在推荐平台上显示，直接获得受众的更多关注，而什么样的短视频可以被"精选"，含着产品开发者的价值选择和利益诉求。比如精准推送往往使用的"用户画像"技术，本身就潜藏这样的理念：用户偏好的就是好的，平台的打开率比一切都重要。可以说，选择就意味着判断，判断就承载着价值，技术的每一点改变，都承载着价值观。

一是用主流价值纾解"算法焦虑"。在互联网发展中，内容一直处于风口位置，内容创新丰富多彩，内容创业方兴未艾。无论是直播热还是短视频热，无论是"军装照"走红还是故宫成"网红"，精彩的创意被市场一次次认可，正是因为它们回应了用户不断增长的文化需求。对于新闻媒体来说，内容永远是根本，是"硬通货"，无论传播形式怎么创新、媒体形态如何变化、算法如何变化，内容为王、内容制胜是永远不会变的。面对算法焦虑，要积极把内容原创、权威报道、深度解读、言论评论等优势向新兴媒体延伸，在网上广泛传播。

事实上，在互联网上，谁能定义新闻事件、谁能影响价值判断、谁能占据道义高地，谁就能左右舆论走向；这些思想的碰撞、观点的激辩、话语的争夺，最终都体现在内容的交流和观点的交锋上。正面优质的内容跟不上，错误虚假甚至有害的东西就会传播蔓延。优质内容的生产能力，决定着主流媒体的舆论引导力。要通过融合发展，下大力气进行内容生产的供给侧结构性改革，让新闻报道新起来、快起来、优起来、活起来、动起来，使正面宣传的用户规模不断扩大，让"算法"

承载的正面价值不断放大。

二是大胆使用技术破除恐慌。人类历史上的四次传播革命，都离不开技术的驱动，融合发展的每一步，都凝结着技术的力量。当前，技术已经由支撑要素变为引领要素。新华社的"媒体大脑"15秒钟即从15亿个网页中梳理出两会舆情热词，自动生成视频，配音、配图、视频剪辑等均由机器完成。人民日报社的"创作大脑"、光明日报社的"钢铁侠"、中国青年报社的"融媒小厨"等技术应用也很先进。当代贵州期刊传媒集团所采用的"媒立方"系统能够有效打通采编智力资源，深度激活数据资源"富矿"，以技术创新倒逼内容生产和传播力建设体制机制改革创新，推动新闻采编工作云服务化，建成开放式的内容挖掘、推送平台和功能服务平台。因此，要密切关注前沿技术。随着互联网的广泛普及并成为基础设施，新技术新应用不断涌现。其中，以"大数据+云计算"的人工智能、区块链以及量子通信、空中互联网为代表的颠覆性通信技术，将给新闻传播带来新的变革和机遇。要加强研究、持续关注，始终保持技术敏感，对新技术要有了解的兴趣、接纳的态度、运用的能力、管理的本领。要充分运用信息通信、人工智能等方面的成熟技术。及时将大数据新技术、新运用融入新闻信息生成、传播、服务全过程，驱动传统媒体加快转型升级。要努力强化正面宣传的技术运用，运用数据新闻、可视化新闻等新的报道形式，用核心价值、主流观念改造和设定算法，使个性化订制、精准化生产、智能化推送等技术更好地为正面宣传服务。

三是补足技术短板，给融合出版插上"翅膀"。内容为王和技术引领已成为融合发展的两翼。目前贵州省大部分主流媒体没有专门的技术团队，主要靠社会公司设计，提供技术支持和服务。产品形态和技术特征存在模式化、雷同化现象，难以量身定做、私人订制，穿的是"制服"而不是"礼服"。媒体技术团队与内容团队"造车的不开车、开车的不造车",需求和设计存在脱节现象,有的产品和技术"中看不中用,好用不会用"。在 2018 年贵州新闻媒体融合项目的评选中,新闻单位报送的 H5 作品模板化痕迹特别严重,有的作品甚至还有模板水印。对这些问题短板,必须区分好短期、中期和长期,有针对性地提出解决措施。

参考文献

一、中文参考文献

（一）中文译著

［澳］罗伯特·J. 斯廷森等：《区域经济发展：分析与战略规划》，朱启贵译，格致出版社 2012 年版。

［德］恩斯特·卡西尔：《人论》，甘阳译，上海译文出版社 1997 年版。

［德］马克斯·霍克海默、［德］西奥多·阿道尔诺：《启蒙辩证法：哲学断片》，渠敬东、曹卫东译，上海人民出版社 2003 年版。

［德］乌尔里希·森德勒：《工业 4.0：即将来袭的第四次工业革命》，邓敏、李现民译，机械工业出版社 2014 年版。

［法］托马斯·皮凯蒂：《21 世纪资本论》，巴曙松等译，中信出版社 2014 年版。

［加］哈罗德·伊尼斯：《传播的偏向》，何道宽译，中国传媒大学出版社 2003 年版。

［加］麦克鲁汉：《认识媒体：人的延伸》，郑明萱译，（台湾）猫头鹰出版社 2006 年版。

［加］戴维·克劳利、［加］保罗·海尔：《传播的历史：技术、文化和社会》，董璐等译，北京大学出版社 2018 年版。

［加］唐·泰普斯科特、［英］安东尼·D. 威廉姆斯：《维基经济学：大规模协作如何改变一切》，何帆、林季红译，中国青年出版社 2012 年版。

［加］特雷弗·J. 巴恩斯等主编：《经济地理学读本》，童昕等译，商务印书馆 2007 年版。

［美］E. M. 罗杰斯：《传播学史——一种传记式的方法》，殷晓蓉译，上海译

文出版社 2018 年版。

［美］L. L. 拜亚斯：《战略管理：规划与实施——概念和案例》，王德中等译，机械工业出版社 1988 年版。

［美］尼尔·波斯曼：《科技奴隶》，何道宽译，博雅书屋 2010 年版。

［美］埃里克·布莱恩约弗森、［美］安德鲁·麦卡菲：《第二次机器革命：数字化技术将如何改变我们的经济与社会》，蒋永军译，中信出版社 2014 年版。

［美］埃里克·谢泼德、［加］特雷弗·J. 巴恩斯主编：《经济地理学指南》，汤茂林等译，商务印书馆 2009 年版。

［美］艾·里斯、［美］杰克·特劳特：《22 条商规》，寿雯译，机械工业出版社 2013 年版。

［美］艾·里斯、［美］劳拉·里斯：《定位经典丛书：品牌 22 律》，寿雯译，机械工业出版社 2013 年版。

［美］艾·里斯、［美］劳拉·里斯：《广告的没落·公关的崛起：彻底颠覆营销传统的公关圣经》，寿雯译，机械工业出版社 2013 年版。

［美］艾·里斯、［美］劳拉·里斯：《品牌的起源》，寿雯译，机械工业出版社 2013 年版。

［美］艾伯特-拉斯洛·巴拉巴西：《爆发：大数据时代预见未来的新思维》，马慧译，中国人民大学出版社 2012 年版。

［美］艾米莉·内格尔·格林：《无界：企业如何在全球互联时代生存》，卞斌译，机械工业出版社 2011 年版。

［美］斯坦利·巴兰、［美］丹尼斯·戴维斯：《大众传播理论：基础、延展与未来》，清华大学出版社 2013 年版。

［美］大卫·克罗图、［美］威廉·霍伊尼斯：《媒介·社会：产业、形象与受众》，邱凌译，北京大学出版社 2009 年版。

［美］大卫·伊斯利、［美］乔恩·克莱因伯格：《网络、群体与市场：揭示高度互联世界的行为原理与效应机制》，李晓明等译，清华大学出版社 2011 年版。

［美］戴维·阿克：《品牌相关性：将对手排除在竞争之外》，金珮璐译，中国人民大学出版社 2014 年版。

［美］戴维·波普诺：《社会学》，李强等译，中国人民大学出版社 2007 年版。

［美］戴维·纽曼：《集客行动营销：快速聚集人气，低成本引爆高销量》，陈书译，四川人民出版社 2014 年版。

［美］德怀特·H. 波金斯等：《发展经济学》，彭刚等译，中国人民大学出版社 2013 年版。

［美］德鲁·埃里克·惠特曼：《吸金广告》，焦晓菊译，江苏人民出版社 2014 年版。

［美］菲利普·津巴多、［美］迈克尔·利佩：《影响力心理学》，邓羽等译，人民邮电出版社 2008 年版。

［美］盖布·兹彻曼、［美］乔斯琳·林德：《游戏化革命：未来商业模式的驱动力》，应皓译，中国人民大学出版社 2014 年版。

［美］哈罗德·拉斯韦尔：《社会传播的结构与功能》，何道宽译，中国传媒大学出版社 2017 年版。

［美］杰夫·戴尔等：《创新者的基因》，曾佳宁译，中信出版社 2013 年版。

［美］杰克·特劳特、［美］史蒂夫·里夫金：《与众不同：极度竞争时代的生存之道》，火华强译，机械工业出版社 2011 年版。

［美］杰克·特劳特、［美］史蒂夫·里夫金：《重新定位》，谢伟山、苑爱冬译，机械工业出版社 2011 年版。

［美］杰里·D. 穆尔：《人类学家的文化见解》，欧阳敏等译，商务印书馆 2009 年版。

［美］杰里米·里夫金：《第三次工业革命：新经济模式如何改变世界》，张体伟、孙豫宁译，中信出版社 2012 年版。

［美］杰里米·里夫金：《零边际成本社会》，赛迪研究院专家组译，中信出版社 2014 年版。

［美］凯文·凯利：《新经济　新规则》，刘仲涛等译，电子工业出版社 2014 年版。

［美］康拉德·菲利普·科塔克：《人类学：人类多样性的探索》，黄剑波、方静文等译，中国人民大学出版社 2012 年版。

［美］约翰·P. 科特：《权力与影响力》，李亚等译，机械工业出版社 2008 年版。

［美］克莱·舍基:《人人时代:无组织的组织力量》,胡泳译、沈满琳译,中国人民大学出版社 2012 年版。

［美］克莱顿·克里斯坦森、［加］迈克尔·雷纳:《创新者的解答》,李瑜偲、林伟、郑欢译,中信出版社 2013 年版。

［美］克莱顿·克里斯坦森:《创新者的窘境》,胡建桥译,中信出版社 2014 年版。

［美］克里斯·安德森:《长尾理论》,乔江涛译,中信出版社 2006 年版。

［美］克里斯·安德森:《创客:新工业革命》,萧潇译,中信出版社 2012 年版。

［美］克里斯·安德森:《免费:商业的未来》,蒋旭峰等译,中信出版社 2012 年版。

［美］拉杰特·帕哈瑞亚:《忠诚度革命:用大数据、游戏化重构企业黏性》,张瀚文译,中国人民大学出版社 2014 年版。

［美］拉里·唐斯:《颠覆定律:指数级增长时代的新规则》,刘睿译,浙江人民出版社 2014 年版。

［美］劳拉·里斯:《视觉锤:视觉时代的定位之道》,王刚译,机械工业出版社 2013 年版。

［美］琳达·S. 桑福德、［美］戴夫·泰勒:《开放性成长——商业大趋势:从价值链到价值网络》,刘曦译,东方出版社 2008 年版。

［美］罗伯特·福特纳:《国际传播:全球都市的历史、冲突及控制》,刘利群译,华夏出版社 2000 年版。

［美］罗伯特·B. 西奥迪尼:《影响力》,闾佳译,万卷出版公司 2010 年版。

［美］罗伯特·F. 墨菲著,高丙中等编:《文化与社会人类学引论》,王卓君译,商务印书馆 2009 年版。

［美］赫伯特·马尔库塞:《单向度的人:发达工业社会意识形态研究》,刘继译,上海译文出版社 2006 年版。

［美］马克·波斯特:《第二媒介时代》,范静哗译,南京大学出版社 2000 年版。

［美］马克·郭士顿、［美］约翰·厄尔曼:《微影响:不着痕迹,获取深入人心的认同》,苏西译,新世界出版社 2014 年版。

［美］麦德奇、［美］保罗·B. 布朗：《大数据营销：定位客户》，王维丹译，机械工业出版社 2014 年版。

［美］尼古拉·尼葛洛庞帝：《数字化生存》，胡泳、范海燕译，海南出版社1997 年版。

［美］尼古拉斯·克里斯塔基斯、［美］詹姆斯·富勒：《大连接：社会网络是如何形成的以及对人类现实行为的影响》，简学译，中国人民大学出版社2013 年版。

［美］欧文·拉兹洛编著：《联合国教科文组织国际专家研究报告：多种文化的星球》，戴侃、辛未译，社会科学文献出版社 2004 年版。

［美］皮埃尔-菲利普·库姆斯等：《经济地理学：区域和国家一体化》，安虎森等译，中国人民大学出版社 2011 年版。

［美］威尔伯·施拉姆、威廉·波特：《传播学概论》，陈亮、周立方、李启译，新华出版社 1984 年版。

［美］史蒂文·约翰逊：《伟大创意的诞生：创新自然史》，盛杨燕译，浙江人民出版社 2014 年版。

［美］斯坦·拉普编著：《社会化媒体时代的直效营销：互联网时代如何运用iDirect 和 iBranding 互动营销方式实现低成本、高回报》，夏金彪、罗昊译，企业管理出版社 2014 年版。

［美］汤姆·邓肯、［美］桑德拉·莫里亚蒂：《品牌至尊：利用整合营销创造终极价值》，廖宜怡译，华夏出版社 2000 年版。

［美］汤姆·邓肯：《整合营销传播：利用广告和促销建树品牌》，周洁如译，中国财政经济出版社 2004 年版。

［美］特伦斯·A. 辛普：《整合营销沟通》，熊英翔译，中信出版社 2003 年版。

［美］威廉·A. 哈维兰等：《文化人类学：人类的挑战》，陈相超、冯然等译，机械工业出版社 2014 年版。

［美］韦尔伯·施拉姆：《大众传播媒介与社会发展》，金燕宁等译，华夏出版社 1990 年版。

［美］沃纳·赛佛林、［美］小詹姆斯·坦尔德：《传播理论：起源、方法与应用》，郭镇之等译，华夏出版社 2000 年版。

［美］亚当·L. 潘恩伯格：《反枯燥：游戏化思维开创商业及管理的"新蓝

海"》，陈丽娜译，四川人民出版社 2015 年版。

［美］约翰·杜翰姆·彼得斯：《传播的观念史：对空言说》，邓建国译，译文出版社 2017 年版。

［美］科塔克：《文化人类学：欣赏文化差异》，周云水译，中国人民大学出版社 2012 年版。

［挪威］托马斯·许兰德·埃里克森：《小地方，大论题——社会文化人类学导论》，董薇译，商务印书馆 2008 年版。

［日］电通跨媒体沟通开发项目组：《打破界限：电通式跨媒体沟通策略》，苏友友译，中信出版社 2011 年版。

［日］井上达彦：《模仿的技术：企业如何从"山寨"到创新》，兴远译，世界图书出版公司 2014 年版。

［日］井之上乔：《公关力：从避免崩溃到有效传播的战略要素》，陆一、王冕玉译，东方出版社 2010 年版。

［日］绫部恒雄：《文化人类学的十五种理论》，中国社会科学院日本研究所社会文化室译，国际文化出版公司 1988 年版。

［日］藤田昌久等：《空间经济学：城市、区域与国际贸易》，梁琦主译，中国人民大学出版社 2011 年版。

［匈］格奥尔格·卢卡奇：《历史和阶级意识——马克思主义辩证法研究》，王伟光、张峰译，华夏出版社 1989 年版。

［英］达雅·屠苏：《国际传播：延续与变革》，董关鹏主译，新华出版社 2004 年版。

［英］戴维·莫利、［英］凯文·罗宾斯：《认同的空间——全球媒介、电子世界景观和文化边界》，司艳译，南京大学出版社 2001 年版。

［英］丹尼斯·麦奎尔、［瑞典］斯文·温德尔：《大众传播模式论》，祝建华译，上海译文出版社 2008 年版。

［英］威廉士：《关键词：文化与社会的词汇》，刘建基译，台湾巨流图书公司 2003 年版。

［英］迈克·克朗：《文化地理学》，杨淑华、宋慧敏译，南京大学出版社 2005 年版。

［英］特希·兰塔能：《媒介与全球化》，章宏译，中国传媒大学出版社 2013

年版。

［英］维克托·迈尔-舍恩伯格、［英］肯尼思·库克耶：《大数据时代：生活、
　　工作与思维的大变革》，盛杨燕、周涛译，浙江人民出版社 2013 年版。

［英］西奥·西奥博尔德：《信息的骨头：数字时代的精准传播》，陈志伟、刘
　　声峰译，电子工业出版社 2014 年版。

（二）中文专著

安虎森：《新经济地理学原理》，经济科学出版社 2009 年版。

北京市大兴区广播电视中心编：《区域性媒体运营策略研究》，中国传媒大学出
　　版社 2013 年版。

卜宇：《区域性主流媒体策略研究》，人民出版社 2009 年版。

常明明等：《贵州经济六百年》，贵州人民出版社 2014 年版。

陈玉平、龚德全：《贵州民族研究六十年》，电子科技大学出版社 2011 年版。

董璐：《传播学核心理论与概念》，北京大学出版社 2016 年版。

杜骏飞主编：《网络传播概论》，福建人民出版社 2010 年版。

段丽娜：《当代传播下的贵州文化》，中国社会科学出版社 2012 年版。

盖文启：《创新网络：区域经济发展新思维》，北京大学出版社 2002 年版。

高文麒：《贵州苗侗文化》，经济科学出版社 2013 年版。

高勇：《贵州世居少数民族族源及民俗文化符号》，贵州人民出版社 2014 年版。

葛剑雄主编：《中国移民史》第一卷，福建人民出版社 1997 年版。

贵州省民族事务委员会编：《苗族文化大观》，贵州民族出版社 2009 年版。

郭光华：《新闻传播能力构建研究——基于全球化的视野》，人民出版社 2013
　　年版。

郭明全：《传播力——企业传媒攻略》，南京大学出版社 2006 年版。

何光渝、何昕：《贵州社会六百年》，贵州人民出版社 2014 年版。

洪名勇：《贵州消费问题研究》，中国经济出版社 2012 年版。

黄升民、宋红梅等：《广电媒介区域化进程研究——中国城市广播电视媒介区
　　域化生存与发展》，中国国际广播出版社 2009 年版。

吉保邦主编：《传媒区域化发展方略》，中国传媒大学出版社 2007 年版。

蓝东兴：《贵州少数民族口述传播史研究》，民族出版社 2010 年版。

李斌、曾羽、吴才茂、龙泽江：《民间记忆与历史传承：贵州天柱宗祠文化述论》，四川大学出版社 2014 年版。

李建国主编：《2013 年贵州文化产业发展报告》，知识产权出版社 2014 年版。

李小建主编：《经济地理学》，高等教育出版社 2006 年版。

刘建民：《区域媒体竞争力：实证、范式、差异化》，浙江大学出版社 2010 年版。

刘建明等：《新闻学概论》，中国传媒大学出版社 2007 年版。

陆铭：《空间的力量：地理、政治与城市发展》，格致出版社、上海人民出版社 2017 年版。

罗连祥：《贵州苗族礼仪文化研究》，中国书籍出版社 2014 年版。

罗启德：《贵州民居》，中国建筑工业出版社 2008 年版。

吕新雨等：《大众传媒与上海认同》，上海书店出版社 2012 年版。

马骏骐等著：《贵州文化六百年》，贵州人民出版社 2014 年版。

牟怡：《传播的进化：人工智能将如何重塑人类的交流》，清华大学出版社 2017 年版。

倪鹏飞主编：《中国城市竞争力报告 No.2——定位：让中国城市共赢》，社会科学文献出版社 2004 年版。

欧阳宏生、朱天主编：《区域传播论：西部电视专题研究》，四川大学出版社 2003 年版。

彭兰、高钢：《中国互联网新闻传播结构、功能、效果研究》，高等教育出版社 2011 年版。

彭兰：《网络传播概论》，中国人民大学出版社 2012 年版。

钱理群、戴明贤、封孝伦：《贵州读本》，贵州教育出版社 2013 年版。

石孝军：《走向全民社保：贵州实践探索与运行分析》，中国劳动社会保障出版社 2012 年版。

索晓霞：《无形的链结：贵州少数民族文化的传承与现代化》，贵州民族出版社 2000 年版。

腾讯科技频道：《跨界：开启互联网与传统行业融合新趋势》，机械工业出版社 2014 年版。

田永国等：《贵州近现代民族文化思想研究》，浙江大学出版社 2012 年版。

屠玉麟等：《独特的文化摇篮：喀斯特与贵州文化》，贵州教育出版社 2000
年版。

王安中、李宜篷、龙朋霞主编：《中国城市传播竞争力模型建构与发展报告
（2010—2011 年度）：城市传播与区域发展的和谐共生》，陕西师范大学出版
总社有限公司 2012 年版。

王芳恒：《共性传承与个性张扬——中华民族精神与贵州民族文化传统关系研
究》，民族出版社 2009 年版。

王文科、史征：《中国区域文化产业指数的建构影响与传播——以浙江义乌为
例》，浙江大学出版社 2009 年版。

王晓卫主编：《贵州文学六百年》（古近代卷），贵州教育出版社 2014 年版。

王兴骥主编：《贵州社会发展报告（2013）》，社会科学文献出版社 2013 年版。

吴建峰：《经济改革、集聚经济和不均衡增长：中国产业空间分布的经济学观
察（1980—2010）》，北京大学出版社 2014 年版。

贵州省民族事务委员会、贵州省科技教育领导小组办公室编：《贵州世居少数
民族文化名片》，贵州民族出版社 2013 年版。

吴倩：《贵州旅游产业优化创新研究》，光明日报出版社 2012 年版。

吴秋林等：《文化边缘：六枝彝族文化研究》，西南交通大学出版社 2011 年版。

奚晓阳主编：《山国文境》，贵州大学出版社 2013 年版。

谢廷秋：《文化孤岛与文化千岛——贵州民族民间文化与社会发展研究》，齐鲁
书社 2011 年版。

熊康宁等：《喀斯特文化与生态建筑艺术》，贵州人民出版社 2005 年版。

熊宗仁等：《贵州：区域地位的博弈》，贵州人民出版社 2008 年版。

杨军昌：《传统与跨越：贵州民族人口文化研究》，知识产权出版社 2013 年版。

于海：《西方社会思想史》，复旦大学出版社 1993 年版。

于杰、吴大华主编：《贵州人才发展报告（2013）》，社会科学文献出版社 2014
年版。

俞立平：《信息资源与经济增长——基于地区差异的理论与实证》，学习出版社
2013 年版。

袁行霈、陈进玉主编：《中国地域文化通览·贵州卷》，顾久本卷主编，中华书

局 2014 年版。

张敦富等：《知识经济与区域经济》，中国轻工业出版社 2000 年版。

张钢、徐乾：《知识集聚与区域创新网络》，科学出版社 2010 年版。

张合荣：《夜郎文明的考古学观察：滇东黔西先秦至两汉时期遗存研究》，科学
　　出版社 2014 年版。

张金海：《20 世纪广告传播理论研究》，武汉大学出版社 2002 年版。

张君玫：《后殖民的隐性情境：语文、翻译和欲望》，群学出版有限公司 2012
　　年版。

张昆：《传播观念的历史考察（第二版）》，武汉大学出版社 2015 年版。

张一力：《人力资本与区域经济增长：温州与苏州比较实证研究》，浙江大学出
　　版社 2005 年版。

张应华：《传承与传播：全球化背景下贵州苗族音乐研究》，人民音乐出版社
　　2014 年版。

郑傲：《网络互动中的网民自我意识研究》，电子科技大学出版社 2013 年版。

支庭荣：《媒介管理》，暨南大学出版社 2002 年版。

周帆等：《贵州少数民族文艺审美意识研究》，民族出版社 2010 年版。

周鸿铎：《区域传播学导论》，中国纺织出版社 2005 年版。

《走遍中国》编辑部编：《走遍中国：贵州（第 2 版）》，中国旅游出版社 2012
　　年版。

（三）期刊文献

白洁：《媒体融合时代的坚守与重构》，《新闻论坛》2018 年第 10 期。

才让卓玛：《从新疆区内传播到中亚区域传播——基于对新疆经济报系发展路
　　径的分析》，《现代传播（中国传媒大学学报）》2013 年第 11 期。

蔡尚伟、陈焱玲：《西部报业研究的最新成果 区域传播学的又一力作——读邱
　　沛篁等主编的〈西部大开发与西部报业经济发展研究〉》，《新闻战线》2008
　　年第 9 期。

蔡尚伟、何晶：《西部电视研究应上升到"区域传播学"的高度》，《电视研究》
　　2002 年第 5 期。

陈兵：《传媒品牌的核心价值及定位》，《当代传播》2007 年第 3 期。

陈小容：《网络文化传播中的文化形态及其整合机制》，《新闻传播》2018 年第 9 期。

谌贻琴：《对"多彩贵州"的深层思索和理性认知》，《中国音乐》2010 年第 4 期。

崔婷婷：《创新网站领跑贵州互联网》，《互联网周刊》2008 年第 20 期。

丁柏铨：《媒介融合：概念、动因及利弊》，《南京社会科学》2011 年第 11 期。

丁焕峰：《区域发展理论回顾》，《生产力研究》2005 年第 1 期。

丁豫峰：《全媒体传播的发展趋势及传播力指标体系构建》，《新闻研究导刊》2018 年第 5 期。

段丽娜、袁晓莉：《网络文娱报道如何抵制低俗之风》，《新闻窗》2012 年第 1 期。

冯晓宪、舒瑜、鼓秀英：《贵州少数民族民间舞蹈数字化保护与开发研究》，《贵州社会科学》2010 年第 3 期。

高福安、刘亮：《关于新媒体环境下广播媒体的新思考》，《中国广播电视学刊》2012 年第 10 期。

郭中实：《概念及概念阐释在未来中国传播学研究中的意义》，《新闻大学》2008 年第 1 期。

国秋华、程夏：《移动互联时代品牌传播的场景革命》，《安徽大学学报（哲学社会科学版）》2019 年第 1 期。

胡忠青：《从受众心理角度看传媒品牌个性》，《新闻界》2006 年第 1 期。

黄蓉、杨琳：《我国后发现代化背景下的传播困境》，《西安交通大学学报（社会科学版）》2005 年第 4 期。

黄胜平：《跨区域传播之路怎么走——〈江南论坛〉个案剖析》，《传媒观察》2004 年第 12 期。

霍国庆、杨阳、张古鹏：《新常态背景下中国区域创新驱动发展理论模型的构建研究》，《科学学与科学技术管理》2017 年第 6 期。

江金波、司徒尚纪：《论我国文化地理学研究的前沿走向》，《人文地理》2002 年第 5 期。

姜涛、冯彦麟：《媒介传播力的评估方法与路径》，《新闻与写作》2018 年第

11 期。

匡导球：《传播力：发展现代报业传媒的根本》，《新闻战线》2011 年第 11 期。

雷红薇：《豫剧区域性接受向多级接受的传播路径分析》，《中州学刊》2010 年第 4 期。

李春丽：《当电视遇到新媒体》，《西部广播电视》2013 年第 12 期。

李华、彭启英：《贵州喀斯特地区经济发展的人力资源开发研究》，《生态经济》2011 年第 10 期。

李剑林：《论科学发展观视域下的区域发展理论创新》，《经济社会体制比较》2008 年第 1 期。

李军林：《试析传播媒介的品牌化经营》，《现代传播》2003 年第 6 期。

李仁贵：《西方区域发展理论的主要流派及其演进》，《经济评论》2005 年第 6 期。

李希光、郭晓科：《主流媒体的国际传播力及提升路径》，《重庆社会科学》2012 年第 8 期。

李洋：《贵州互联网接入服务市场发展现状与建议》，《中国电信业》2012 年第 11 期。

李洋：《贵州省互联网发展现状与建议》，《中国电信业》2012 年第 6 期。

连水兴：《从"文化共同体"到"媒介共同体"：海峡两岸传媒业合作研究的视角转换》，《福建师范大学学报（哲学社会科学版）》2013 年第 3 期。

刘吉昌、聂开吉：《贵州文化自信发展路径之思考——以做大做强"多彩贵州"文化品牌为例》，《贵州民族大学学报（哲学社会科学版）》2018 年第 6 期。

刘洁、胡君：《媒介产业增长极"孤岛现象"成因及解决路径》，《新闻与传播研究》2007 年第 3 期。

刘伟：《社会资本与区域创新：理论发展、因果机制与政策意蕴》，《中国行政管理》2018 年第 2 期。

刘先根、屈金轶：《论省会城市党报传播力的提升》，《新闻战线》2007 年第 9 期。

刘晓辉：《贵州发展休闲农业探析》，《安徽农业科学》2007 年第 32 期。

刘新传：《场景、关系与算法：媒体融合创新的三重维度》，《新闻战线》2018 年第 12 期。

刘友金：《区域发展理论与中部崛起的产业集群战略》，《求索》2006 年第 1 期。

柳青：《浅谈推动贵州文化产业发展的几点方法》，《现代经济信息》2012 年第 1 期。

吕相伟：《路径依赖视角下贵州经济的跨越式发展》，《时代金融》2013 年第 12 期。

马二伟：《试论传媒品牌运作的战略目标及其实现途径》，《新闻界》2008 年第 5 期。

马丽霞、赵亚伟：《户外广告视觉形象的区域性特征》，《河北学刊》2008 年第 5 期。

马丽霞：《区域传播与户外广告视觉形象的关联性》，《装饰》2007 年第 3 期。

马宁：《传播力与媒介使用者的关系变迁——新媒体语境下对传播学经典问题的再思考》，《阴山学刊》2014 年第 2 期。

马庆：《论公共危机传播研究的区域传播视角》，《当代传播》2009 年第 6 期。

马冉冉、谢念：《大数据点亮"多彩贵州"》，《网络传播杂志》2015 年第 8 期。

彭宁：《区域传播资源位的分析及启示》，《当代传播》2004 年第 4 期。

彭勇、蒋叶俊：《一篇大写的多彩文章》，《当代贵州》2015 年第 15 期。

强月新、陈星：《主流媒体传播力的理论研究、建设路径及本质思考》，《新闻与写作》2018 年第 11 期。

强月新、刘莲莲：《对主流媒体传播力公信力影响力关系的思考》，《新闻战线》2015 年第 5 期。

申文明：《论马克思〈1844 年经济学哲学手稿〉中关于"人"的思想》，《经济师》2010 年第 3 期。

慎海雄：《"新闻+创意"：构建主流媒体融合发展"新常态"》，《中国记者》2014 年第 11 期。

孙江华、严威：《中国省级区域传播形象的统计测度及分析》，《中国软科学》2009 年第 4 期。

汤代禄、贾立平：《媒体融合中技术的发展趋势与未来之策》，《青年记者》2018 年第 33 期。

田园子：《文化品牌区域传播的三个维度——兼评〈荆楚文化圈发展与建设研究〉》，《东南传播》2018 年第 3 期。

王超、罗兰：《贵州少数民族地区特色旅游产业精准扶贫路径研究》，《贵州师范大学学报（自然科学版）》2018 年第 1 期。

王紫萍：《贵州省旅游业与经济发展关系实证分析》，《开发研究》2014 年第 2 期。

魏琴、胡明琦：《新一轮西部大开发贵州扩大开放的思考》，《贵州社会科学》2011 年第 5 期。

肖勉之：《依靠科技进步转变贵州工业发展方式研究》，《贵州社会科学》2012 年第 5 期。

肖庆嘉：《论如何有效建设县级融媒体中心》，《传媒论坛》2018 年第 20 期。

谢家谊、杨楠：《当电视遇到新媒体——浅析广播电视的转型发展之路》，《电视技术》2013 年第 20 期。

谢念、颜春龙：《"互联网+"时代背景下贵州媒体融合发展路径分析》，《贵州社会科学》2015 年第 8 期。

谢念、何云江、龚文静：《传统媒体与新兴媒体融合发展问题研究——以贵州省为例》，《贵州民族大学学报（哲学社会科学版）》2015 年第 3 期。

谢卓华：《广西媒体对东盟的信息传播能力——以〈广西日报〉和〈荷花〉杂志为例》，《新闻爱好者》2011 年第 12 期。

杨刚、王磊、宫丽莹、张佳硕：《区域创新集群知识转移模式研究》，《图书情报工作》2012 年第 20 期。

杨海、许飞：《贵州新闻网站发展情况及对策研究》，《新闻窗》2003 年第 4 期。

杨健、董珂、李国会、李晓华、孙颖、臧秀清：《中国城市固体废物管理现状综述》，《天津科技》2009 年第 3 期。

杨丽雅：《西部地区对外传播优势及影响力提升路径初探》，《新闻知识》2012 年第 2 期。

于红：《全面提升我国新闻出版传播力的对策思考》，《中国出版》2011 年第 19 期。

于珧：《弘扬地域文化特色　提升省级卫视频道品牌价值》，《当代电视》2007 年第 3 期。

袁丽媛：《内蒙古地区网络媒介传播力的瓶颈及其原因探析》，《新闻知识》2014 年第 8 期。

张春华：《传播力：一个概念的界定与解析》，《求索》2011 年第 11 期。

张耕：《创新驱动发展战略视角下贵州民族文化产业发展研究》，《贵州民族研究》2017 年第 11 期。

张红梅：《传统媒体的品牌延伸路径、特征及风险规避》，《当代传播》2011 年第 5 期。

张虹、陈厚义：《贵州产业结构低度化实证分析》，《贵州社会科学》2010 年第 4 期。

张明龙：《区域发展理论演进的纵向考察》，《云南社会科学》2002 年第 2 期。

张攀春：《区域贫困与区域形象重塑》，《商业时代》2012 年第 3 期。

张晓宇：《基于边际效用递减规律的贵州旅游业的发展》，《经济研究导刊》2018 年第 18 期。

张彦华：《台湾大众传媒经济权力的扩张效应》，《内蒙古大学学报（哲学社会科学版）》2014 年第 5 期。

张允鸣：《少数民族纹样在"多彩贵州"文化品牌营销中的运用》，《价格月刊》2012 年第 8 期。

赵芸：《基于智慧旅游的贵州旅游业发展策略研究》，《宏观经济管理》2017 年第 S1 期。

郑保卫、李文竹：《我国少数民族地区新闻传播业发展现状及对策》，《现代传播（中国传媒大学学报）》2013 年第 5 期。

郑微波、郑敬东：《核心竞争力：区域文化传播的新角度诠释》，《郑州大学学报（哲学社会科学版）》2007 年第 3 期。

朱春阳、曾培伦：《"单兵扩散"与"云端共联"：县级融媒体中心建设的基本路径比较分析》，《新闻与写作》2018 年第 12 期。

朱万春：《基于特色民族文化的贵州文化旅游发展创新区研究》，《贵州民族研究》2014 年第 3 期。

《传媒品牌价值研究》课题组：《传媒品牌价值研究报告》，《传媒》2012 年第 11 期。

二、英文参考文献

Boudeville, Jacques Raoul, *Problems of Regional Economic Planning*, Edinburgh:

Edinburgh University Press, 1966.

Charles E. Bressler, *Literary Criticism: An Introduction to Theory and Practice*, New Jersey: Prentice Hall, 1999.

Cope, Billand Rod Brown, eds., *Value Chain Clustering in Regional Publishing Services Markets*, Altona, VIC.: Common Ground, 2002.

Cope, Bill and Robin Freeman, eds., *Developing Knowledge Workers in the Printing and Publishing Industries*, Altona, VIC.: Common Ground, 2002.

Cope, Bill and Gus Gollings, eds., *Multilingual Book Production*, Altona, VIC.: Common Ground, 2001.

Cope, Billand Diana Kalantzis, eds., *Print and Electronic Text Convergence*, Altona, VIC.: Common Ground, 2001.

Cope, Bill and Mary Kalantzis, *Text-Made Text*, Altona, VIC.: Common Ground, 2004.

Cope, Bill and Dean Mason, eds., *Creator to Consumer in a Digital Age: Australian Book Production in Transition*, Altona, VIC.: Common Ground, 2001.

Cope, Bill and Dean Mason, eds., *Digital Book Production and Supply Chain Management*, Altona, VIC.: Common Ground, 2001.

Cope, Bill and Dean Mason, eds., *Markets for Electronic Book Products*, Altona, VIC.: Common Ground, 2002.

Cope, Billand Christopher Ziguras, eds., *The International Publishing Services Market*, Altona, VIC.: Common Ground, 2002.

Charles P. Daly, Patrick Henry and Ellen Ryder, *The Magazine Publishing Industry*, Boston: Allyn and Bacon, 1997.

K. V. Desai and M. Rao, *The Economics of Development and Planning*, New Heights, 1980.

Friedmann, John and William Alonso, eds., *Regional Dvelopment and Planning: A Reader*, Cambridge, Mass.: The MIT Press, 1964.

Friedmann, John, *Regional Development Policy: A Case Study of Venezuela*, Cambridge, Mass.: The MIT Press, 1966.

Friedmann, John and Clyde Weaver, *Territory and Function: The Evolution of*

Regional Planning, London: Edward Arnold, 1979.

Galtung, Johan, "A Structural Theory of Imperialism", *Journal of Peace Research*, Vol. 8, No. 2 (June 1971).

Albert N. Greco, ed., *The Media and Entertainment Industries*, Boston: Allyn and Bacon, 2000.

Albert N. Greco, Jim Milliot and Robert M. Wharton, *The Book Publishing Industry*, Boston: Allyn and Bacon, 1997.

Niles M. Hansen, ed., *Growth Centers in Regional Economic Development*, New York: Free Press, 1972.

Albert O. Hirschman, *The Strategy of Economic Development*, New Haven: Yale University Press, 1958.

E. A. J. Johnson, *The Organization of Space in Developing Countries*, Cambridge, Mass.: Harvard University Press, 1970.

Ira V. Knapp, "Economic Growth and Regional Development", *Systematic Geography*, London, 1986.

Krugman, Paul, *Geography and Trade*, Cambridge, Mass.: The MIT Press, 1991.

Paul F. Lazarsfeld, "Remark on Administrative and Critical Communication Research", *Studies in Philosophy and Social Science*, Vol. 9, No. 1 (1941).

MacBride, Sean, ed., *Many Voices, One World: Communication and Society Today and Tomorrow*, London: Kogan Page, 1980.

McLuhan, Marshall, *Understanding Media: The Extensions of Man*, Cambridge, Mass.: The MIT Press, 1994.

Michael E. Porter, *Cases in Competitive Strategy*, New York: Free Press, 1983.

Michael E. Porter, *The Competitive Advantage of Nations*, New York: Free Press, 1990.

Michael E. Porter, *On Competition*, Boston: Harvard Business School Press, 1998.

Wilbur L. Schramm, *Mass Media and National Development*, Stanford, CA: Stanford University Press, 1964.

Roger D. Wimmer and Joseph R. Dominick, *Mass Media Research: An Introduction*, Belmont: Wadsworth Publishing Company, 2000.

Wittgenstein, Ludwig, *Tractatus Logico-Philosophicus*, Translated by David Pears and Brian McGuinness, London and Henley: Routledge & Kegan Paul, 1961.

Yack, Bernard, *The Problems of a Political Animal*: *Community*, *Justice and Conflict in Aristotelian Political Thought*, Berkeley: University of California Press, 1993.

后　记

　　学者马克斯·韦伯将学术与政治视为一种志业，认为这是一种"去用力而缓慢地穿透硬木板"的工作。从事新闻传播工作又何尝不是如此？特别是区域传播力提升，不仅需要对实践规律性的精准把握及对发展前景的科学判断，更需要新闻传播工作者十年如一日的坚持和努力。

　　《互联网背景下的区域传播力提升研究——以贵州实践为个案》一书，以近年来贵州区域传播的战略定位、宏观体系、基本方略、精准打法为分析样本，从学理层面提炼总结"多彩贵州"区域形象"逆袭"的内在逻辑、发展规律和发展轨迹，揭示互联网背景下区域传播力提升的内在规律，并对大数据赋能"多彩贵州"传播等议题进行前瞻思考。

　　本书在写作和修改过程中，人民日报社原副总编辑、复旦大学新闻学院院长米博华，人民日报社原副总编辑谢国明，经济日报社社长张小影，中央网信办网络新闻信息传播局局长黄其正，中央网信办网络新闻信息传播局原副局长、《网络传播》杂志主编孙凯，武汉大学新闻与传播学院院长强月新，北京师范大学新闻传播学院执行院长喻国明，华中科技大学新闻与信息传播学院院长张明新，人民网原总编辑、厦门大学新闻传播学院院长余清楚，中山大学传播与设计学院院长张志安，复旦大学新闻学院副院长李双龙，以及贵州日报社原社长、当代贵州杂志社原社长、贵州省政协教科卫体委员会主任赵宇飞，贵州日报当代融媒体集团党委副书记、副董事长、总经理李筑等 13 位专家给予了宝贵的意见建议，在此一并致谢。

作　者
2019 年 12 月

责任编辑:张双子

装帧设计:王欢欢

责任校对:吴容华

图书在版编目(CIP)数据

互联网背景下的区域传播力提升研究:以贵州实践为个案/谢念,
　林茂申 著. —北京:人民出版社,2019.12
ISBN 978－7－01－020805－3

Ⅰ.①互… Ⅱ.①谢…②林… Ⅲ.①互联网络-应用-传播媒介-研究-
　贵州 Ⅳ.①G219.277.3

中国版本图书馆 CIP 数据核字(2019)第 089950 号

互联网背景下的区域传播力提升研究

HULIANWANG BEIJING XIA DE QUYU CHUANBOLI TISHENG YANJIU

——以贵州实践为个案

谢　念 林茂申 著

人民出版社 出版发行

(100706 北京市东城区隆福寺街 99 号)

北京盛通印刷股份有限公司印刷　新华书店经销

2019 年 12 月第 1 版　2019 年 12 月北京第 1 次印刷
开本:710 毫米×1000 毫米 1/16　印张:22.25
字数:287 千字

ISBN 978－7－01－020805－3　定价:98.00 元

邮购地址 100706　北京市东城区隆福寺街 99 号
人民东方图书销售中心　电话 (010)65250042　65289539